Eberhard Seidel-Pielen
Unsere Türken

D1499785

Eberhard Seidel-Pielen

Unsere Türken

*Annäherungen
an ein gespaltenes Verhältnis*

ELEFANTEN PRESS BERLIN

Inhalt

Annäherung IV – Konfliktfelder

Annäherung V – Streitpunkte

Annäherung VI – Meine Türken

Annäherung I –
Grundlagen einer gestörten Beziehung

Unsere Türken

»Du, mein Vater, der du weit der Heimat, im Feindesland ...«, Frauen weinen, alte Männer schlucken schwer,»...den Tod durch eine Kugel fandst.« Am 19. November 1961, die ersten »Gastarbeiter« aus der Türkei treffen in diesen Tagen auf dem Hauptbahnhof in München ein, findet in einem kleinen unterfränkischen Dorf eine Gedenkfeier statt. Die Einwohner sind im Schatten der »Luther-Eiche« versammelt, um ein »steinernes erhabenes Rund, aus heimischen Steinen meisterhaft geschaffen«, einzuweihen:»Sechs Tafeln aus Erz, gruppiert um das Eiserne Kreuz, tragen die Namen der fast 200 in den Kriegen 1870/71, 1914/18 und 1939/45 auf dem Feld der Ehre gebliebenen Söhne der Marktgemeinde.«[1] Der Festredner mahnt die Versammelten:»In einer Zeit des Materialismus, in der die Ideale, die Disziplin, die Achtung und Ehrfurcht voreinander zerstört werden, die Heimat geteilt ist und das Wort Vaterland kaum gebraucht wird, ist es wichtig, unsere Mitmenschen zur Besinnung zu rufen und daran zu erinnern, daß sie alle, die auf den Tafeln des Ehrenmals stehen, ihr Leben gaben, im Glauben an ihr Vaterland und zum Schutze der Lieben in der Heimat.«[2]

Bei seiner Ankunft in München ist der junge Arzt Ümit Uygun, einer von rund 700 türkischen Ärzten, die Anfang der sechziger Jahre von der Bundesrepublik als Spezialisten für die schwierigen Disziplinen der Neurologie, Gynäkologie und Chirurgie angeworben wurden,[3] irritiert von der Provinzialität, dem geringen Bildungsgrad und der körperlichen Verkrampftheit der Menschen: »Die Deutschen wirkten bäuerlich. Sie entsprachen in keiner Weise dem Bild, das wir uns in der Türkei von den Europäern machten.« Nichts von der aufregenden, kosmopolitischen Atmosphäre Istanbuls findet Uygun in der Bundesrepublik wieder. Ein Onkel, der seit 1917 in Berlin lebte und in der Kantstraße bis 1945 das erste türkische Restaurant der Stadt führte,[4] lüftet dem Neuankömmling das Geheimnis:»Innige Freundschaften entwickelten sich durch die Erfahrungen während der Zeit des Faschismus zu Mißtrauen und Vereinzelung. Die Angst vor Denunziation und Spitzeln hat viele nachhaltig zu introvertierten Menschen gemacht.«

In breiten Teilen der Bevölkerung herrscht in den frühen sechziger Jahren der ganz alltägliche Irrsinn. Eine traumatisierte, paranoide Generation, mental noch längst nicht aus den Schützengräben vor Metz und Verdun, aus Stalingrad, den Gefangenenlagern Sibiriens, von den jugoslawischen Bergen und aus den Wachmannschaften der Konzentrations- und Vernichtungslager zurückgekehrt, prägt das politische und gesellschaftliche Leben. Zum Zeitpunkt des Inkrafttretens des deutsch-türkischen Anwerbeabkommens am 30. Oktober 1961 hätten die Unterschiede zwischen beiden Gesellschaften nicht größer sein können: Dort die Türkei, die ihren Bürgern seit der siegreichen, kemalistischen »Revolution« und der anschließenden Ausrufung der türkischen Republik im Jahr 1923 in einem rasanten und tiefgreifenden gesellschaftlichen Umgestaltungsprozeß über Jahrzehnte hinweg höchste Flexibilität abforderte; hier die verknöcherte und erstarrte Adenauerrepublik, die sich nach dem großen Feldzug und der daran anschließenden großen Flucht in den Nischen privater Gemütlichkeit verbarrikadierte und die aus- und aufbrechende Jugend (noch) in altdeutsche Schranken verwies. Die aus urbanen Zentren stammenden »Gäste« – in den ersten Jahren waren es vor allem Industriearbeiter, Kleingewerbetreibende und Beamte aus Istanbul, Izmir und Ankara – schwiegen.[5] Zu höflich waren sie, ihre Beobachtungen offen mitzuteilen, zumal sich die Bundesbürger sichtlich bemühten, als moderne, westorientierte Europäer zu erscheinen. Mit der Anschaffung von Fernsehgeräten, VW-Käfern und den ersten Reisen an den späteren »Teutonengrill« in Rimini erwarben sich die Westdeutschen scheinbare Weltläufigkeit. Erfolgreich täuschten sie darüber hinweg, wie sehr in ihren Köpfen obrigkeitsstaatliche Orientierungen und die Erinnerung an die wenige Jahre zuvor hemmungslos ausgelebten archaischen Gewalttätigkeiten nachwirkten.

Welche Gesellschaft die Migranten bei ihrer Ankunft in Deutschland vorfanden, welche Zivilisierungsimpulse von ihnen ausgingen, war bislang kaum von Forschungsinteresse. Auf der Couch liegt schon lange ein anderer Patient. Junge Soziologen und Ethnologen brachen in den siebziger und achtziger Jahren auf, um in den von der Zivilisation und dem technologischen Fortschritt nahezu vergessenen Bergsiedlungen Anatoliens, den ausufernden Gecekondus (Slums) der Großstädte oder in den Hinterhöfen Kreuzbergs mit viel Emphase die biographischen Spuren der türkischen Neubürger aufzunehmen. Die Forscher analysierten nicht nur die kollektive Lebensgeschichte einer Minderheit, sondern verschafften sich gleichzeitig Distanz zur ungeliebten deutschen Gesellschaft und befreiten sich von der Last der eigenen Lebens- und Familiengeschichten. Ihre Arbeitsergebnisse füllen Bibliotheken, wichtige Einsichten wurden publiziert.[6] Aber die Nachfrage sei erlaubt: Hat die starre Rollenverteilung – Deutsche forschen, Türken werden seziert – wirklich zur besseren Verständigung beigetragen? Wäre es um den deutsch-türkischen Dialog heute besser bestellt, hätten türkische Ethnologen all die Jahre die Deutschen mit vergleichbarer Leidenschaft in Problemgruppen zerpflückt und feinsinnig beschrieben? In unserem Bücherregal stünde dann nicht nur die erhellende Studie Werner Schiffauers »Die Gewalt der Ehre – Erklärungen zu einem türkisch-deutschen Sexualkonflikt«, den er anhand der Vorgeschichte und des Verlaufs einer Gruppenvergewaltigung im Mai 1978 beschreibt, sondern auch eine Erklärung und objektive Außensicht dafür, wie es 1976 im christlich-fundamentalistischen Odenwald zu einem vom Würzburger Bischof abgesegneten Exorzismus kommen konnte, in dessen Verlauf eine vermeintlich vom Teufel beseelte junge Frau starb.

Die Einseitigkeit der Forschung ist Folge der landläufigen Sichtweise, Einwanderung sei ein Prozeß, der in erster Linie die Dorfstrukturen und Familiendynamiken, die Lebensentwürfe und Psychen der Migranten berührt, zerstört und in manchen Fällen auch weiterentwickelt. Aber wie ist es um die psychosozialen Rückwirkungen der »Großen Wanderung« (Hans Magnus Enzensberger) auf die Altbürger bestellt? Allenfalls die Bedeutung der millionenfachen Zuwanderung für politische, ökonomische und soziale Großsysteme scheint von Interesse, nicht jedoch, was es für das Alltagsleben der deutschen Fließbandarbeiterin im Dortmunder Norden oder den Freundeskreis des Drehers im Frankfurter Gallusviertel bedeutete, daß sich ihr Lebensumfeld innerhalb weniger Jahre von einer homogenen deutschen Monokultur in einen Vielvölkerkiez verwandelte.

Auch die Verfechter des Konzeptes einer multikulturellen Gesellschaft setzen sich auf ihren Goodwill-Tourneen durch Vortragssäle und Talkshows großzügig über solche »Nebenschauplätze« der Zuwanderung hinweg. Beliebtes und »starkes« Argument in diesen aufgeklärten Kreisen: Deutschland war schon immer eine Zuwanderungsgesellschaft. Im gleichen Atemzug wird dann meist an die Ruhrpolen, an die Hugenotten in Brandenburg, die Holländer an der Havel, die russische Kolonie im Berlin der zwanziger Jahre oder an die italienischen Gastarbeiter des 19. Jahrhunderts erinnert. Multikulturalität ist eigentlich nichts Neues, lautet die abschließende und wohl beschwichtigend gemeinte Botschaft.

Bei diesen Appellen wird leider regelmäßig unterschlagen, daß 1955, als das erste Anwerbeabkommen mit Italien unterzeichnet wurde, die »Epoche«, in der sich die (nun) schweigende Mehrheit der Deutschen einen alten Traum verwirklicht hatte, erst zehn Jahre zurücklag: Mit der Vernichtungspolitik zwischen 1933 und 1945 war in Deutschland die seit der Frühromantik diskutierte und herbeigesehnte ethnische und kulturelle Homogenität des deutschen Volkes erstmals annähernd hergestellt; bereinigt nicht nur vom »jüdischen Element«, sondern auch »befreit« von nonkonformistischen Lebensstilen, frei von Milieus, die sich politischen Gegenentwürfen verschrieben hatten oder gar alternative Lebens- und Sexualgemeinschaften zur heterosexuellen Kleinfamilie lebten. (1907 arbeiteten 925.000 Ausländer in Deutschland. 1933 waren es trotz Massenarbeitslosigkeit noch 366.000. 1955 arbeiteten 80.000 Ausländer in Westdeutschland.) Der Nationalsozialismus und damit auch die daran anschließenden Kindheits- und Pubertätsjahre der Bundesrepublik waren der Triumph des Kleinbürger- und Bauerntums, das bereits 1914 begeistert in den Krieg gezogen war, um im Schulterschluß mit dem (Bildungs-)Bürgertum den Werten Demokratie und Humanität die »deutsche Idee« der homogenen Volksgemeinschaft entgegenzusetzen.[7]

Die eingangs zitierte Feierlichkeit ist in diesem Zusammenhang nicht nur eine Dorfposse, sie ist eine Manifestation des schizophrenen Zustandes der Republik zum Zeitpunkt der Einwanderung aus der Türkei – Bekenntnis zur Westbindung bei gleichzeitigem Festhalten an der »deutschen Idee«. Natürlich war die Bundesrepublik 1961 keine einfache Fortführung des nationalsozialistischen Staates. Die zwölf Jahre seit ihrer Gründung »auf den bisher verspotteten westlichen Ideen der Demokratie, des Rechtsstaates und der Menschenrechte«[8] hatten in den Köpfen durchaus etwas bewegt. Die Westdeutschen versuchten krampfhaft, sich vom Volksgenossen zum Bürger weiterzuentwickeln. Vergebens. Sie blieben hoffnungslos in das Gespinst der ethnischen Reinheit verstrickt. Und in diesem Käfig sitzen sie mehrheitlich noch heute. Dazu ein Schreiben des Bundesinnenministeriums aus dem Jahr 1988: »Eine fortlaufend, nur von der jeweiligen Wirtschafts-, Finanz- und Arbeitsmarktlage abhängige Zuwanderung von Ausländern würde die Bundesrepublik Deutschland tiefgreifend verändern. Sie bedeutete den Verzicht auf die Homogenität der Gesellschaft, die im wesentlichen durch die Zugehörigkeit zur deutschen Nation bestimmt ist.«[9]

Die Menschen, die von 1870 bis 1945 »ihr Leben gaben, im Glauben an ihr Vaterland und zum Schutz der Lieben in der Heimat«, waren Kämpfer für ein kulturell, religiös und rassisch homogenes »deutsches Volk«. Das sitzt tief im Stammhirn und hat sich in die Psyche der Menschen eingeätzt. Diese Ausgangslage gilt es festzuhalten, will man Charakter und Verlauf der deutschtürkischen Beziehung wirklich verstehen. Doch was wäre Deutschland ohne seine Türken? Eine muffige, selbstgerechte, kleinbürgerliche und langweilige Bratwurst- und Eisbeingesellschaft? Oder ein Ort der Friedfertigkeit, den heute, nachdem die neonazistische Offensive der Jungteutonen in den frühen neunziger Jahre eingedämmt scheint, türkische Extremisten – wie den Schlagzeilen zu entnehmen ist – in einen Bürgerkriegsschauplatz zu verwandeln drohen? »Die Freundschaft zersplittert. – Kurden gegen Türken, Sunniten gegen Alewiten, Kommunisten gegen Graue Wölfe – in Deutschland spiegelt sich, was die Türkei erschüttert. Die Anschläge einiger Eiferer gefährden den Frieden unter den Einwanderern. Bedroht von Extremisten und abgelehnt von Deutschen, isolieren sie sich in ihren Moscheen, Discotheken und Vereinshäusern – zurückgeworfen auf die kulturellen Wurzeln«, warnt *Die Zeit* Anfang April 1995.

Türken stiften deutsche Identität

Wie keine andere Einwanderergruppe haben die seit 1961 vorübergehend und auf Dauer in Deutschland lebenden Millionen Türken die Republik geprägt. Unbestritten ist ihr volkswirtschaftlicher Nutzen, den das Essener *Zentrum für Türkeistudien* unermüdlich nachzuweisen versucht.[10] Unbestritten auch ihr Beitrag zur Revitalisierung der innerstädtischen Gebiete in Berlin, Köln, Hamburg, Frankfurt, München, Stuttgart, Bremen, Hannover, Nürnberg und dem Ruhrgebiet. Als die deutschen Arbeiter während ihrer Aufstiegsversuche in die Mittelschicht ihre alten Quartiere verließen und in die Vorstädte und neu entstehenden Trabantenstädte zogen, schufen das Alltagsleben der Einwanderer und ihre Infrastruktur – Gemüseläden, Reisebüros, Bäckereien, Lohnsteuerbüros, Videotheken, Restaurants, Moscheen, Flickschustereien, Änderungsschneidereien, Teehäuser – ein neues, urbanes Lebensgefühl. Die Bundesbürger kopierten Verhaltensweisen ihrer »Gastarbeiter« und befreiten sich von kleinbürgerlichen Fesseln. Sie lernten, daß die öffentlichen Straßen und Plätze nicht nur Räume für den Autoverkehr, die Warenzirkulation und die Bürgerbeobachtung sind, Grunflachen auch als Stätten der Kommunikation und der Erholung genutzt werden können.

Eine weitere verdrängte Kulturleistung der Immigranten: Sie beeinflußten Millionen bundesdeutscher Biographien und ermöglichten die Herausbildung neuer, bis dato unbekannter Standards des Sozialstaates. Ohne die Sozialversicherungsbeiträge und Steuern der vierzehn Millionen »Gastarbeiter«, die zwischen 1955 und 1973 angeworben wurden, wären weder die Ideologie der sozialen Marktwirtschaft noch viele der ehrgeizigen Projekte der sozialliberalen Bildungs- und Reformoffensive finanzierbar gewesen. Die historisch einmalige Situation der sechziger und siebziger Jahre – Millionen junger, unverbrauchter Arbeitskräfte füllen die Kassen, ohne (zunächst) entsprechende Leistungen im

Gesundheits-, Familienfürsorge-, Bildungs- und Rentenwesen zurückzuerhalten – ermöglichte den deutschen Rentnern, Mallorca zu übernehmen, den Studenten aus finanziell schwächer gestellten Familien ein sorgenfreies Studium und den Berufsrevolutionären ihre Spielwiesen bei gleichzeitigem Zugriff auf die begehrte »Staatsknete«. [11]

Nicht ihr materieller Beitrag zur Entwicklung der Bundesrepublik ist allerdings der entscheidende: Türken machen deutsche Karrieren. Mit der Beschwörung eines Türkenproblems ließen sich in der Vergangenheit mühelos politische Karrieren schmieden und Wahlkämpfe gewinnen. Die Erfolgsformel beschreibt Lutz Hoffmann treffend: »Man muß der deutschen Identität nur drastisch ihre Bedrohung durch Ausländer vor Augen führen, dann vergißt sie ihre Probleme und funktioniert wie geschmiert.« [12] Im »Wendewahlkampf« 1982/1983 machten Türken als politisches Gleitmittel sogar den Kanzlerwechsel möglich. Auch Franz Schönhuber wäre ohne das virtuose Spiel auf der Klaviatur antitürkischer Ressentiments kaum über den Status einer bayerischen Provinzgröße hinausgewachsen. Und die *Böhsen Onkelz* hätten sich ohne den vor fünfzehn Jahren auf einem Demotape veröffentlichten Haßsong »Türken raus!« niemals ihren bis heute finanziell einträglichen Kultstatus als rechte Rockband erworben.

Seit Jahrzehnten beleben Türken allein durch ihre physische Präsenz politische Diskussionen. Sie zwingen die Bundesbürger zur Auseinandersetzung und zur Stellungnahme: Ist Deutschland ein Einwanderungsland oder nicht? Wie viele Einwanderer in einem Stadtviertel sind sozial verträglich? Wollen wir islamische Schulen? Anatolische Polizisten? Das kommunale Wahlrecht? Ein neues Staatsangehörigkeitsrecht? Doppelte Staatsbürgerschaft? Muttersprachlichen Unterricht an den Schulen? Türkische Richter und Staatsanwälte? »Unsere Türken« sind Katalysatoren bei der Suche nach Antworten auf »unsere« alten, deutschen Fragen: Wer sind wir eigentlich – als Kulturnation, als Gesellschaft, als politische Sozietät? Wer wollen wir künftig sein?

Die bei Deutschen so beliebten Geschichten vom »Leben zwischen zwei Kulturen« der Mädchen aus konservativen türkischen Familien, die mühsam und konfliktreich eine Synthese aus deutschen und türkischen Werten zu bilden suchen, lenken bis in die Gegenwart erfolgreich von deutschen Irritationen ab. Nicht die Neubürger aus der Türkei leiden in erster Linie an einer gebrochenen Identität, sondern wir, die Deutschen. Wer heute noch glaubt, die anatolischen »Gastarbeiter« wären nur zum Arbeiten ins Land geholt worden, der hat ihre wahre historische Mission nicht begriffen. Sie bestand darin, ihre »Gastgeber« von traumatischen Minderwertigkeitskomplexen zu befreien und aus seelischer Bedrängnis zu erretten. Schließlich war es nicht leicht, aus der Rolle des über Leben und Tod entscheidenden und nach der Weltherrschaft greifenden Herrenmenschen in die des reumütigen, sich vor den »Besatzungsmächten« (die Alliierten werden erst neuerdings vom common sense als Befreier anerkannt) duckenden, buckelnden und eifrigen Lehrlings in Sachen Demokratie zu schlüpfen.

Die Arbeiter aus der Türkei gaben ihren westdeutschen Kollegen etwas von ihrem Selbstbewußtsein zurück. Kaum waren sie dem Orientexpress entstiegen (so legen es zumindest übereinstimmende Aussagen von Zeitzeugen nahe), wurden sie überschwenglich als der (kleine) Waffenbruder aus dem Süden begrüßt. In einer Situation der Einsamkeit – keiner wollte Freund der Deutschen sein – und tiefsten Demütigung – die Mauer war gerade frisch durch das Land gezogen – waren die Neuankömmlinge willkommene Trostspender. Die Türkei war das Land, das im Ersten Weltkrieg auf Seiten der Achsenmächte gekämpft hat te und seit mehr als einhundert Jahren freundschaftlich mit Deutschland verbunden war. Die Türken des Osmanischen Reiches waren treue Verbündete, als das Deutsche Reich nach seiner Gründung in den siebziger Jahren des 19. Jahrhunderts seine imperialistischen Ansprüche im Nahen Osten gegenüber Frankreich und England anmeldete. Auf der *Berliner Konferenz* 1878, als es um die Neuordnung der »Türkischen Frage« ging, setzte sich Bismarck vehement für die Freunde am Bosporus ein. Er diente sich dem herrschenden Sultan Abdul Hamid II. als Fürsprecher und Bündnispartner im Ränkespiel der Großmächte an.

Manch türkischer Intellektuelle beschwor Anfang der achtziger Jahre, als die Antitürkenparanoia der Westdeutschen einem ersten Höhepunkt zusteuerte, sich Straßenterror, Mord und Totschlag ankündigten, diese zweifelhaften Traditionslinien. »Ruft man sich die Ereignisse der deutsch-türkischen Geschichte ins Gedächtnis, dann sind auf einmal die heutigen *Gastarbeiter* nicht mehr bloß billige Arbeitskräfte, sondern sie stehen im Kontext der Geschichte zweier Länder, die eine lange gemeinsame Vergangenheit haben. Und wenn man diese Geschichte mit ihren gegenseitigen Abhängigkeiten kennt, dann wird es unmöglich, das jeweils andere Volk abzuwerten oder zu diskriminieren.«[13]

So wie von dem Berliner Schriftsteller Gültekin Emre gefordert, wollten die Bundesbürger die gemeinsame Geschichte dann doch lieber nicht interpretieren. Zumal, und das verschweigt Emre höflich, die deutsch-osmanische Zusammenarbeit keineswegs eine von gleichberechtigten Partnern war. Stets, das belegen Berichte aus jener Zeit, fühlten sich die Deutschen militärisch, ökonomisch, kulturell sowie intellektuell überlegen. Die Erinnerung an die einstige Waffenbrüderschaft sollte keineswegs den Wunsch nach allzu großer Nähe signalisieren. Etwas subtiler war die Sache schon. Mit den Türken hatten sich die Westdeutschen (endlich) wieder Fremde ins Land geholt, denen sie, anders als Amerikanern, Engländern, Russen und Franzosen, mit entsprechendem Hochmut gegenübertreten und an denen sie ungestraft ihr antisemitisches Mütchen kühlen konnten. Die überhebliche Haltung der »starken Deutschen« gegen-über den »kranken Männern vom Bosporus« fand neue Nahrung, als sich in der zweiten Hälfte der sechziger Jahre in Ankara, Istanbul und Izmir allmählich ein Mangel an qualifizierten, städtisch sozialisierten Arbeitern bemerkbar machte. Es wurden nun verstärkt Arbeitskräfte aus den unterentwickelten, ländlichen Regionen der Ost- und Südosttürkei angeworben, ins Flugzeug ge- und in Deutschland ausgesetzt. Den anatolischen Bauern verschlug es tatsächlich die Sprache, wenn sie erstmals über die Frankfurter Kaiserstraße flanierten. In den Augen der Deutschen verwandelten sich die Türken von Juniorpartnern in ungezogene, leicht verhaltensgestörte und unberechenbare Kinder. Seit dieser Metamorphose ist keine andere Einwanderergruppe – weder Italiener, Spanier noch Griechen und Jugoslawen – mit einem solch nachhaltigen paternalistischen Betreuungsaufwand verfolgt und in immer neue Problemgruppen zerlegt worden wie die aus der Türkei.

Dafür mag es zunächst objektive Gründe geben: Nur durch Wissen über kulturelle Besonderheiten, über Geschichte und wichtige gesellschaftliche Entwicklungslinien können Fremdheitserfahrungen überwunden werden, lassen sich auf den ersten Blick normabweichende Verhaltensweisen erklären und notwendige neue Kommunikationsmuster eintrainieren, die den verschiedenen Phasen des Migrationsverlaufs gerecht werden. Die kulturelle Differenz zwischen dem gültigen Wertesystem eines kleinen ostantolischen Dorfes und dem westlichen Großstadtleben ließ sich nicht immer problemlos überbrücken. Dann, als mit der Verhängung des Anwerbestopps viele »Gastarbeiter« nach 1973 ihre Familienangehörigen nachholten, mußten zahlreiche Probleme der schulischen Integration, sprachliche Defizite und die berufliche Qualifizierung und Integration angegangen werden. Wieder andere Herausforderungen stellte die politische Einwanderung nach dem Militärputsch vom 12. September 1980 und dem Beginn des Krieges in den kurdischen Provinzen.

Doch über das notwendige, für das Kennenlernen und das Zusammenleben notwendige Maß an Neugierde hinaus konstruieren sich die Deutschen lustvoll ihren Türken: Meine Türken, deine Türken, jeder bastelt sich seinen Türken. Die Bilder, die bei dieser Form der Auseinandersetzung entstehen, sind jederzeit abrufbereit. »Mannesehre«, »religiöse Eiferer«, »Unterdrückung der Frau«, »Kurden«, »Ramadan«, »Folter«, »Osmanen«, »Morgenland«, »Islam«, »Beschneidung«, »Großfamilie« lauten die Stichworte, die notorische Reflexe einschnappen lassen: »türkenjunge / türkenfrau / kopftuchmädchen / und türkensau.«[14] Über die real existierenden Türken sagen diese Bilder wenig aus, dafür um so mehr über die Projektionen der Deutschen.

Der häufig vorgetragene Verweis auf den anderen Kulturkreis und die andere Religion allein reichen nicht aus, das Spannungsverhältnis, das das deutsch-türkische Zusammenleben kennzeichnet, zu erklären. Als erster Stolperstein stellt sich das babylonische ethnische Durcheinander unter den Türken einer Annäherung in den Weg.

Kurden, Armenier, Tscherkessen, Griechen, Georgier, Albaner, Abchasen, syrisch-orthodoxe und arabisch-orthodoxe Christen (nach offiziellen Angaben gibt es derzeit 25 ethnische und religiöse Gruppen in der Türkei), das ist zu bunt für die gültige bundesdeutsche Farbenlehre. Mit Vielfältigkeit hat sich die deutsche Seele, die Klarheit und Übersichtlichkeit bevorzugt, vor allem nach der Reichsgründung 1871, stets schwergetan. Ethnisches Kuddelmuddel, so etwas kennt man in Deutschland nun schon lange nicht mehr, und man will es auch nicht. Die den Nationalsozialismus überlebenden »Konflikte« zwischen Protestanten und Katholiken, Preußen und Bayern sind eine folkloristische Fußnote, die eine wirkliche Auseinandersetzung und Konfliktregelung nicht mehr erfordern. Die kulturelle und ethnische Vielfalt unter den Einwanderern aus der Türkei, die auch Konfliktpotentiale in sich birgt, die, wie jüngst erlebt, aufbrechen können, machen den Deutschen schlicht angst.

Entscheidender dürfte allerdings sein, daß die Neu»bürger« als »Orientalen« tiefverwurzelte antisemitische Ressentiments bedienen, eine deutsche Gefühlskonstante, die aufgrund des verordneten Philosemitismus nach 1949 jahrelang unterdrückt werden mußte. Erst mit der Entdeckung der »Türkenfrage« fanden die Deutschen Ende der siebziger Jahre das geeignete Ventil, ihren antisemitischen Gefühlsstau abzureagieren, ohne sich gegenüber der internationalen Öffentlichkeit dem Verdacht auszusetzten, nichts dazugelernt zu haben.

Mutierter Antisemitismus

Eines hatten die Bundesdeutschen nach 1949 schnell gelernt. Wollten sie Teil der zivilisierten, westlichen Welt sein – und das wollten sie angesichts der exorbitanten Wachstumsraten in der Konsumgüterindustrie in den fünfziger und sechziger Jahren aus ganzem Herzen –, dann mußten sie dafür sorgen, daß der Antisemitismus aus der Öffentlichkeit in die Latenz der Privatsphäre verbannt wurde. Tabuzonen wurden errichtet, über die sich der virulente Antisemitismus nicht hinauswagen durfte. Das konnte zwar nicht verhindern, daß es in Wellenbewegungen zu besorgniserregenden Zunahmen antisemitischer Straftaten kam – sie reichten von Friedhofschändungen, Bedrohungen bis hin zum Mord –, zu einer die demokratischen Fundamente ernsthaft bedrohenden Bewegung wurde sie allerdings zu keinem Zeitpunkt. Trotz personeller Kontinuitäten in der politischen Klasse und in der Justiz wurden der Rechtsradikalismus und nazistische Organisationen durchaus bekämpft. [15] Daß den Warnungen des Bundesamtes für Verfassungsschutz vor einem sprunghaften Ansteigen antisemitischer Vorkommnisse in den sechziger Jahren – 1960 wurden von der Behörde 1.206 antisemitische und nazistische Vorfälle registriert – in der Öffentlichkeit weit weniger Aufmerksamkeit geschenkt wurde als ihren Hinweisen auf die »kommunistische Gefahr«, ist Ausdruck einer Gesellschaft, die sich opportunistisch die philosemitische Tarnkappe überstülpte, das Problem folglich nur schwer die Herzen und den Verstand erreichte. Bei aller Brüchigkeit und Widersprüchlichkeit erwies sich die Tabuisierung des Antisemitismus bis weit in die achtziger Jahre hinein als wasserfest.

Aber der Mörder kommt nicht zweimal durch den gleichen Eingang. Während die Gesellschaft mit all ihren Frühwarn- und Sicherungssystemen streng darüber wachte, daß nicht allzu viele Neonazis und Rechtsextremisten über die historische Hintertreppe ins neu errichtete demokratische Haus eindrangen, schlichen sich diese seit Mitte der siebziger Jahre unbehelligt durch den Vorgarten ein. In das Bewußtsein der Mehrheit der Bürger der Altbundesrepublik rückte der bereits vor mehr als fünfzehn Jahren erfolgte Umschlag neonazistischer Propagandadelikte in alltagsrassistische Gewalt vor allem gegenüber Türken und Asylbewerbern erst nach der Vereinigung beider deutscher Staaten.

So schreibt der Erziehungswissenschaftler Wilfried Breyvogel, der hier stellvertretend für eine reduzierte Wahrnehmung der jüngsten Vergangenheit zitiert werden soll: »Nach Solingen ist die Unschuld der deutschen Nachkriegsgeschichte endgültig vorbei. Nach innen und nach außen treten dieser Staat, diese Gesellschaft in ein neues Stadium. Denn diese Gewalt gegen Fremde ist in der Nachkriegsgeschichte jugendlicher Gewalt ein bisher singuläres Ereignis.« Soviel Jungfräulichkeit war selbst vor dem Fall der Mauer nicht. Die Rede von dem Eintritt in ein neues Stadium der Nachkriegsgeschichte ist Ausdruck eines kollektiven Blackouts der demokratischen Mitte, die bis heute nur zögerlich wahrhaben will, daß die Gewalt der neunziger Jahre die Spätfolgen der bereits in den späten siebziger und frühen achtziger Jahren erfolgte Landnahme ihrer eigenen Köpfe durch die extreme Rechte ist.

Bis Ende der siebziger Jahre gelangen den Rechtsextremen keine dauerhaften Einbrüche in die gesellschaftliche Mitte. Es zeigte sich, daß ihre Bemühungen zum Scheitern verurteilt waren, solange sie ihre zentralen Agitationsfelder auf den Antisemitismus und die Leugnung beziehungsweise Relativierung des Holocausts konzentrierten. In der zweiten Hälfte der siebziger Jahre wird deshalb das völkisch-nationalsozialistische Standbein systematisch um das ausländerfeindliche Spielbein ergänzt.

1977 gründete der inzwischen verstorbene Neonaziführer Michael Kühnen die *Aktion Ausländerrückführung – Volksbewegung gegen Überfremdung und Umweltzerstörung*. Hauptanliegen dieser Organisation war neben dem bis heute verfolgten Herzensanliegen der Neonazis – die Wiederzulassung der *NSDAP* – die »Rückführung« aller Ausländer. In einem Interview erläuterte Kühnen im Februar 1982 gegenüber dem *Deutschen Allgemeinen Sonntagsblatt* die eingeschlagene Strategie: »Jetzt geht es darum, Sachpositionen zu gewinnen, ein Problem zu finden, das tatsächlich die Masse der Bevölkerung als Problem bewegt. Das wird im wesentlichen die Ausländerfrage sein.« Instinktsicher griff Michal Kühnen die latente Angst vieler Bundesbürger vor einer »Überfremdung« durch Südländer auf. Er besetzte damit ein Thema, bei dem es Schnittmengen und zahlreiche Berührungspunkte mit der demokratischen Mitte gab.

Bereits im Mai 1975 trug die sozialliberale Koalition mit der Einführung der »Zuzugssperre« Ressentiments der Bürger Rechnung. Mit ihr sollte künftig in Ballungsgebieten ein Ausländeranteil von mehr als zwölf Prozent verhindert werden. Immigranten – konkret gemeint waren aber tatsächlich Türken – wurden mit dieser administrativen Maßnahme, die man bei gutmütiger Interpretation als untauglichen Versuch, der Bildung von sozialen Brennpunktgebieten entgegenzuwirken, bezeichnen kann, als Belastung für Wohngebiete stigmatisiert. Gleichzeitig wurde suggeriert, es gäbe eine »natürliche Grenze« des sozial vertretbaren Anteils von Einwanderern in einer Region. Der Beauftragte für Ausländerfragen der Schmidt-Regierung, Heinz Kühn (*SPD*), warnte: »Wenn der Ausländeranteil die Zehnprozentmarke übersteigt, wird jedes

Volk rebellisch.« Unter der Schirmherrschaft Helmut Schmidts hatten sich die Zeiten unwiderruflich geändert. Noch wenige Jahre zuvor war die bürgerliche Mitte aufkeimenden Ressentiments gegenüber »Gastarbeitern« enschieden entgegengetreten. Als am 10. September 1964 der portugiesische Zimmermann Armando Sa Rodrigues als millionster Gastarbeiter mit einem rauschenden Fest begrüßt wurde – »Eine feurige Spanierin tanzte eine ›Sevilana‹ auf dem Bahnsteig. Sprechchöre und die Nationalhymnen Spaniens, Portugals und der Bundesrepulik ertönten«, berichtete der Berliner *Kurier* –, verkündet der Kölner Fabrikant Dr. Manfred Dunkel, Abgesandter der *Bundesvereinigung der Deutschen Arbeitgeberverbände*: »Ohne die Mitarbeit der Ausländer wäre unsere wirtschaftliche Entwicklung der letzten Jahre nicht denkbar.« Auf die vorsichtige Frage eines Reporters, ob denn die Zahl der ständig neu ankommenden Gastarbeiter vielleicht nicht doch ein wenig zu hoch sei, antwortete Arbeitgebervertreter Werner Mühlbradt: »Nein. Wir bekommen im Augenblick mehr Gastarbeiter, wir rechnen im Durchschnitt mit einer monatlichen Zunahme von etwa 20.000.« Auch *Die Welt* entgegnete kritischen Stimmen im September 1964 kategorisch: »Für Volkswirtschaften, die sich entfalten und wachsen wollen, sind ausländische Arbeiter wichtig – fast möchte man sagen: unentbehrlich.«

Weniger euphorisch reagierten dagegen die deutschen Arbeitnehmer auf ihre neuen Kollegen. Das *Wickert-Institut* ermittelte im Herbst 1964: »Die Deutschen sind gegen die Beschäftigung von Gastarbeitern.« Auf die Frage: »Wenn die Arbeitszeit in der Woche eine Stunde länger sein würde und dadurch keine Gastarbeiter mehr in Westdeutschland notwendig wären – würden Sie das begrüßen oder nicht?«, antworteten 70 Prozent aller Männer und 64 Prozent der Frauen, lieber länger arbeiten zu wollen.

Als dieser »unternehmerfeindliche« Arbeitseifer der bundesdeutschen Arbeiterschaft öffentlich wurde, machte sich die damals noch liberale *Die Welt* einmal mehr zur engagierten Fürsprecherin der »Gastarbeiter«. In einem Grundsatzartikel klärt das Blatt auf über das bereits damals heiß diskutierte Thema Ausländerkriminalität. Unter der Überschrift: »Bringen Gastarbeiter wirklich Mord und Totschlag in friedliche Städte?«, werden statistische Taschenspielertricks aufgedeckt. »Die Zahlen lügen«, heißt es in dem Bericht ganz radikal.

Auch den Sexualneid junger deutscher Burschen, der die Legende vom messerschwingenden Südländer erschuf, thematisiert *Die Welt*: »Wie erfahrene Richter berichten, sind es sehr häufig die deutschen Frauen, für ihre Ausländerfreundschaften so oft verschrieen, die ihre Männer und Freunde zu solchen blutigen Auseinandersetzungen anstacheln.« Zu guter Letzt fordert *Die Welt*, die Bundesrepublik Deutschland zum Einwanderungsland zu erklären: »Das ehrlich und nüchtern zu sehen und zu sagen, ist bisher auch auch von höchster Stelle versäumt worden. Dieses Versäumnis ist nicht zuletzt mit schuld am Unbehagen derer, die sich mit den Gastarbeitern nicht anfreunden können.«

In ihrem Einsatz für die »Gastarbeiter« setzten sich die bundesrepublikanischen Eliten auch mutig über jahrhundertealte Feindbilder hinweg. Kardinal Frings stellte am 3. Februar 1965 muslimischen Arbeitern den Kölner Dom zur Verfügung, damit diese das Ende des Fastenmonats Ramadan würdig feiern konnten.

Das Engagement gegen kleinbürgerlichen Krämergeist war keineswegs Folge humanistischer Grundüberzeugungen. Die *Frankfurter Allgemeine Zeitung* wies ihre vor allem an Aktienkursen interessierten Leser bereits im Oktober 1959 auf den entscheidenden Vorteil der Ausländerbeschäftigung hin: »Bei eventueller Arbeitslosigkeit in Deutschland können die ausländischen Arbeiter wieder zurückgeschickt werden.«

Hinter verschlossenen Türen hielt man sich auch in den Arbeitgeberverbänden nicht lange mit philantropischen Schönwetterreden wie auf dem Kölner Bahnhof auf; hier wurde zum Thema »Gastarbeiter« Klartext gesprochen: »In der Regel wird der Ausländer nicht an der betrieblichen Altersversorgung teilnehmen, nicht in Betracht kommen für ihn Sonderzuwendungen bei Arbeitsjubiläen sowie für Heilverfahren, Frühheilverfahren und Erholungskuren. Der bei uns arbeitende Ausländer stellt in der Regel die Arbeitskraft seiner besten Jahre zur Verfügung: Für die Betriebe ergibt sich daraus der Vorteil, daß nur in seltenen Fällen ein älterer oder nicht mehr voll arbeitsfähiger ausländischer Mitarbeiter aus sozialen Gründen mit durchgezogen werden muß«, heißt es in einem 1964 veröffentlichten Bericht. [16]

Doch aus Wirtschaftswunderzeiten, in denen Toleranz wohlfeil zu haben und selbst das Lieblingsthema des Bürgertums, die (ethnische) Homogenität der Nation, in den Hintergrund gedrängt war, zurück in das Jahr 1975. Die Zuzugssperre für »Gastarbeiter« war ein publikumswirksames Vorspiel. Sie stimmte ein auf das, was noch kommen sollte. Anfang der achtziger Jahre wurden die Töne schriller, als aufgrund der bürgerkriegsähnlichen Zustände in der Türkei und als Folge des Militärputsches im September 1980 dort die Migrationsbereitschaft zunahm. (Von 108.000 Asylbewerbern kamen 1980 rund 60.000 aus der Türkei.) Als darüber hinaus bekannt wurde, daß trotz des bereits am 23. November 1973 verhängten Anwerbestopps noch rund eine Million Bürger aus der Türkei im Rahmen der Familienzusammenführung das verbriefte Recht hatten, in die Bundesrepublik überzusiedeln, ergriff die Angst vor »Überfremdung« auch ausgewiesene Liberale. Selbst *Der Tagesspiegel* leistete den Ressentiments frei nach dem Spiel »Wer hat Angst vorm schwarzen Mann« Vorschub. In einem Kommentar vom 16. November 1980 unter der Überschrift »Mehr Wohnungen, weniger Türken« hieß es: »Berlin muß, wenn es als solches für deutsche Zuwanderer und seine deutschen Einwohner attraktiv bleiben will, vor einer mathematischen Überfremdung durch Familienzusammenführung bei hoher Fruchtbarkeit bewahrt bleiben.«

Stichwortgeber für den völkisch und rassistisch durchwirkten und bis heute nachwirkenden Diskurs der demokratischen Mitte waren nicht bekennende Neonazis wie Michael Kühnen, sondern »ehrbare« Personen wie Prof. Dr. rer. nat. H. Schröcke, der am 22. Januar 1980 in einem Beitrag der *Frankfurter Allgemeinen Zeitung* schrieb: »Völker sind (kybernetisch und biologisch) lebende Systeme höherer Ordnung mit voneinander verschiedenen Systemeigenschaften, die genetisch weitergegeben werden.«

Schröcke lieferte damit das Exposé zum am 17. Juni 1981 von 11 Professoren unterzeichneten »Heidelberger Manifest«: »Mit großer Sorge beobachten wir die Unterwanderung des deutschen Volkes durch Zuzug von vielen Millionen von Ausländern und ihren Familien, die Überfremdung unserer Sprache, unserer Kultur und unseres Volkstums. (...) Gegenüber der zur Erhaltung unseres Volkes notwendigen Zahl von Kindern werden jährlich kaum mehr als die Hälfte geboren. Bereits jetzt sind viele Deutsche in ihren Wohnbezirken und an ihren Arbeitsstätten Fremdlinge in der eigenen Welt.« Unter den Unterzeichnern des »Manifests«, das zwar in der öffentlichen Diskussion geächtet wurde, gleichzeitig aber Millionen aus dem Herzen sprach, befanden sich ausgewiesene Altnazis wie der ehemalige Bundesvertriebenenminister Theodor Oberländer. Endlich, so schien es, konnten die Bundesbürger ihr Trauma, nicht mehr »offen« über ihr »Judenproblem« debattieren zu dürfen, mittels des nun heiß diskutierten »Türkenproblems« abschütteln. »Türkenwitze«, die den Einwanderern dasselbe Schicksal wie den Juden in Aussicht stellten, machten zu jener Zeit ihre volksverhetzende Runde. »Wie viele Türken passen in einen VW-Käfer? – Fünfundzwanzig. Zwei auf den Vordersitzen, drei auf der Rückbank und zwanzig im Aschenbecher.« Darüber lachte man im Deutschland der achtziger Jahre herzlich.

In einem letzten Kraftakt versuchten die Bundesbürger, das Rad der Geschichte zurückzudrehen, als ihnen bewußt wurde, daß die Anwerbung von 14 Millionen »Gastarbeitern« zwischen 1955 und 1973 – davon kehrten 11 Millionen wieder in ihre Heimat zurück – außer »Kontrolle« geraten war und die Bundesrepublik sich heimlich, still und leise zu einem multiethnischen Einwanderungsland entwickelt hatte. Im Bundestagswahlkampf 1980 bläst die *NPD* mit der Parole »Ausländerstopp – Deutschland den Deutschen« zum Sammeln. In ihrem Umfeld entstehen Initiativen wie *Aktion Ausländerstopp, Bürgerinitiative Einwanderungsstopp, Initiative für Ausländerbegrenzung.* Begleitet wird dieser Prozeß von ersten Terroranschlägen auf Ausländer- bzw. Asylbewerberunterkünfte. Weder Parteienvertreter noch Publizisten sehen einen Zusammenhang zwischen der von ihr mitzuverantwortenden Anti-Ausländer-Stimmung und der zunehmenden Straßengewalt vor allem gegenüber türkischen Immigranten. Die Gesellschaft nimmt die ersten ermordeten Einwanderer beiläufig und widerwillig zur Kenntnis.

Der extremen Rechten gelingt es mühelos, Teile der bürgerliche Mitte nach rechts zu drängen. Bereits am 5. Oktober 1980, drei Wochen nach dem Militärputsch in der Türkei, hatte die sozialliberale Regierungskoalition die Visumspflicht für türkische Arbeitnehmer eingeführt. Am 2. Dezember 1981 empfiehlt die

Bundesregierung »Sofortmaßnahmen zur sozialverantwortlichen Steuerung des Familiennachzugs«. Die wichtigsten geplanten Änderungen: Herabsetzung des Höchstnachzugsalters für Kinder auf das vollendete 16. Lebensjahr und Beschränkung des Ehegattennachzugs zu in Deutschland lebenden Ausländern der zweiten Generation. Einflußreiche Kreise der Christenunion (Heinrich Lummer, Alfred Dregger, Friedrich Zimmermann u. a.) setzen nun verstärkt auf die Ethnisierung sozialer Konflikte und bewegen ihrerseits die *CDU* und *CSU* nach rechts. Als 1982 in der Bundesrepublik die Zahl der Arbeitslosen erstmals die magische Zweimillionengrenze überschreitet und eine ungekannte Jugendarbeitslosigkeit droht, viele Arbeitnehmer aufgrund der im vollen Gang befindlichen Umstrukturierung des Produktionsprozesses – Stichworte: Automatisierung und Rationalisierung – verunsichert sind, ob sie ihre Arbeit behalten und, wenn ja, die künftigen Qualifikationsanforderungen erfüllen können, verspricht die *CDU* in ihrem »Wende«-Wahlkampf zur vorgezogenen Bundestagswahl am 6. März 1983, sowohl die Zahl der Arbeitslosen als auch die Zahl der in Deutschland lebenden Ausländer erheblich zu reduzieren.

Auch die *SPD* und *FDP* legen nach. Am 14. Juli 1982 beschließt die Bundesregierung, die Rückkehr der Türken durch finanzielle Anreize zu fördern. Mit dieser und weiteren Maßnahmen sollte »der schleichenden Landnahme durch eine fremde Bevölkerung« entgegengewirkt werden, wie es der Berliner Landesschulrat Herbert Bath (*SPD*) im November 1982 offen formulierte. In seinem von der rechtslastigen *Notgemeinschaft Freie Universität* verbreiteten Beitrag verweist Bath einmal mehr darauf, daß Deutschland weniger unter einem Ausländer-, als unter einem Türkenproblem leide: »Unsere Einwanderer sind von besonderer Art. Sie behalten nämlich ihre ursprüngliche nationale und kulturelle Identität bei, sie wohnen und leben hier auf Dauer als Türken.« Aber die Wähler trauten bei der »Lösung der Türkenfrage« den Konservativen mehr zu als den Sozialdemokraten.

Bereits in seiner ersten Regierungserklärung vom 13. Oktober 1982 benennt Helmut Kohl neben der Bewältigung der Arbeitslosigkeit die Ausländerpolitik als seinen künftigen Schwerpunkt. Ein Kausalzusammenhang zwischen der Zahl der Arbeitslosen und der Zahl der im Land lebenden Ausländer ist damit hergestellt. Es ist schlicht die Softcore-Variante des *NPD*-Wahlslogans »Arbeitsplätze für Deutsche – Ausländerstopp«. Eine von den Christdemokraten im November 1982 gebildete »Bund-Länder-Kommission Ausländerpolitik« verfolgte zwei Ziele: Wirksame Begrenzung des Familiennachzugs und Förderung der Rückkehr. Der von der Kommission erstellte Maßnahmenkatalog strotzt von Begriffen wie »Möglichkeiten der Verhinderung«, »Mißbräuchliche Inanspruchnahme« und »Aufenthaltsbeendigung«. Nach Einschätzung des Migrationsforschers Ertekin Özcan bewirkte der Bericht, daß »Einschüchterungen, Repressalien, Diskriminierung und Fremdenfeindlichkeit sich während der Diskussion dieser Berichte und durch diese Berichte verstärkt sowohl gegen die entrechteten eingewanderten Minderheiten als auch gegen ihre Organisationen richteten« [17].

Nach gewonnener »Wende«-Wahl und Regierungsbildung erneuerte der damalige Innenminister Friedrich Zimmermann im Mai 1983 seine Kampfansage an die Einwanderer aus der Türkei: »Wir werden in der Ausländerpolitik die Entschlußkraft aufbringen, Lösungen vorzulegen und auch durchzusetzen, die den Interessen der deutschen Bevölkerung gerecht werden. Ein konfliktfreies Zusammenleben wird nur möglich sein, wenn die Zahl der Ausländer bei uns begrenzt und langfristig vermindert wird, was vor allem die großen Volksgruppen (Türken) betrifft.« [18]

In Frankfurt übersetzten die *Böhsen Onkelz* die vorherrschenden Ressentiments in die Sprache ihres jugendlichen Anhangs. 1982 veröffentlichten sie ihren Kult- und Haßsong »Türken raus« auf einem tausendfach kopierten Demotape:

Türken raus! Türken raus! Türken raus!
Türken raus! Türken raus! Türken raus!
Alle Türken müssen raus!

Türkenvotze naßrasiert, Türkenvotze glattrasiert,
Türkenvotze naßrasiert, Türkenvotze glattrasiert...

Türken raus, Türken raus, Türken raus aus unserem Land.
Geht zurück nach Ankara, denn ihr macht mich krank.

Deutschland-Besatzer, Plasiktütenträger, Altkleidersammler, Opernbrillenträger.

Türkenvotze naßrasiert, Türkenvotze glattrasiert ...

Türken raus! Türken raus! ...

Türkenvotzen, ihr braucht was auf die Schnauze.

In der Folgezeit werden zunächst vor allem Türken, nach der Anti-Asyl-Kampagne von 1986 dann auch Asylbewerber vermehrt von Rechtsextremisten und Alltagsrassisten angegriffen. Türkische Gemüseläden werden von aufgeputschten und durchgedrehten Fußballfans zerstört. Im Sommer 1983 kommt es in Berlin-Kreuzberg zu heftigen Straßenschlachten, als die *Konservative Aktion* einen Marsch auf Kreuzberg organisiert, um die Immigranten nachhaltig zur Rückkehr aufzufordern. Erinnert sei an dieser Stelle nur an zwei spektakuläre Übergriffe: 1985 werden in Hamburg Mehmed Kaynakcı und Ramazan Avcı von Nazi-Skinheads ermordet. Der »Anti-Türken-Test, made in Buchenwald – copyright 1986 by Hitler und Hess« taucht in Berliner Briefkästen auf.

In Bremen ruft die Skinheadband *Endstufe* mit ihrem Song »Neue Kraft« den kurzhaarigen Kreuzritterorden zum Heiligen Krieg auf:

Ihr klaut einfach unsere Frauen,
Dann nehmen wir eure, wollt ihr uns verhauen.
Ihr denkt einfach, ihr seid besser,
Eure Argumente sind ja eure Messer.
Das schlaffe Volk, das könnt ihr unterdrücken,
Doch deutsche Skinheads, die werdet ihr nicht ficken.

Wenn ihr euch nicht anpaßt, dann werdet ihr erleben,
Dann wird es in Deutschland immer Naziterror geben.
Das deutsche Volk war abgeschlafft,
Doch im deutschen Skinhead, ja, da steckt die Kraft – Oi!
Die deutsche Kultur muß höher liegen,
Und abends könnt ihr erst mal eure Gräber pflegen.

Zwischen Asche, Schutt und Rauch
Bleibt dann nur noch ein mieser Knoblauchhauch
Wenn ihr euch ...

Das Türkenpack, das will uns linken,
Die wollen, daß wir nach Knoblauch stinken.

Wenn ihr euch ...

(Erschienen 1984 auf Demotape)

Am 17. Dezember 1988 wird in Schwandorf ein Brandanschlag auf ein überwiegend von Türken bewohntes Haus verübt, bei dem vier Menschen sterben.

Natürlich haben weder *CDU/CSU*, noch *SPD* und *FDP* Fremdenfeindlichkeit und Rassismus in die Köpfe der Bevölkerung implantiert. Solcherart Verschwörungstheorien sind wenig geeignet, die Dynamik der achtziger Jahre zu erklären, die zu den Gewalteskalationen der Neunziger führten. Aber frei von Mitverantwortung sind Politiker dieser Parteien deshalb noch lange nicht. Der »Sündenfall« der politischen Mitte in den achtziger Jahren besteht darin, daß sie, anders als beim Antisemitismus und der Antigastarbeiterstimmung der sechziger Jahre, dem Alltagsrassismus eines Teils der Bundesbürger nichts Nennenswertes entgegensetzten, sondern bestehende Ressentiments aufgriffen und in Konzepte einer rigiden Anti-Einwanderungspolitik einbauten. Soziales und ökonomisches Krisenmanagement auf Kosten der Einwanderer und Asylsuchenden ist ein bis heute bewährtes Mittel des politischen Machterwerbs und -erhalts. Die Folge: Alltagsrassismen werden, so mit neuer Legitimation versehen, aus der politischen Diskussion in die Bevölkerung (inklusive gewaltbereiter jugendlicher Subkulturen) zurückgespiegelt; Dämme, die gegen den Rassismus (in seiner spezifischen Ausformung als Antisemitismus) errichtet waren, werden geschleift. Das Ergebnis dieses Zusammenspiels zwischen extremistischen politischen Rändern, bürgerlicher Mitte und politischen Eliten ist ein Zivilisationsverlust, eine Enthemmung gegenüber potentiellen Sündenböcken.

Türken, werdet Deutsche!

Der sich zu Beginn der achtziger Jahre vollziehende Paradigmenwechsel in der Innenpolitik der Bundesrepublik wiegt um so schwerer, als er in einer historischen Situation erfolgte, in der sich die relativ homogene demographische Zusammensetzung der bundesdeutschen Gesellschaft, vor allem ihrer heranwachsenden Generation, grundlegend verändert hatte. In Westberlin stammten 1963 lediglich 106 von 26.000 Lebendgeborenen aus ausländischen Partnerschaften, darunter ein türkisches Kind. 1981 waren es bei 19.000 Geborenen bereits 4.500 »ausländische« Kinder, darunter 2.700 türkische. Bundesweit waren 1963 bei 1.054.000 Lebendgeborenen 24.700 »Ausländer«. 1981 waren es bereits 80.000 »Ausländer« bei insgesamt 624.500 Lebendgeborenen.

Wichtige gesellschaftspolitische Aufgaben wären etwa die Anpassung der Curricula, der Bildungsinhalte und des Kulturbegriffs an die veränderte Zusammensetzung der Schülerschaft gewesen, um die Heranwachsenden zu befähigen, die von ihnen gesprochenen unterschiedlichen »Dialekte« in eine gemeinsame Sprache zu übersetzen. Denn bereits zu Beginn der achtziger Jahre zeichnete sich ab, daß es für die in der Bundesrepublik lebenden Jugendlichen aufgrund ihrer unterschiedlichen Rechtsstellung und zum Teil sehr divergierenden biographischen Herkünfte schwieriger sein würde, *einen* Staat zu machen, und daß nicht zuletzt deshalb die rechtliche Gleichstellung der Einwanderer nicht mehr aufgeschoben werden durfte. Aber nur wenig passierte. Anstatt sich um solidarische Perspektiven in einer Einwanderungsgesellschaft zu bemühen, wurde das »Ausländerproblem« beschworen.

Heute heißt es: Sollen sich die Türken doch einbürgern lassen, Deutsche werden, dann kann ihnen nichts passieren, sind sie gleichberechtigte Partner, können wählen. Bei dieser Forderung wird geflissentlich übersehen, daß es den Immigranten jahrzehntelang nahezu unmöglich gemacht wurde, sich durch Einbürgerung zu dieser Gesellschaft zu bekennen und gleichberechtigt am politischen, sozialen und kulturellen Leben teilzunehmen. Die wichtigste Voraussetzung, um die deutsche Staatsbürgerschaft zu erlangen, war und ist die »freiwillige und dauernde Hinwendung zu Deutschland« und der Verzicht auf die bisherige Staatsangehörigkeit. Konkret gemeint war damit die bedingungslose Assimilation; wenn zum Beispiel die Aufgabe des muslimischen Glaubens zwar nicht ausdrücklich verlangt werden konnte (wegen der Garantie der Religionsfreiheit durch das Grundgesetz), erwartete man doch die Aufgabe der daraus resultierenden moralischen Lebensgewohnheiten. Der Assimilationsdruck war/ ist der Anspruch der deutschen Bevölkerung, in einem deutschen Staat, in einem deutschen Land, in einer deutschen Kulturlandschaft zu leben, was immer das bedeuten mag, und nicht in einem heterogenen Vielvölkerstaat. Die Folge: 1974 ließen sich bundesweit rund 25.000 Eingewanderte, das waren 0,3 Prozent der ausländischen Bevölkerung, einbürgern. Nach Inkrafttreten des neuen Ausländergesetzes im Januar 1991, das vor allem für die zweite Generation einige Erleichterungen auf dem Weg zur Deutschwerdung brachte, erhöhte sich die Einbürgerungsquote auf 0,6 Prozent (180.000 Einbürgerungen). In Berlin, Spitzenreiter bei den Einbürgerungen, hat inzwischen (1994) jeder zehnte der 420.000 in der Stadt lebenden Ausländer einen Einbürgerungsantrag gestellt. Knapp die Hälfte der Eingebürgerten sind ehemalige türkische Staatsangehörige, Tendenz steigend, denn Mitte Juni 1995 hat die Türkei ihrerseits die Ausbürgerungsregelungen gelockert. Demnach darf künftig auch der, der die deutsche Staatsbürgerschaft erwirbt, seinen Wohnsitz in der Türkei behalten, sich dort aufhalten und arbeiten sowie über Besitz (Erbschaften) in der Türkei verfügen.

Mit der erleichterten Aus- und Einbürgerung könnte nun das deutsch-türkische Verhältnis in eine neue Phase eintreten. Aber zur Partnerschaft gehören immer zwei. Ob die Bundesbürger inzwischen tatsächlich gesellschaftspolitisch so gereift sind, einen eingebürgerten Türken wirklich als Gleichen unter Gleichen zu akzeptieren, darf bezweifelt werden.

Ein letztes Mal sollen an dieser Stelle deutsche Traditionen strapaziert werden. Das Verhältnis von Deutschen und Einwanderern wird geprägt durch die bis in die Anfänge des 19. Jahrhunderts zurückreichenden Versuche, ein kulturelles, später dann rassisch homogenes »Deutsches Volk« zu definieren, das die »Deutsche

Nation« bilden sollte. Dies korrespondierte mit den Bestrebungen, Bevölkerungsteile (z. B. die Juden), die nicht in das Bild dieser angestrebten Homogenität paßten, auszugrenzen oder einen solch starken Assimilationsdruck auszuüben, der gleichbedeutend mit der Aufgabe ihrer Identität war. So propagierte Heinrich von Treitschke wenige Jahre nach der Reichsgründung im »Berliner Anisemitismusstreit« (1879): »Mit jedem Schritte, den ich vorwärts thue, wird mir klarer, wie fest das Christenthum mit allen Fasern des deutschen Volkes verwachsen ist. Das Judenthum dagegen ist eine Nationalreligion eines uns ursprünglich fremden Stammes. Man stelle sich nur vor, daß die Hälfte unseres Volkes sich vom Christenthum lossagte: kein Zweifel, die deutsche Nation müßte verfallen. Alles, was wir deutsch nennen, ginge in Trümmer.«[19] Was vor über hundert Jahren dem »Judenthum« unterstellt wurde, läßt sich heute durchaus auf Einwanderer übertragen, speziell auf jene aus dem islamischen Kulturkreis. Der Bielefelder Wissenschaftler Lutz Hoffmann bemerkt dazu, daß die Deutschen seit Beginn der Einwanderung eine klare Zielvorstellung haben: An der Normalität ihrer ethnischen Homogenität soll nichts geändert werden, und die Ausländerbevölkerung soll sich bedingungslos der vorherrschenden Lebensform unterordnen. Im deutschen Selbstverständnis werden die Immigranten auf »grundsätzliche Nichtdazugehörigkeit festgelegt, nirgendwo taucht das Angebot einer inländischen Identität« auf.[20] Daran ändert auch die erleichterte Einbürgerung seit Inkafttreten des Ausländergesetzes von 1991 nach seiner Auffassung wenig. Denn, so Lutz Hoffmann weiter: »Die Forderung, Deutsche oder Deutscher zu werden, meint etwas anderes, als wenn man in einem Einwanderungsland Amerikaner, Kanadier oder Australier wird. Denn der Begriff des Deutschen trennt nicht zwischen einer ethnischen und einer politisch-staatlichen Dimension. Er setzt sie gleich. Er erlaubt daher nicht die für ein Einwanderungsland typischen Bindestrich-Identitäten, deren erste Hälfte sich auf eine ethnische Kolonie, die andere Hälfte auf das politische Gemeinwesen bezieht. Wer Deutscher werden will, muß aufhören, ein Spanier, Türke oder Iraner zu sein.«[21]

Auf türkischer Seite gibt es vielfach (wenn man nicht unbedingt einer der Minderheiten in der Türkei entstammt) – und das macht die Sache verzwickter, als sie ohnehin ist – bei allen historischen Differenzen ein Äquivalent: Den Stolz auf das Türkentum, das Festhalten an Blutsbanden, die, wie bei den Deutschen, zwangsläufig Distanz schafft, da sie andere ausschließt. Die türkische Geschichte ist auch eine Geschichte der systematischen Ausrottung mehrerer religiöser, ethnischer und nationaler Gruppen. Die Heterogenität des Osmanischen Reiches wurde abgelöst von dem Versuch der Gründung eines homogenen, türkischen Nationalstaates, der »die armenische Minderheit die nackte Existenz, die griechische Minderheit die Heimat und die kurdische Minderheit ihre kulturelle Identität kostete«[22]. Zwar wurde mit den Minderheitenschutzklauseln des Lausanner Vertrages von 1923 den drei nichtmuslimischen Minderheiten (der jüdischen, armenischen und griechischen) Religions- und Kulturfreiheit zugestanden, allen anderen nichtmuslimischen und ethnischen Minderheiten gewährte man keinerlei Sonderrechte. Sie mußten sich nach dem kemalistischen Nationalverständnis zu den »Türken« bekennen. Seit 1915 machte die Türkei hinsichtlich der Homogenisierung der Bevölkerung »Fortschritte«. Stellten die Türken 1915 kaum mehr als die Hälfte der Bevölkerung, sieht es in den neunziger Jahren bereits ganz anders aus. Neben den rund 50 Millionen Türken leben 2,5 bis 8 Millionen Kurden in der Republik, deren Existenz bis vor wenigen Jahren geleugnet wurde. Die ethnischen und religiösen Minderheiten der Araber, Tscherkessen, Georgier, Lasen, Griechen, Armenier und Juden stellen heute nur noch rund ein Prozent der Bürger der Türkei. 99,7 Prozent der Bevölkerung sind Muslime.[23]

Die einstige kosmopolitische Atmosphäre Istanbuls, aus der sich der junge Arzt Ümit Uygun Anfang der sechziger Jahre Richtung Deutschland aufmachte, existiert nur mehr rudimentär. Von der in den vierziger Jahren über eine Viertelmillion zählenden griechischen Minderheit Istanbuls ist heute gerade noch eine Gemeinde von viertausend Personen geblieben. »Die herrschende Gemeinschaft der Türken (...) hat die übrigen Völker von diesem Boden vertrieben, sie ausgelöscht und den Boden ›gesäubert‹. Nach diesem Prozeß der ethnischen ›Säuberung‹ wurden eine homogene türkische Nation und ein homogener türkischer Staat gegründet. Die Vernichtung war trotz ihres nationalen Grundcharakters religiös motiviert, denn zuerst meuchelten die islamischen Nationen die nichtislamischen Nationen. Und das, was heute stattfindet, ist die Abrechnung zwischen den beiden letzten Nationen in Anatolien. (...) Die Türken rechnen ab mit den Kurden, die sie bisher bei der Auslöschung der christlichen Nationen benutzt hatten. Mit Terror und Gewalt wird versucht, in Anatolien eine nur noch aus Türken bestehende Nation zu schaffen. Die Bildung der Nation, die mit Auslöschung der Christen begann, wird durch die Unterdrückung der Kurden vervollkommnet werden.«[24]

In der Bundesrepublik, und das soll an dieser Stelle interessieren, stehen sich mit den Deutschen und Türken zwei Bevölkerungsgruppen mit gebrochenem Selbstbewußtsein gegenüber, erfahren in »ethnischen Säuberungen« und ausgestattet mit den Gefühlskonstanten Angehöriger verspäteter Nationen – dem Schwanken zwischen Minderwertigkeitsgefühlen, Aggressivität und Größenwahn. Keineswegs die besten Voraussetzungen für eine Partnerschaft und die Entwicklung neuer, interkultureller Kommunikationsformen. Die einen befürchten seit Jahrzehnten die »Zwangsgermanisierung« und die »Christianisierung«, die anderen die »Überfremdung« oder, schon etwas spezifischer, die »Islamisierung«.

Die Schwierigkeit der Deutschen, Ambivalenzen zu leben, wurde bereits hinreichend thematisiert. Wie sieht es bei den Eingewanderten damit aus? Und welche psychologischen Rückwirkungen hat bei Immigranten, die in der Türkei der privilegierten Mehrheitsgesellschaft, den »Herren im eigenen Haus«, angehörten, der Rollenwechsel – nämlich, in Deutschland plötzlich zur Minderheit zu gehören, der gegenüber die Mehrheitsgesellschaft so weit und so lange wie möglich ihre Privilegien als »Hausherren« verteidigt?

Die Mehrheit der Einwanderer der ersten Generation kommt mit den Ambivalenzen eher schlecht zurecht. Die in der Bundesrepublik vorherrschenden Wertesysteme bezüglich Familie, Geschlechterverhältnis, Verhalten und Auftreten in der Öffentlichkeit stehen mitunter fundamental im Gegensatz zu eigenen Vorstellungen. Vieles, mit dem vor allem die aus dem bäuerlichen Milieu stammenden Zuwanderer zwangsläufig konfrontiert wurden, war schlicht »Ayıp« (Schande), die man als »bittere Pille der Fremde« notgedrungen schlucken mußte. Das Verhältnis dieser Milieus zur bundesrepublikanischen Gesellschaft war über lange Jahre ein pragmatisches. »Almanya« war gut, um Geld zu machen, darüber hinaus aber ein eher gefährliches, kaltes und auch feindliches Terrain, in das man sich nicht allzu weit hinauswagen wollte. In diesen Familien wird streng darüber gewacht, daß über das notwendige Maß am Arbeitsplatz und in der Schule kein allzu intensiver Kontakt und Austausch mit der Mehrheitsgesellschaft entsteht, um die eigene, als erhaltenswert betrachtete kulturelle Identität und Werte nicht zu gefährden. Das Bild des Europäers, der »ständig brünstig und besoffen, ehebrecherisch und materialistisch ist«, mag nur auf eine kleine extremistische Minderheit beschränkt sein. Aber Ergebnisse, die der Publizist Metin Gür bei einer Umfrage unter Moscheebesuchern in Duisburg ermittelte,[25] lassen aufhorchen: 97 Prozent der Befragten hatten keinen Kontakt zu Deutschen, auch nicht zu deutschen Nachbarn. Weiterhin gaben 100 Prozent der Befragten an, daß ihre Töchter keinen Deutschen heiraten sollten. Weil diese nicht so »temmiz« (sauber, rein) sind wie die »eigenen Leute«? Diese Distanz ist, obgleich immer wieder unterstellt, nicht nur eine Reaktion auf die Intoleranz der Deutschen, sondern vielfach eine aus kulturellen und religiösen Erwägungen heraus selbstgewählte Isolation. Die Anhängerschaft, die Necmettin Erbakan, Vorsitzender der antiwestlichen und antilaizistischen *Wohlfahrtspartei (RP)*, bei seinen Auftritten in bundesdeutschen Städten mobilisieren kann, geht in die Hunderttausende. Insgesamt dürften fünfzehn bis zwanzig Prozent der Deutsch-Türken Anhänger dieser Partei sein, die die Errichtung eines islamischen Staates in der Türkei zum wichtigsten Programmpunkt erhoben hat. Das entspricht etwa der Stärke der Wählerschaft, die in der Türkei für die Ziele Erbakans votiert.

Die Konsequenzen, die aus der selbstgewählten Isolation eines Teils der Zuwanderer resultieren, werden häufig tabuisiert. Statt dessen kreisen die Diskussion und der politische Streit fast ausschließlich um die rechtliche Gleichstellung der Zuwanderer, die Gewährung der Bürgerrechte, um die Wahrung der kulturellen Identität und um die vielfältigen, institutionalisierten Diskriminierungen. Antworten auf diese Fragen sind unerläßlich, ihre herausragende Bedeutung für die Betroffenen und für die Zivilisierung der bundesrepublikanischen Gesellschaft ist unbestritten, und sie sind vor allem Forderungen an die Mehrheitsgesellschaft, hier (endlich) etwas in Bewegung zu bringen. Dennoch sei eine Erweiterung der von Zafer Şenocak aufgeworfenen Frage »Kann in der Türkei von heute eine Demokratisierung ohne eine selbstkritische Betrachtung der eigenen jüngsten Geschichte erfolgen?«[26] erlaubt: Kann eine zufriedenstellende Minderheiten- und Integrationspolitik in Deutschland entwickelt werden, solange sich nicht alle Beteiligten klar darüber werden, wie verdrängte Geschichte und daraus resultierende Mentalitätsbestände die Wahrnehmung des anderen, des nicht mehr so ganz Fremden, bestimmen?

Problemverschärfend kommt hinzu, daß sich seit einigen Jahren (auch) bei Vertretern der zweiten und dritten Generation eine »Opfer-Identität« formiert. Hypersensibel werden tatsächliche und vermutete Diskriminierungen seitens der Mehrheitsgesellschaft registriert. Dafür gibt es benennbare Ursachen. Gleichzeitig werden Diskriminierung und Rassismus häufig zu einer allgegenwärtigen Schimäre, die für alle Spannungsverhältnisse, denen man ausgesetzt ist, herhalten muß. Erlebter Ausschluß, der in einer modernen Industriegesellschaft recht vielfältiger Natur sein kann, kultureller, beruflicher, ökonomischer, politischer, wird schnell in die Kategorie Ausländerfeindlichkeit gefaßt. Chancen, die die bundesrepublikanische Gesellschaft bietet, werden in der Folge nicht oder nur unzureichend genutzt. Nur selten ins Bewußtsein dringt, daß in der Vergangenheit rechtliche Zugangshürden zum Bildungs- und Arbeitsmarkt sowie zur Teilnahme am Wirtschaftsleben schrittweise abgebaut wurden. Die Mitarbeiter der »Integrationsindustrie« und natürlich auch wir, die Journalisten, müssen uns an dieser Stelle fragen, in welcher Form sie in der Vergangenheit an dieser »Opferidentität« mitgestrickt haben, oder ob sie das Selbstvertrauen der Heranwachsenden getreu dem Motto »Du hast nicht alle Chancen, aber viele – nutze diese und kämpfe für den Rest« gestärkt haben. Vieles deutet darauf hin, daß im Sinne einer mißverstandenen »akzeptierenden Integrationsarbeit« eher die Opferrolle gestärkt wurde, denn die anpackende und vorwärtsweisende Widerstandskraft. In der Folge dieser selbst auferlegten Opferrolle entstehen der Typus des Fighters, der im permanenten Ausnahmezustand lebt, sich tagtäglich in Feindesland bewegt und sich (notfalls auch gewaltsam) nehmen muß, was ihm vermeintlich vorenthalten wird, und der des unglücklichen Immigranten, der sich um seine Gegenwart und Zukunft betrogen und emotional mit dem 25jährigen Ostdeutschen verbunden fühlt, der behauptet, vierzig Jahre lang in der DDR »verarscht« worden zu sein.

Trotz der skizzierten Probleme besteht Anlaß zu verhaltenem Optimismus. Alle Bemühungen der Deutschen um die Aufrechterhaltung einer ethnischen Homogenität sind gescheitert. Ihre ideologischen Abgrenzungsversuche fanden in den letzten Jahrzehnten keine Entsprechung in einer territorialen Abschottung der Republik. Nach 1945 integrierte die Bundesrepublik nicht nur Millionen von Flüchtlingen aus dem Osten, sondern tatsächlich auch Millionen von Einwanderern. Gegenwärtig leben weit über zweihundert ethnisch, sprachlich und kulturell differente Gruppen in Deutschland. Westdeutschland ist damit, im Gegensatz zur Türkei, in den letzten vierzig Jahren zu einem bunteren Land geworden und hat an interkultureller Kompetenz gewonnen. Und: Die »deutsche Ideologie« und das Rückzugsverhalten von Teilen der Immigranten ist eine Sache, das Liebes- und Freundschaftsverhalten der nachwachsenden Generation eine andere. Letztere unterläuft subversiv ideologische Halsstarrigkeiten ihrer Eltern. Es wächst eine Generation heran, in der soviel interkulturell geliebt, gelebt und gezeugt wird, wie noch nie zuvor in Deutschland. In der politischen Diskussion hält sich diese Generation noch weitgehend zurück. Auch ist es noch zu früh zu beschreiben, welche neuen kulturellen Ausdrucksformen auf Dauer daraus entstehen und wie sie das Selbstverständnis der Republik verändern werden.

Die augenblicklich sichtbarsten Anzeichen für das, was bei Jugendlichen an Neuem entsteht, sind beispielsweise die Hip-

Hop-Szene (mit ihren Rappern, Graffiti-Künstlern, Scratchern und Breakdancern) und die bundesweit von der Werbewirtschaft organisierten Streetball-Events; all das eben, was von links- und rechtskonservativen Kreisen vorschnell als Amerikanisierung und Trivialisierung der deutschen Kultur beschrieben und auch belächelt wird. *MTV*, der Rap, die Graffiti sind die Medien, mit Hilfe derer sich Jugendliche über alle Differenzen hinweg als Bestandteil einer Weltgesellschaft begreifen und sowohl deutschvölkische Traditionen als auch die Selbstethnisierung eines Teils der Einwanderer aus der Türkei unterlaufen. Kein Zweifel, daß sie das Einwanderungsland Deutschland politisch vom Kopf auf die Füße stellen werden.

Die Linke und ihre Türken

Nicht nur ausländerpolitische Hardliner und die bürgerliche Mitte brauchen die Immigranten zur Selbstvergewisserung, auch die ehemalige Linke, also das heutige konturlose, linksliberale Milieu der Republik, verstand und versteht es, »ihre Türken« für ureigene Interessen zu nutzen – und sei es nur, um Selbsthaß und Abneigung auf alles, was deutsch ist, zu nähren.

Wenn jemand anderen ausdauernd seine Gunst erweist, ohne daß er ausdrücklich darum gebeten wurde, und von den Umschwärmten offensichtlich keine Gegenleistung erwartet, ist es höchste Zeit, danach zu fragen, warum er dies tut. Entweder liebt dieser Mensch bis zur hörigen Selbstaufgabe, oder der Begehrende versteht es, geschickt zu verbergen, daß er selbstsüchtig eine Projektionsfläche für seine Sehnsüchte sucht und sich in einem Akt des geistigen Vampirismus fremder Potentiale bedient. Aufschlußreich für die Beurteilung der Qualität einer Beziehungsdynamik ist es auch, zu welchem Zeitpunkt das Objekt der Zuneigung »entdeckt« wird.

Die in der Bundesrepublik lebenden Immigranten beschäftigten die linke Öffentlichkeit seit dem Niedergang des Internationalismus in der zweiten Häfte der siebziger Jahre. Der Vietnamkrieg war geschlagen, die Roten Khmer verwandelten Kambodscha in ein Schlachthaus, und die Hoffnung auf einen demokratischen

Sozialismus waren mit der Etablierung der Diktatur Pinochets auch in Lateinamerika längst ausgeträumt. Stadtteilaktivisten und Linke beendeten ihre Buhlerei um die deutsche Arbeiterklasse – überließen die Treber, Fürsorgezöglinge und Arbeiterjugendlichen ihrem Schicksal. Zu langweilig, undankbar, reaktionär, kleinbürgerlich und verstrickt im real existierenden Kapitalismus waren sie, als daß man bei der Suche nach dem aufregend-belebenden Kick noch allzuviel Lustgewinn aus dem ungleichen Verhältnis ziehen konnte.

Den versprachen in lähmend leeren Jahren andere, scheinbar authentischere Bündnisgenossen. Die Türken redeten nicht nur über Folter, sie hatten sie auch tatsächlich erlebt; und die in der *PKK* organisierten Kurden gaben sich nicht nur Tagträumen von einer Befreiungsamee hin, sie schossen, liquidierten, befreiten und kämpften wirklich; italienische »Gastarbeiter« retteten mit ihrer Treue zur *PCI* gemäßigtere linke Träume. Das emphatische »Hoch die Internationale Solidarität« der südländischen Gewerkschafter bei den 1.-Mai-Demonstrationen versprach eher als die staatstragende *IG Bau-Steine-Erden* eine Aussicht auf Veränderung. Natürlich kam es nicht zur Verbrüderung. Den »Unterdrückten« schmeckte, je weiter sie sich von den erbärmlichen wirtschaftlichen Verhältnissen der alten Heimat entfernten, das süße Brot der Ausbeutung so gut, daß sie sich mehrheitlich doch lieber für den BMW als für die Revolution entschieden. Verdächtig auch, daß so mancher »Gastarbeiter« die Rechtsstaatlichkeit, das Prinzip des Gewaltmonopols des Staates und die »Sozialpartnerschaft« hier in der Bundesrepublik schätzte, die sich so sehr vom Sozialdarwinismus und der politischen Willkür in der alten Heimat unterschieden.

Aber ganz ließ man die Ausländer – trotz offensichtlicher Korrumpier- und Integrierbarkeit – nicht fallen. Aus dem potentiellen »Genossen« wurde ein Medium. Mit dem Agitationsfeld »Ausländer« gewannen konturlos gewordene politische Fronten wieder an Tiefenschärfe. Restriktive Zuwanderung versus offene Grenzen – unversöhnliche Gegensätze, immer gut für Gesinnungshuberei. Die weniger internationalistisch und klassenkämpferisch Disponierten begannen, sich nun für Ausländer einzusetzen – »Mein Freund ist Ausländer.« Daß in humanistischen, linksliberalen und antirassistischen Kreisen so freundlich und nachhaltig betont wird, der Freund sei ein Ausländer, macht mißtrauisch. Denn mit der Freundschaft ist es, außer bei der heranwachsenden Generation, nicht allzu weit her. Das legt nicht nur die Homogenität der Besucher der Szenekneipen in bundesdeutschen Großstädten nahe, sondern auch die Gespreiztheit auf interkulturellen Veranstaltungen, Feten und Straßenfesten, die einer entspannten,»lockeren« Atmosphäre erst wieder weicht, wenn sich die»ausländischen Freunde« bereits höflich verabschiedet haben, die Dominanzverhältnisse wieder geklärt sind. Verwunderlich ist das nicht. So läuft es nun mal in verqueren Beziehungen, in denen die Differenz verschwiegen wird und der eine dem anderen vorenthält, was er von ihm erwartet. Das Beschwören der Freundschaft verschleiert, was Linksliberale von den Immigranten eigentlich außer dem Beweis, wieder einmal auf der richtigen, der Seite der Unterdrückten und Diskriminierten zu stehen, für sich an Gewinn ziehen wollen.

Die Interessen der Konservativen und der bürgerlichen Mitte lassen sich schnell ausmachen: Sie wollen in ein Tauschverhältnis eintreten und das abschöpfen und für sich nutzen, was Immigranten zu bieten haben – ihren Willen zum Aufstieg, ihre Strebsamkeit, ihre Abhängigkeit, ihre Jugend, ihre Kreativität – und die Möglichkeit, sie als Sündenböcke zu mißbrauchen. Als Gegenleistung stellen sie all das in Aussicht, was die Zuwanderer suchten, als sie sich hier niederließen: bessere Verdienstmöglichkeiten als in der Heimat, soziale Sicherheit, größere Autos, schönere Wohnungen und bessere Bildungs- und Aufstiegschancen für ihre Kinder. In dieser Hinsicht sind *Opel, Siemens, Nixdorf, AEG* und die *Bundesanstalt für Arbeit* geeignetere Geschäfts- und Bündnispartner als Linksliberale, die bestenfalls schlechtbezahlte Arbeitsplätze für Kindermädchen und Putzfrauen anzubieten haben.

Die letztlich eigennützige und vielfältige Instrumentalisierung der Zuwanderer muß nicht in allen Fällen negativ sein. Sie kann beiden Seiten durchaus zum Vorteil gereichen, wenn – wie im Fall von Industrie und Immigranten – von Beginn an mit offenen Karten gespielt wird. Für die politische Kultur wäre viel gewonnen, wenn Linksliberale und Bürgerrechtler bei ihrem Engagement bezüglich der rechtlichen Gleichstellung der Immigraten darauf verzichteten, den Eindruck zu erwecken, etwas *für* Ausländer zu leisten. Selbstlose Motivationen haben bekanntlich eine geringe Halbwertzeit. Es gibt ureigene Interessen, die Mitglieder der privilegierten Mehrheit bewegen sollten, gemeinsam mit den Minderheiten für die rechtliche Gleichstellung zu streiten. Denn zu der Vorstellung, daß das eigene Wohnumfeld, die Schulen, das gesellschaftspolitische Klima nicht unbedingt liebenswerter werden, wenn sich das Gefühl der Diskriminierung und Ausgrenzung bei den nachwachsenden Immigrantengenerationen nachhaltig verfestigen sollte, gehört nicht allzu viel Phantasie. Eine solche Handlungsstrategie ist zwar staatstragend, dafür aber erfolgversprechender für alle Beteiligten als fundamentale Konzepte der Ausländerpolitik.

An einem Punkt sind sich ausnahmsweise alle einig, über alle ideologischen Gräben hinweg verfolgen die (deutschen) Agierenden ein gemeinsames Ziel: die Nivellierung von Differenz. Ob Konservative, Liberale oder Linke, sie alle wünschen sich letztlich den unauffälligen, gut integrierten, weltoffenen, schwäbelnden, intelligenten, leistungswilligen und charmanten Türken, wie ihn derzeit der Bundestagsabgeordnete Cem Özdemir am idealtypischsten verkörpert. Die einen, weil sie fordern: Wer die Füße unter die gedeckten, deutschen Tische streckt, von dem darf erwartet werden, daß er sich auch verhält wie ein Deutscher. Die anderen wünschen sich die »angepaßte« Türkin (ein bißchen exotisch und exzentrisch darf sie dabei ruhig sein), um dem politischen Gegner triumphierend entgegenhalten zu können: Der Fremde ist eigentlich gar nicht so fremd, alles Gerede darum sind nur Vorurteile der Konservativen, entsprungen ihrer pathologischen Deutschtümelei. Eigentlich, so lautet die Botschaft, sind wir alle irgendwie gleich. Um so enttäuschter ist diese Fraktion folglich immer dann, wenn der »Fremde« keine Dankbarkeit zeigt, es nicht lassen kann, fremdartige Dinge zu tun, sich selbständig macht und sich und seine Fremdartigkeit nicht in das Korsett einer folkloristischen Nachmittagsveranstaltung oder der richtigen weltanschaulichen Linie zwängen läßt. Dann, so die Beobachtung, werden aus »Fremdenfreunden« wieder ganz normale Deutsche, die an ihre alten, mühsam unterdrückten Gefühle anknüpfen. Die einzigen, die sich ohne Umschweife zur Differenz bekennen, sind die extremen Rechten, um im gleichen Atemzug zu fordern: Die Türken der Türkei.

Der deutsch-türkische Dialog krankt am sichtlich begrenzten Interesse der Sprechenden und, wie noch zu zeigen sein wird, an deren mangelnder Offenheit. Die vorübergehende Konjunktur der »Türkeithemen« in den frühen achtziger Jahren flaute rasch ab. Die erneute Aufmerksamkeit, die den Deutsch-Türken in den neunziger Jahren zuteil wurde, war vor allem eine Reaktion auf deren Opferrolle im Kontext der rassistischen Ausschreitungen – auch dies nicht unbedingt die beste Voraussetzung für richtungsweisende Gespräche. Ebensowenig wie die Welle der Türkeiberichterstattung, die die Opfer nun als Täter in bürgerkriegsähnlichen Ausschreitungen sowohl in der Türkei als auch in Deutschland beschreibt. In allen Fällen kommt das Versäumis der bundesrepublikanischen Gesellschaft zum Tragen, die moderne Türkei und deren Bürger nicht als eine dynamische und komplexe Gesellschaft mit widersprüchlichen Tendenzen zu begreifen.

Bemühungen jüngerer türkischer Essayisten, den gebündelten Vorurteilen eine differenzierte Betrachungsweise näherzubringen, sind angesichts der Zählebigkeit über Jahrhunderte gewachsener psychologischer Muster weniger als der berühmte Tropfen auf dem heißen Stein. Nein, wir Deutschen lassen uns das Bild von »unseren Türken« nicht so einfach von ein paar Intellektuellen demontieren! Was interessieren uns die Arbeitsergebnisse von Murat Belge, Mete Tuncay, Aysel Eksis, Nuri Öztürk? Warum sollten wir uns mit modernen türkischen Ezählern und Lyrikern wie Orhan Pamuk, Sait Faik, Orhan Veli Kanik oder Pinar Kür auseinandersetzen, wo uns doch die Schilderungen einer vorindustriell ländlichen Türkei in den Erzählungen Yasar Kemals und Fakir Baykurts wesentlich mehr berühren?[27]

Unsere Türken – Ein Glossar

Meine Türken, deine Türken: Am Ende dieses ersten Versuchs der Annäherung an ein gespaltenes Verhältnis eine unvollständige Auflistung der Türken, die Deutschland bevölkern:

41

Der Wirtschaftstürke

Propagiert werden seine Vorzüge immer dann, wenn es gilt, die Existenzberechtigung der Türken für deutsche Dumpfbacken nachzuweisen. Bekannteste Propagandisten: Heiner Geißler und Faruk Şen (Leiter des Zentrums für Türkeistudien), die ohne Unterlaß betonen, wie wichtig die Türken für unsere Ökonomie, das Rentensystem und die demographische Entwicklung sind. Eng verwandt mit dem Wirtschaftstürken ist

Der Bessere-Deutsche-Türke

Er ist fleißig, sauber, pünktlicher Steuerzahler. Er fährt häufiger Daimler Benz, hat die bessere Stereoanlage und den besseren Videorecorder als sein deutscher Nachbar. Zu dieser Familie der »guten Türken« gesellt sich

Der »Eigentlich-bist-du-gar-kein-Türke«

Das sind alle jenen unauffälligen Immigranten, die nicht in das »orientalische« Türkenbild passen, die hervorragend deutsch sprechen, womöglich auch noch rotblond und blauäugig sind.

Der Arbeitsmarkttürke

Er wurde in den sechziger Jahren konstruiert und in den Achtzigern formvollendet. Er arbeitet im Bergbau oder ist als Verschiebemasse der »Springer vom Dienst« und wurde von Günter Wallraff in »Ganz unten« für alle Zukunft verewigt.

Der innovative Türke

taucht häufig in Meldungen der liberalen Presse auf. Er stellt etwas Exotisches, Außergewöhnliches dar, hat etwas geleistet und verdient deshalb unser aller Achtung und Respekt. Der innovative Türke wird meist mit »Erste«-Schlagzeilen vorgestellt:
– »Der erste türkische Rentner«,
– »Die erste türkische Mädchenfußballmannschaft«,
– »Der erste türkische Bundestagsabgeordnete«.

Der Brandtürke

Er wird hin und wieder von Neonazis auf dem Altar ihrer Reinheitsvorstellungen geopfert. Der Brandtürke scheint für kollektive Lernprozesse in Deutschland unentbehrlich. Als die Familie Genc in Solingen in den Flammen starb, titelte *Die Zeit*: »Türken in Deuschland: Erst seit ihre Häuser brennen, nehmen wir sie wahr.«

Der Opfertürke
Er ist das Gegenstück zum Brandtürken. Der Opfertürke findet sich vor allem in linken Presseerzeugnissen, er ist nie Täter, selten Subjekt, dafür aber immer Opfer. Deshalb braucht er unsere bedingungslose Zuneigung und Fürsorge.

Der Westtürke
Er kommt aus Istanbul, Izmir oder Thrakien. Er ist gebildet, gesittet und rümpft die Nase über seinen Stiefbruder, den anatolischen Türken.

Der kurdische Türke
Der kurdische Türke genießt in Deutschland ein hohes Ansehen. Er ist besser als die anderen Türken – da unterdrückt. Der kurdische Türke wird nicht nur von Linken verehrt. Gerne greifen auch Konservative und Rechtsextremisten auf ihn zurück, um zu unterstreichen: Nicht nur Deutsche sind Rassisten, auch die türkische Regierung macht sich schuldig. Treiben es die Deutschen mit dem kurdischen Türken zu bunt, kontert Ankara: Was war eigentlich in Solingen und Mölln?

Der alewitische Türke
Er wurde 1995 zum Lieblingstürken der Deutschen. Bei der autonomen Antifa und anderen professionellen Menschenschützern wurde er nur noch vom kurdisch-alewitisch-schwulen Türken (wg. Dreifachdiskriminierung) auf der nach oben offenen Betroffenheitsskala überholt.

Der Kebab-Türke
Darf selbst nach Auffassung vieler Neonazis gemeinsam mit dem Pizzabäcker hierbleiben.

Der Abzockertürke
Im Sprachgebrauch deutsch-türkischer Jugendlicher sind Abzok-

kertürken diejenigen, die in ihren Obst- und Gemüseläden miese Qualität für teures Geld anbieten.

Der Sozialarbeitertürke
Er wird in Projekt- und Arbeitsplatzbeschreibungen der Sozialarbeiter, die auf Geld- und Legitimationssuche sind, aufs heftigste stigmatisiert. Kein Defekt ist dem Sozialarbeitertürken fremd. In der Öffentlichkeit wird der Sozialarbeitertürke von seinen Helfern, nachdem sie ihn in internen Papieren zum Trottel erklärt haben, von jeder Kritik hermetisch abgeschirmt, gehätschelt und geknutscht.

Der Privat-Dancer-Türke
Er ist begehrt bei deutschen Schwulen, da jung, knackig, billig und ein Macho.

Der fundamentalistische Türke
Wenn es den Deutschen zu lange zu gut geht, treibt sie die Frage um: »Kommt der Türkenkrieg?« oder »Der türkische Chomeni sitzt in Köln.«

Der eingebürgerte Türke
Er ist zwar Bundesbürger – aber Deutscher bleibt eben Deutscher und Türke eben Türke, da hilft auch keine Änderung der Staatsangehörigkeit.

Der eingebildete Türke
»Wir sind die Türken von morgen« – von *Fehlfarben* in den achtziger Jahren besungen –, deshalb kaufen wir schon heute beim Türken. Die eingebildeten Türken (Punks, Hausbesetzer und sonstige Outlaws) zeichnen sich durch übertriebene Kumpelhaftigkeit und verschwörerische Augenzwinkerei gegenüber dem türkischen Nachbarn aus. Die eingebildeten Türken werden von ihrer Wahlverwandtschaft nur selten geliebt.

Annäherung II – In der Türkei

Befehl zum Völkermord

Geschichtserfahrung I

»Heute mittag gegen 1/2 12 Uhr gingen zwei Herren, ein älterer und ein jüngerer, anscheinend Ausländer, durch die Hardenberg- straße. Vor dem Hause Hardenbergstraße 17 blieb der jüngere hinter dem älteren zurück und schoß diesem aus einem Revolver eine Kugel durch den Kopf. Der Getroffene sank sofort tot um. Der Mörder warf die Waffe weg und entfloh durch die Fasanen- straße, wurde aber von dem Publikum ergriffen und zur Wache gebracht. Der Mörder ist der Student Salomon Teilirian, 1897 in Persien geboren. In der Hardenbergstraße 2 wohnte er. Wie er später angab, sei der Grund des Mordes Eifersucht gewesen. Er trug etwa 12.000 Mark Bargeld bei sich. Das Publikum, das ihn verfolgte und in der Fasanenstraße ergriff, hat ihn vermutlich zu lynchen versucht, da er an mehreren Stellen des Körpers Verlet- zungen aufweist.« Der Zwischenfall ist dem *Berliner Lokalan- zeiger* in der Abendausgabe des 15. März 1921 eine Kurzmeldung wert.

Tags darauf zerplatzt die Version vom Mord aus Leidenschaft. Das Opfer ist kein Geringerer als der frühere Großwesir Talaat Pascha, einflußreichster Führer der Jungtürken und maßgebli- cher Staatsmann der Türkei während des Ersten Weltkrieges. Der vierundzwanzigjährige Student richtete in Selbstjustiz den Draht- zieher, Organisator und Hauptverantwortlichen des ersten orga- nisierten Völkermordes dieses an Genoziden so reichen Jahrhun- derts.

In einem Befehl vom 23. November 1915 an die Präfektur Alep- po ordnete der später Ermordete an: »Rotten Sie mit geheimen Mitteln jeden Armenier der östlichen Provinzen aus, den sie in ih- rem Gebiet finden sollten. Minister des Inneren. Talaat Pascha.« Am 11. Dezember 1915 telegrafiert Talaat Pascha an die Präfektur in Aleppo: »Wir erfahren, daß einige Berichterstatter armenischer Zeitungen, die sich in ihrem Gebiet aufhalten, sich Photographien und Papiere verschafft haben, die tragische Vorgänge darstellen und diese dem amerikanischen Konsul ihres Platzes anvertraut haben. Lassen Sie gefährliche Personen dieser Art verhaften und beseitigen.«

1921 lebt Talaat Pascha als angesehener Bürger in Berlin. Unter anderem ist er Mitbegründer eines orientalischen Clubs in der Motzstraße. Die türkische Kolonie in Berlin ist bestürzt über seinen Tod:»Man bezeichnete ihn als fähigsten Kopf der Türkei, der später sicherlich noch zu einem hervorragenden Staatsposten in seiner Heimat berufen gewesen wäre«, schreibt der *Berliner Lokalanzeiger* am 16. März 1921. Das Berliner Schwurgericht kommt nach zweitägigen Verhandlungen und der Vernehmung von Überlebenden des Völkermordes am 3. Juni zu einer anderen Einschätzung: Es spricht Salomon Teilirian frei. Heinrich Vierbücher würdigt in seinem Buch »Armenien 1915«, in dem er Hintergründe des Völkermordes beschreibt und die Mitschuld der kaiserlichen deutschen Regierung analysiert, die Entscheidung des Gerichts:»Dieses Urteil ist ein Ehrenblatt in der Geschichte der deutschen Justiz. Der paradoxe Satz, daß nicht der Mörder, sondern der Ermordete schuld sei, wurde hier verfochten und stand, wenngleich nicht formell anerkannt, hinter dem Freispruch. Das Gericht hatte den Seelenkampf, die völlige Entwurzelung eines Menschen verstanden, der, nach einem betäubenden Schlag auf den Kopf, zwei Tage unter der Leiche seines Bruders gelegen und die Verzweiflungs- und Schmerzensschreie seiner Schwestern gehört hatte, die von der türkischen Soldateska vergewaltigt wurden.«

Was 1921 in Berlin zum spektakulären Freispruch führte, wird seit 1915 von offizieller türkischer Seite mit Nachdruck bestritten. Einen systematischen Völkermord an den Armeniern habe es nie gegeben, lediglich Umsiedelungsaktionen im Verlaufe des Krieges gegen Rußland, da die im Grenzgebiet zum Feind lebenden und kollaborierenden Armenier mit ihren Autonomiebestrebungen eine Gefahr für die Türkei gewesen seien. So die geschichtsklitternde Version.

Im 8. Jahrhundert v. Chr. überschritten die Armenier, von der Donau kommend, den Bosporus und gelangten durch das Hochtal des Euphrat schließlich an den Ararat. Das traditionelle Siedlungsgebiet der Armenier erstreckte sich über das ostanatolische Gebiet der heutigen Türkei, reichte im Osten über das der einstigen sowjetisch-armenischen Republik hinaus bis zum Kaspischen Meer und im Süden bis in den heutigen Nordwesten des Irans – eine unruhige Region. Assyrer, Perser, Römer, Parther, Oströmer, Turkmenen, Mongolen, Seldschuken, Türken und Russen haben um Armenien gerungen. Denn die Macht über die armenischen Pässe eröffnete die Zugänge nach Kilikien, zum Mittelmeer und zum Indischen Ozean.

Nur zweimal kam es vor der Ausrufung der neuen armenischen Republik, die 1991 formell ihre Unabhängigkeit erlangte, zur Gründung eines unabhängigen armenischen Staates: 70 v. Chr. das Reich unter Tigranes I. und tausend Jahre später das Armenische Königreich in Kilikien (1080–1375) im Gebiet um die heutigen türkischen Städte Adana und Mersin. Bereits 301 n. Chr. traten die Armenier zum christlichen Glauben über. Im 11. Jahrhundert wird Armenien nach einer byzantinischen Periode von Seldschuken beherrscht. In den folgenden Jahrhunderten herrschen erst Turkmenen, dann Perser in dem Gebiet. Anfang des sechzehnten Jahrhunderts besetzten die Osmanen Armenien, nachdem die Region bereits ein Jahrhundert das Schlachtfeld war, auf dem sich die osmanischen und persischen Armeen gegenüberstanden. Bis ins 20. Jahrhundert lebten die Armenier nun unter der Herrschaft der Osmanen, konnten allerdings ihre kulturelle Eigenständigkeit lange Jahre wahren. Grund war die Politik der Osmanen, die die unterworfenen Völker zwar ökonomisch ausbeuteten, ihnen aber ihren Glauben und ihr kulturelles Leben ließen.

Als zu Beginn des 19. Jahrhunderts das Osmanische Reich zerfiel, wird auch bei Armeniern der Wunsch nach Autonomie lauter, und es entsteht Mitte des neunzehnten Jahrhunderts eine nationale armenische Bewegung. 1878 stehen die Russen kurz vor Istanbul. Im Friedensvertrag von San Stefano werden dem Osmanischen Reich harte Bedingungen diktiert, und auf dem »Berliner Kongreß« im gleichen Jahr wird der Balkan aufgeteilt. Österreich bekommt von Bismarck großzügig Bosnien-Herzegowina zugeteilt. Darüber hinaus verpflichtet sich das Osmanische Reich feierlich zu einer inneren Reform und verspricht, das Leben der christlichen Bevölkerung zu sichern. Trotz alledem kommt es zwischen 1894 und 1896 wiederholt zu staatlich gelenkten Armenierpogrome unter dem despotischen Sultan Abdul Hamid II. mit rund 300.000 Opfern.

Bereits zu dieser Zeit flüchteten viele Armenier nach Transkaukasien oder wanderten nach Europa oder in die USA aus.

Die verspätete Kolonialmacht Deutschland suchte Ende des 19. Jahrhunderts ihre Stellung im Nahen Osten und in Kleinasien zu stärken. Bismarck setzte dabei nicht auf militärische Präsenz, sondern auf wirtschaftliche und politische Einflußnahme. Das Osmanische Reich, das für jeden Bündnispartner gegen die dominierenden Kolonialmächte England und Frankreich, die Stück auf Stück des Osmanischen Reiches gewaltsam an sich rissen, dankbar war, geriet in immer größere Abhängigkeit zu Berlin. Nachdem in den achtziger Jahren des 19. Jahrhunderts in Berlin Geheimpläne zur Germanisierung Kleinasiens bekannt wurden – entlang der geplanten Route der Bagdadbahn in Mesopotamien sollten deutsche Siedlungen errichtet werden –, wuchs das Mißtrauen in Istanbul.

Als die deutschfreundlichen Offiziere des »Komitees für Einheit und Fortschritt«, die sogenannten »Jungtürken«, 1909 das autokratische Regime Sultan Abdul Hamids stürzten, konnte das Deutsche Reich erneut auf eine Ausweitung seines Einflußes hoffen. Der Putsch Enver Paschas im Jahr 1913 brachte die Führer des »Komitees für Einheit und Fortschritt«, der Ittihad, entgültig an die Macht. Sie regierten die Türkei zwischen 1913 und 1918 diktatorisch. Kriegsminister Enver und Talaat Pascha setzten auf die deutsche Karte. Im Januar 1914 traf Liman von Sanders mit 42 deutschen Offizieren in der Türkei ein, und in einem Geheimabkommen wurde am 2. August vereinbart, daß die türkische Armee im Fall eines Krieges der deutschen Führung unterstellt werden sollte.

Nach dem Sturz des »Armenierschlächters« Sultan Abdul Hamid II. schöpften die armenischen Intellektuellen neue Hoffnung – siegte mit den Jungtürken doch eine politische Bewegung, die von den westeuropäischen Ideen des Nationalismus und der Demokratie beeinflußt war und (ursprünglich) eine bürgerliche

Republik anstrebte. In großen Gesten kam es zu Verbrüderungsszenen zwischen Armeniern und Jungtürken. In Istanbul zogen
sie gemeinsam zu den Friedhöfen, wo die Opfer der Massaker von
1894 bis 1896 bestattet waren. Unter den Gebeten der Priester
und Imame beteuerten sie sich wechselseitig ihre Freundschaft.

Doch die Koalition zwischen Jungtürken und Armeniern war
nur von kurzer Dauer. Dem jungtürkischen Regime, das sich auf
keine Massenbasis in der Bevölkerung stützen konnte, stand ein
Triumvirat vor, dem der ehemalige Postbeamte Talaat Pascha und
die beiden Offiziere Enver und Cemal angehörten. Infolge des
Verlustes der größten Teile der verbliebenen europäischen Besit-
zungen während der Balkankriege 1912–1913 erstarkte die Ideologie des Pantürkismus. Talaat und seine Mitstreiter im »Rat für
Einheit und Fortschritt« vertraten die Auffassung, daß künftig der
türkische Staat nur dann aufrechtzuerhalten sei, wenn die Nation
sich aus Bürgern gleicher Sprache, Abstammung, Religion und
Ideale zusammensetze. Sie folgten damit einem Rat des Freiherrn
von Goltz, der 1882 seinen Dienst als Militärberater in Istanbul
angetreten hatte. »Von Goltz stammen die Anregungen und Über-
legungen, die Türkei solle sich aus Europa, vom Balkan, zurückziehen und statt dessen nach Asien expandieren.«[1] Der Traum
einer ethnisch homogenen Nation – eine verheerende Ideologie
für einen Vielvölkerstaat, wie es die geschrumpfte Türkei zu diesem Zeitpunkt noch war, und in der die Türken nur knapp die
Mehrheit der Bevölkerung stellten.

Ziel der Jungtürken war es, künftig alle Turkstämme außerhalb des Reiches unter ihrer Führung zu sammeln. Ein völkischer
Wahn hatte das »Komitee für Einheit und Fortschritt« erfaßt. Ein
Nationalstaat sollte errichtet werden, ohne jedes Zugeständnis an
die ethnischen Minderheiten im Land. Dazu Heinrich Vierbücher:
»Mit den christlichen Volksteilen sollte nun aufgeräumt werden,
damit kein Fremdkörper im eigentlichen Stammlande den völki-
schen Eroberungszug hemmen konnte. Gegen alles, was nicht
türkisch war, wurde seit 1914 mit gesteigertem Eifer eingeschritten. (...) In Konstantinopel, in dieser vielsprachigsten Stadt der
Welt, mußten alle europäischen, auch alle deutschen Firmenschil-
der verschwinden. Die armenische und griechische Presse wurde
mit Strafen und Verboten fast erdrückt. Das waren die Vorboten

der fürchterlichen Maßregeln, die nun bald zur ›Reinigung‹ des Landes ergriffen werden sollten. Der erste Schlag wurde gegen die Armenier geführt. Mit diesen rechnete man am leichtesten fertig zu werden, da sie ja als wehrlos galten. Dann sollten die Griechen und Juden folgen.«

In einem Gespräch mit dem Vorsitzenden der deutschen Orientmission, Dr. Lepsius, erläutert Enver im Juli 1915 die Ziele der Jungtürken: »Bedenken Sie, das Volk der Türken zählt 40 Millionen. Wenn sie erst in einem Reich zusammengefaßt sind, so werden wir in Asien dieselbe Bedeutung haben wie Deutschland in Europa.« Die Zahl der im osmanischen Reich lebenden Türken betrug zu diesem Zeitpunkt etwa 9 Millionen. Die Jungtürken planten demnach, ein Gebiet zu erobern, das weitere 31 Millionen Türken umfassen sollte. Mit anderen Worten: Die Jungtürken beabsichtigten, ihre Eroberungszüge bis nach China auszudehnen.

Im Februar 1915 war die Vernichtung der türkischen Armenier beschlossene Sache. Bevor die eigentlichen Massendeportationen begannen, wurden die armenischen Armeeangehörigen ausgesondert und in Arbeitslagern zusammengefaßt. Sie starben an Unterernährung, Erschöpfung und durch Massenerschießungen. Am 24. April 1915 wurden 600 Intellektuelle aus Istanbul deportiert und die Armenier damit ihrer geistigen Elite beraubt. Als diese »Vorarbeiten« zum Völkermord abgeschlossen waren, wurden die in Ostanatolien lebenden Armenier auf einen tausend Kilometer langen Todesmarsch in die mesopotamische Wüste geschickt – ohne medizinische Versorgung, ohne Verpflegung. Wer nicht vor Hunger und Durst, an Seuchen oder Entkräftung starb, wurde von einer entfesselten Soldateska erschlagen, erschossen oder auf sadistische Weise zu Tode gebracht. Anatolien verwandelte sich in ein Inferno, ohne daß die deutschen Offiziere laut dagegen protestiert hätten oder gar eingeschritten wären. Bis heute ist nicht geklärt, was genau die deutschen Offiziere in Anatolien über das Massaker wußten. Lediglich in einem Fall kann nach Erkenntnissen des Genozidforschers Vahak N. Dadrians eine deutsche Beteiligung nachgewiesen werden. Der Offizier Graf Wolfskiel hat das armenische Viertel in Urfa komplett zusammenschießen lassen.[2] Die Zahl der zwischen 1915 und 1917 Getöteten wird

auf 600.000 bis 1.500.000 geschätzt. Zu Beginn des Ersten Weltkrieges hatten noch zwei Millionen Armenier im Osmanischen
Reich gelebt, 1920 waren es nur noch 700.000.

Nach dem Ersten Weltkrieg hoffen die türkischen Armenier
ebenso wie die Kurden kurzfristig auf einen eigenen Staat. Im
Friedensvertrag von Sèvres aus dem Jahr 1920 wird ihnen ein Gebiet im Kaukasus zugesprochen, das unter dem Schutz des Völker-
bundes stehen sollte. Die Türkei selbst wäre nach diesem Vertrag
zu einem kleinen einflußlosen, von den Westmächten völlig ab-
hängigen Rumpfstaat in Anatolien geschrumpft, noch heute eine traumatische Vorstellung vieler Türken und einer der Gründe
für das gewalttätige Vorgehen der türkischen Regierungen gegen
kurdische Autonomiebestrebungen. Der Traum eines eigenstän-
digen armenischen Staates wurde zwischen der Sowjetunion und
der Türkei zerrieben: Kemal Atatürk eroberte im Befreiungskrieg
Türkisch-Armenien zurück. Russisch-Armenien wurde eine eigene Sowjetrepublik. Wer immer eine Chance dazu hatte, kehrte der
Türkei den Rücken.

Die Mehrheit der sechs Millionen Armenier, die heute über
den ganzen Globus verstreut sind, hat ihre Heimat niemals gesehen. Etwa drei Millionen leben in der ehemaligen Sowjetrepublik
Armenien, mehr als 500.000 leben in den USA, viele von ihnen in
New Jersey und in Kalifornien. Als der Bürgerkrieg im Libanon
begann, lebten dort mehr als 200.000 Armenier. In der Türkei,
vorwiegend in Istanbul, sind es heute nur noch etwa 70.000. Viele habe sich türkische Namen zugelegt und nennen sich unver-
fänglich Mehmet oder Mustafa. »Bislang hatten wir zwar keine
Schwierigkeiten, aber wir wissen nicht, wann wir wieder verfolgt
werden«, begründen zwei armenische Handwerker im Großen
Bazar in Istanbul ihre muslimischen Tarnnamen.

Die Angst vor neuer Verfolgung scheint nicht übertrieben.
Wenig hat sich in der Türkei seit 1921 bis heute in der Einschätzung Talaat Paschas geändert. Für viele gilt er nach wie vor als
einer der fähigsten Politiker jener Zeit. Hartnäckig leugnet die
türkische Öffentlichkeit den Völkermord an den Armeniern. Türkische Zeitungen »beweisen« in arithmetischen »Kunstgriffen«,
daß der Völkermord an den Armeniern nichts anderes sei als eine Propagandalüge der Feinde der Türkei. Es hätten, so ein häufig

wiederholtes Argument, zu keiner Zeit eine Million Armenier in der Türkei gelebt. Folglich hätten auch nicht eine Million Armenier umgebracht werden können. Anders als in Deutschland, wo die »Auschwitzlüge« allenfalls von Neo- und Altnazis ernsthaft vertreten wird, hat die »Lüge vom Völkermord an den Armeniern« in der Türkei Eingang in die Geschichtsbücher gefunden. Sie gehört zum historischen Basiswissen, der kaum eine bürgerliche oder liberale politische Kraft in der Türkei offensiv widerspricht. Der Grund: »Die Gründung der heutigen Republik Türkei hat die Auslöschung eines Volkes zur Vorbedingung. Viele Gründerväter der Republik waren unmittelbar an der Organisation des Massenmordes an den Armeniern beteiligt. Viele Stützen des Staates gehörten einer Schicht an, die durch die Plünderung armenischen Besitzes reich geworden sind. Die Republik war aus der Logik ihrer Entstehung heraus geradezu dazu verdammt, Tabus zu produzieren.«[3] Die Tabuisierung und Leugnung des Genozids gelang der türkischen Regierung so gut, daß Adolf Hitler, kurz vor dem deutschen Überfall auf Polen, bei einer Ansprache vor den Oberbefehlshabern der Heeresgruppen am 22. August 1939 deren etwaige Skrupel gegen Pläne der Vernichtung »slawischer Untermenschen« begegnen konnte: »Wer redet heute noch von der Ausrottung der Armenier?«

Es kam deshalb einer Sensation gleich, als der türkische Wissenschaftler Taner Akçam[4] am 23. April 1995 – dem Vorabend des achtzigsten Jahrestages der Deportation der armenischen Intellektuellen – in der Akademie der Wissenschaften in Jerewan, der Hauptstadt Armeniens, vor das Mikrophon trat und verkündete: »Wir sind schuldig, die türkische Nation ist schuldig. Ich bin zwar nicht persönlich für den Völkermord verantwortlich, aber meine Verantwortung besteht darin, die Konsequenzen daraus zu ziehen und für demokratische Verhältnisse in der Türkei zu kämpfen.«[5]

Trotz hartnäckigen Leugnens mußte die türkische Regierung eine Reihe von internationalen Beschlüssen hinnehmen. 1983 verurteilte die Vollversammlung des Weltkirchenrates den Völkermord an den Armeniern. Im September 1984 nahm der US-Kongreß den Vorschlag an, den 24. April, den Tag der Deportation der armenischen Intellektuellen, zum Gedenktag an das

»unmenschliche Verhalten des Menschen gegenüber seinem Mitmenschen« auszurufen. Die Resolution scheiterte allerdings im August 1987 an der Ablehnung durch das Repräsentantenhaus. Ein erneuter Anlauf, die Resolution Anfang 1990 zu verabschieden, mißlang ebenfalls. Im Gegenzug startete die Türkei eine breitangelegte Propagandaaktion: 1984 verging kaum ein Tag, an dem türkische Zeitungen nicht gegen Armenier hetzten. Als Aufhänger dienten die sich seit 1975 häufenden Anschläge armenischer Extremisten, vor allem der *ASALA* (Armenia Secret Army for the Liberation of Armenia – Geheime Armenische Armee zur Befreiung Armeniens), denen in fünfzehn Jahren etwa vierzig Menschen zum Opfer fielen. Obgleich die Mehrheit der Armenier diese Anschläge verurteilte, dienten sie der türkischen Presse dazu, die Armenier pauschal zu verunglimpfen und die *ASALA* zum Inbegriff einer angeblichen Bedrohung der türkischen Nation durch das Armeniertum hochzuspielen. So polemisierte die Europa-Ausgabe des auflagenstarken Rechtsblattes *Tercüman* am 19. Juni 1984 gegen Armenier, ohne sie direkt beim Namen zu nennen: »Und ihr, die ihr in feindlicher Absicht Verrat am Osmanischen Reich begeht und auch noch unseren letzten heiligen Heimatboden ans Ausland verschenkt. Ihr Charakterlosen, die ihr bis gestern noch davon geträumt habt, auf dieser heiligen Erde eure Volksföderation zu gründen, rettet euren Hals aus der Schlinge und laßt hören, wo seid ihr?«

Im Februar 1987 erreichte der Propagandafeldzug Berlin. Die *Türkische Gemeinde*, eine Dachorganisation konservativer Migrantenvereine, organisierte, unterstützt durch die private Kabelfernsehanstalt *ATT*, eine Unterschriftenkampagne. Adressat war das Europäische Parlament. Dessen Vollversammlung sollte über eine Resolution »Zur politischen Lösung der armenischen Frage« abstimmen, die die türkische Regierung aufforderte, den Völkermord an den Armeniern anzuerkennen. Am 5. Juli 1987 demonstrierten über 3.000 türkische Nationalisten und Fundamentalisten in Berlin-Kreuzberg. Türkischsprachige Flugblätter wurden verteilt: »Verflucht seien die Propagandisten des Märchens von den Massakern an den Armeniern! Spuckt auf die Huren, die ihnen applaudieren! Spuckt auf die unverschämten Gesichter der Träger des Kreuzes!« In einer moderateren, deutschsprachigen

Fassung, im Namen der türkisch-islamischen Vereine in Berlin an die »Verehrten Berliner Mitbürger« verteilt, hieß es: »Angebliche Massenvernichtung der Armenier sind Verleumdungen und Verzerrungen der Geschichte, bezwecken die Teilung unserer Heimat durch unsere Feinde.«

Die Kampagne hat das Verhältnis zwischen den in Berlin lebenden Armeniern und Türken nachhaltig belastet. Vergeblich warteten die Amenier auf ein Zeichen der Entschuldigung. Hüsnü Özkanlı, Ex-Vorsitzender der Türkischen Gemeinde, windet sich auch im April 1990 bei der Frage, ob die Türkische Gemeinde in Berlin nicht wenigstens am 75. Jahrestag des Völkermordes gedenken möge.»Wissen Sie, da wir als Türkische Gemeinde in Berlin die offizielle türkische Politik betreiben, feiern wir nicht. Ich weiß auch nicht, ob es einen Völkermord gegeben hat. Wir haben nur gelesen, daß etwas geschehen ist. Allerdings kann ich nicht sagen, daß ich etwas gesehen habe.«

Etwas Intelligenteres durfte der Vorsitzende der *Türkischen Gemeinde* als inoffizielles Sprachrohr der türkischen Regierung wohl auch nicht verlautbaren. Nach der Veröffentlichung der historischen Reportage »Befehl zum Völkermord« im Berliner *Der Tagesspiegel* anläßlich des 75. Jahrestages reagierte der türkische Generalkonsul postwendend:

Sehr geehrte Damen und Herren,
    in der Sonntagsbeilage des Tagesspiegels vom 22. April 1990 habe ich den Artikel »Befehl zum Völkermord« gelesen.
    Dabei war es gleichzeitig unvermeidbar, Befremden zu empfinden, weil Ihre Zeitung Objektivität, Darstellung, Gegendarstellung und Freundschaft zwischen uns Menschen in diesem zunehmend universalistischen Zeitalter stets pflegt und somit seitens der türkischen Bevölkerung in Berlin gerne gelesen wird.
    Stellvertretend auch für die Bestürzung und Besorgnis der türkischen Bevölkerung in Berlin, bitte ich hiermit besonders, daß die beiligende faktische, notwendige Darstellung in Ihrer Zeitung veröffentlicht wird.
    Gleichzeitig übermittle ich Ihnen hiermit Veröffentlichungen und Dokumente über die Wahrheit, damit sie eingehend gelesen werden.

Anlagen:

»Auf die Kriegserklärung des Zaristischen Rußlands im Jahre 1914 gegen die Osmanen veröffentlichte das armenische Taschnak-Komitee die folgende Erklärung: ›Zusammen mit zaristisch russischen Truppen werden wir die Osmanen zwischen zwei Feuer in Anatolien nehmen.‹

Auf die von den armenischen Komitees gegebene Instruktion: ›Töte zuerst deinen türkischen Nachbarn‹, unternahmen die bewaffneten armenischen Komitee-Banden Ausrottung der Türken, verbrannten Moscheen, Häuser, zerstörten gleichzeitig Brücken und Straßen in Ostanatolien, fielen den das Land gegen die zaristisch russischen Truppen verteidigenden osmanischen Einheiten in den Rücken.

Dabei hatten Massaker und Ausrottung nicht lediglich die Türken zum Ziel, auch Griechen in Trabzon und Juden in Hakkari wurden seitens voll organisierter, bewaffneter armenischer Banden vernichtet. (...) Der armenische Führer Bojadschian befahl insbesondere, daß möglichst viele türkische Kinder getötet werden müßten, damit auch die nächste türkische Generation ausgerottet werden könnte.

Die Umsiedlung der stets grausam terrorisierenden Armenier während des I. Weltkrieges war Selbstverteidigung gegen die Ausrottung der Türken. (...) Der armenische Anstifter Bogos Nubar bezifferte dabei den muslimischen Bevölkerungsverlust in Ostanatolien mit 1.400.000. (...) Die Türken, zwischen zwei Feuern in ihrem Land, hatten sich selbst zu verteidigen, ihre Nachkommen trauern um den entsetzlich brutalen Völkermord gegen ihre Ahnen, die Vernichtung ihrer Dörfer und Städte.«

Hochachtungsvoll
Akin Emregül
Generalkonsul

In diesem Belagerungszustand wähnt sich zumindest das türkische Militär noch heute, wie der Berliner Yılmaz Sönmez während seines zweimonatigen Grundwehrdienstes leidvoll erfahren mußte.

»Wir treiben sie ins Meer!«

Malerische Strände, einsame Buchten, fruchtbare Landschaften. Das Video zeigt die ägäischen Inseln von ihrer schönsten, touristischen Seite. Eine aggressive Stimme ereifert sich: »Ibne Yunanlilar!« – Schwule Griechen! »Wir werden die Kreaturen ins Meer zurücktreiben. Die Inseln gehören uns! Wir werden sie zurückerobern, wenn der Tag gekommen ist.« Staatsbürgerkunde in Burdur – einer anatolischen Garnisonsstadt. Unermüdlich agitieren aus Ankara angereiste Propagandaoffiziere zweihundert Rekruten. Die meisten von ihnen kommen aus Deutschland. Zwei Monate Zeit bleibt den Ausbildern, aus den wehrpflichtigen Almancis (Deutschländern) türkische Patrioten und Nationalisten zu machen. Drei Stunden täglich, von neun bis zwölf Uhr, werden im rüden Gassenjargon die äußeren und inneren Feinde der Türkei in ihren »Wesenszügen« charakterisiert.

Mit kurz geschorenen Haaren sitzt Yılmaz Sönmez (Name geändert) in der Schulungsbaracke der Garnison. Er zählt die Sekunden, versucht, seine Beherrschung zu wahren. Mitte Dezember 1990 hat der Berliner Türke kurdischer Herkunft seinen Kriegsdienst in der Türkei angetreten. Zum erstenmal seit seiner Übersiedlung nach Berlin vor neunzehn Jahren hält sich Sönmez in der Türkei auf. »Ich hatte keine Sehnsucht nach einem Land, in dem Gewerkschaften verboten, Kurden und Kritiker der Regierung gefoltert und getötet werden.« Alles hatte der Musiker versucht, um den zweimonatigen Zwangsaufenthalt in der türkischen Armee zu umgehen. Vergeblich. Das türkische Generalkonsulat drohte, seinen Paß einzuziehen, falls er nicht bis Juni 1991 die militärische Grundausbildung absolviere und 10.000 Mark Militärsteuer an die türkische Regierung zahle. Hätte sich Yılmaz Sönmez dem Druck widersetzt, wäre sein Paß nicht verlängert worden, und die Aufenthaltsberechtigung sowie das Einbürgerungsverfahren wären in Gefahr geraten.

Mit dem Stellungsbefehl meldet sich Yılmaz Sönmez in der westanatolischen Kaserne. Viertausend Soldaten sind in der Provinzstadt Burdur, an einem malerischen See gelegen, stationiert. Ein kalter Wind weht über das Gelände. Strömender Regen und Temperaturen um den Gefrierpunkt machen den Neuankömmlingen zu schaffen. »Vier Stunden mußten wir im Regen stehen, da immer nur kleine Gruppen registriert wurden.« Pässe und persönliche Gegenstände werden eingezogen und die Rekruten auf die Baracken verteilt – jeweils vierzig Mann in einer Stube. Ohne Decken und in durchnäßter Kleidung verbringen die künftigen Sturmtruppen der Türkei die erste Nacht in unbeheizten Räumen.

Am nächsten Morgen: »Alle Mann antreten zur Uniformausgabe!« Für die deutsch-türkischen Rekruten, die die zweimonatige Grundausbildung absolvieren, gibt es nur eine leichte Sommerausrüstung. Die wenigen Winterstiefel und Winteruniformen sind Wehrpflichtigen vorbehalten, die volle achtzehn Monate ableisten. Bereits nach wenigen Tagen grassieren Fieber und Bronchitis. Jeden Morgen um sieben Uhr stehen 150 bis 200 Kranke vor dem Militärarzt. »Alle mußten in der Baracke warten, egal, wie krank sie waren. Viele sind zusammengebrochen.« Der Militärarzt wirft einen kurzen Blick auf die Kranken, greift in eine große Flasche mit Aspirintabletten, nimmt zwei heraus, wickelt sie sorgfältig in Papier ein und schickt die Hustenden und Fiebernden zurück zum Dienst.

Die militärische Ausbildung ist nebensächlich. Yılmaz Sönmez merkt schnell, daß der Staat bei seinen »Söhnen im Ausland« vor allem kräftig abkassieren will. Zehntausend Mark kostete es jeden Wehrpflichtigen, wenn er die Zeit des Kriegsdienstes um sechzehn Monate auf zwei reduzieren wollte. »Es waren Leute in meiner Gruppe, die konnten aufgrund ihrer körperlichen Behinderung und Handicaps weder ein Maschinengewehr halten noch Märsche mitmachen, trotzdem stuften Musterungsärzte sie als tauglich und somit zahlungspflichtig ein.« Unter militärischem Drill und Zwang sind die Rekruten acht Wochen lang einem ideologischen Sperrfeuer ausgesetzt. »Das halten nur Menschen mit einer gefestigten Persönlichkeit aus.«

Zweite Lektion der militärischen Staatsbürgerkunde: Ein Dokumentarfilm wird gezeigt – Zeugnisse eines Massenmordes. Skelette, Schädel, menschliche Kadaver. Kommentar des Ausbilders: »Das sind Überreste der Türken, die von Armeniern umgebracht wurden. Erzählt in Deutschland die Wahrheit und überzeugt die Europäer, es gab keinen Völkermord an den Armeniern! Wenn ihr wollt, können wir euch die Aufnahmen auf eine Videokassette kopieren.« Yılmaz Sönmez lehnt das Angebot dankend ab, versucht wegzuhören. Ekel und Abscheu überfällt ihn angesichts der Ausfälle seiner Vorgesetzten. Ein Offizier redet sich in Rage und nimmt kein Blatt vor den Mund: »Eermeni gavular! – Unreine, ungläubige Armenier! »Ihr habt unsere Mütter, Väter und Kinder geschlachtet, wenn wir die Gelegenheit haben, werden wir das gleiche mit euch machen.« Den Armeniern in der Sowjetunion wird gedroht: »Irgendwann genießt ihr nicht mehr den Schutz der Kommunisten, dann werden wir euch schlucken.«

Mit Sommerkleidung und Spielzeuggewehren müssen Yılmaz Sönmez und die anderen Almancılar durch den winterlichen Schlamm von Burdur robben. »Als wir mit unseren Maschinengewehren zu den Schießübungen antraten, stellte sich heraus, daß von zweihundert gerade mal acht funktionierten.« Tagelang werden die Berliner gedrillt, wie man einen türkischen Vorgesetzten korrekt grüßt. In Marschformation drehen sie Runden auf dem Kasernenhof, müssen nationalistische Parolen brüllen – »Wir werden den Feinden die Kraft der Türken zeigen.« – und chauvinistische Lieder singen. Parolen, mit denen die faschistischen Grauen Wölfe auch ihre türkischen Landsleute in Berlin agitieren. Sönmez und ein paar Freunde weigern sich mitzubrüllen und werden von einem Ausbilder gedemüdigt: »Ihr Tiere, ich werde euch zeigen, was ein Türke ist.« Zur Strafe Liegestütze im Schlamm, einen Stiefel im Rücken.

Dritte Lektion der Staatsbürgerkunde: Die Ausbilder führen die inneren Feinde der Türkei vor. Anhand von Schautafeln werden Geschichte und Aktivitäten linker Organisationen aufgelistet. Dann ein Angebot an die Deutschländer: »Wir wissen natürlich, daß es diese Gruppen auch in Deutschland gibt, vielleicht verfügt jemand von euch über Informationen von Personen und Aktivitäten linker und kurdischer Gruppen.« Wieder werden Bilder eines Massakers gezeigt – diesmal angeblich von kurdischen Separatisten ausgeübt. In weiteren Vorträgen wird der Komplott kurdischer Terrorgruppen aufgedeckt, die gemeinsam mit armenischen und griechischen Bombenlegern den türkischen Staat aufs höchste gefährden.

16. Januar 1991, zwei Uhr nachts. Alarm! Ernstfall. Krieg am

Golf. Die Wehrpflichtigen aus der Türkei werden nach Ostanatolien verlegt. Die Almancı sollen Richtung ägäischer Küste abmarschieren. »Die schwulen Griechen wollen unser Land überfallen.« Die Invasion der Griechen entpuppt sich als Falschmeldung. Yılmaz Sönmez bleibt ein heißer Einsatz erspart.

Bevor die Almancı wieder in ihre deutsche Heimat entlassen werden, erhalten sie eine abschließende Lektion: Eine Landkarte des alten Osmanischen Reiches wird entrollt. »Das alles hat einmal uns gehört und wird uns eines Tages wieder gehören.« Viele Rekruten sind von der einstigen imperialen Größe begeistert und klatschen Beifall. Zum Abschied noch ein paar beschwörende und schmeichelnde Worte: »Ihr seid unsere Helden im Ausland. Verbreitet die türkische Kultur, Sprache und Gefühle. Erzählt den Leuten in Europa, wie die Türken wirklich sind. Seid Botschafter eures Landes.«

»Mitte Februar wurde ich freigelassen und kehrte so schnell wie möglich nach Berlin zurück.« Dort verbringt Sönmez zunächst eine Woche im Krankenhaus. Ärztliche Diagnose nach acht Wochen Kriegsdienst in der türkischen Armee: acht Kilogramm Gewichtsverlust und Leberschäden aufgrund der schlechten Ernährung; schwere Bronchitis, Hämorrhoiden und eingeschränkte Funktion einiger innerer Organe – Folge andauernder Unterkühlung.

Der Emigrant – Fluchtpunkt Istanbul

Geschichtserfahrung II

Fluchend kommt Kamil Kaya aus der Küche des Hospitals. Mit flinken Augen taxiert er mißtrauisch den Besuch. Die Luft ist erfüllt vom scharfen Geruch der »Işkembe Corbası« (Kuttelsuppe), die sich der Alte seit Stunden zubereitet. »Die Suppe muß einen Nachmittag lang kochen, sonst schmeckt sie nicht«, gibt er ungefragt Auskunft und ergänzt unwirsch: »Ja, ich bin der Robinson Crusoe von Büyük Ada.« Der »Profesör«, wie ihn das Krankenhauspersonal respektvoll nennt, steht an einem Wendepunkt seines Lebens. Dreißig Jahre lang hatte er am Ende der Insel auf seinem verwilderten, durch ein Dornengestrüpp abgeschirmten Grundstück ein Einsiedlerdasein geführt. Eine Katastrophe zwang den 83jährigen vor wenigen Tagen zurück in die Stadt, in die Nähe und Abhängigkeit von den Menschen, deren Kontakt er Jahrzehnte mied. Wildhunde töteten all seine Hühner und vernichteten damit seine Existenzgrundlage.

Die Sonne taucht Büyük Ada, die größte der vor Istanbul liegenden Prinzeninseln, an diesem Nachmittag im Spätherbst 1983 in ein warmes Licht. Trozdem fühlt sich Kamil Kaya von ihr, seiner einzigen, wahren großen Liebe, die ihn 1935 überredet hatte, sich für immer in Istanbul niederzulassen, betrogen. Mit Tränen in den Augen klagt er: »Den ewig blauen Himmel über Istanbul, den gibt es nicht mehr. Seit ein paar Jahren Winter, Winter, Winter! Wie das nach einem unendlichen Frühling passieren konnte, begreife ich nicht.«

Als Kamil Kaya hört, daß wir auf der Suche nach Überlebenden sind, die in der Zeit des Nationalsozialismus aus Deutschland und Österreich flüchten mußten und am Bosporus Unterschlupf fanden, wird er zugänglicher. Wir wechseln in ein Teehaus. Nein, politisch sei er nicht verfolgt worden, er habe sich lediglich von niemandem vorschreiben lassen wollen, was er zu tun oder zu lassen habe. Sein Freiheitswille konnte allerdings nicht verhindern, daß andere, Mächtigere, die entscheidenden Weichenstellungen in seinem Leben vornahmen. Kamil Kayas ernüchterte Bilanz: »Ich war eine Marionette des Staates und der Politiker. Sie haben gespielt und dabei gewonnen oder verloren, aber ich blieb in jedem Fall die Marionette, die sie für ihre Zwecke benutzten.«

Kamil Kayas Jugend endete abrupt. 1917 wurde er mit siebzehn Jahren in die Armee eingezogen und an die Front nach Südtirol geschickt. Damals hieß er noch Franz Fischer. Aus den Schützengräben führte für ihn kein Weg zurück in ein bürgerliches Leben. »Für ein paar Jahre durchstreifte ich mit ein paar Freunden die Berge. Östereich war für mich schon bald zu eng und zu kleinbürgerlich.« Ohne Geld, aber mit viel Zukunftsoptimismus wanderte Franz Fischer 1922 von Wien Richtung Hamburg, dem »Tor zur Welt« entgegen, und schmuggelte sich als blinder Passagier und illegaler Einwanderer in das Land seiner Träume – Amerika.

»Erst arbeitete ich als Aushilfskraft in ein paar Restaurants, anschließend reiste ich mit einem Berliner Freund kreuz und quer durch das Land.« Franz Fischer schließt die Augen. Sein gebrochener türkisch-österreichischer Akzent mischt sich nun mit Amerikanismen. Er zählt Stationen seiner Wanderjahre auf: Florida, Mississippi, Chicago ... Für einen kurzen Augenblick sitzt er wieder als Tramp in einem der Güterwaggons, die ihn von Stadt zu Stadt trugen, immer auf der Hut vor den Bahnbediensteten. Es folgten ein paar glückliche Jahre in New York, als er mit einer Frau »in freier Ehe« zusammenlebte und sie gemeinsam einen Espressoladen betrieben.

Die Erinnerung an die »Goldenen Zwanziger« seines Lebens bringen seine Gedanken wieder in die graue Gegenwart zurück. Unvermittelt nennt er den Preis, den er für seine Unabhängigkeit zu zahlen hatte: »Das einzige Problem, das ich hier in der Türkei nicht lösen konnte, war das Sexproblem. Die hohe Verantwortung und Verbindlichkeit, die aus der Beziehung mit einer türkischen Frau entspringen, wollte ich nicht übernehmen«, doziert er. Die sexuelle Enthaltsamkeit hätte er all die Jahre nur ertragen können, indem er auf seinem Eiland körperlich hart arbeitete, sich mit der Sonne schlafen legte und bereits vor ihr aufstand. Er zupft an seinem Bart, fährt sich mit der Hand durch das dichte schlohweiße Haar, zwinkert verschwörerisch und ergänzt: »Früher, in meiner Jugend, hatte ich viele Frauen. Ich erzählte ihnen, was sie von mir erwarten können, wir haben uns getroffen, danach verliefen unsere Lebenswege verschieden.«

So auch im Fall seiner New Yorker Geliebten und Geschäftspartnerin. Nach dem Börsenkrach im Jahr 1929 kehrte sie nach Europa zurück. Franz Fischer beendete sein Amerikaabenteuer ein paar Monate später, als die Folgen der Wirtschaftskrise sich als gravierender erwiesen, als der Dreißigjährige zunächst glauben wollte. Der Austro-Amerikaner sah für sich in der »Neuen Welt« keine Existenzmöglichkeit mehr und kehrte schweren Herzens nach Wien zurück, wo er 1930 ein Delikatessengeschäft eröffnete. Aber den Folgen der großen Depression konnte er auch in der »Alten Welt« nicht entfliehen. In Deutschland verzweifelten die Menschen an Massenarbeitslosigkeit und Armut und suchten nach einem Messias, der sie aus dem Elend errettete. Im Januar 1933 wählten sie Franz Fischers Landsmann Adolf Hitler zum Reichskanzler.

Während Franz Fischer im Frühjahr 1933 hinter der Verkaufstheke seine Wiener Kundschaft bediente, wurden in Berlin und Ankara Entscheidungen getroffen, die ihn, der niemals eine Universität besucht hatte, später zum »Profesör« machen sollten: In Deutschland beginnen die Nationalsozialisten mit der »Vertreibung des Geistes«. Jüdische und als sozialistisch oder kommunistisch geltende Hochschullehrer werden entlassen, das Wissenschaftsleben »arisiert«. In Istanbul und Ankara dagegen diskutieren die Verantwortlichen, wie das Geistesleben der jungen türkischen Republik aus seinem osmanischen Dornröschenschlaf erweckt werden könnte.

Zehn Jahre nach Gründung der türkischen Republik war klar: Ohne eine durchgreifende Hochschulreform wird das Ausbildungs- und das Bildungsniveau nicht den angestrebten westlichen Standard erreichen. Im Frühjahr 1933 arbeitete man am Bosporus bereits fieberhaft an der Umsetzung der von dem Schweizer Pädagogen Albert Malche ausgearbeiteten Konzeption einer modernen Hochschule. Aber kurz vor der Eröffnung der »Istanbul Üniversitesi« standen die Bildungspolitiker vor unlösbaren Problemen. Der ursprüngliche Plan, aus möglichst allen westlichen Ländern kleine Professorengruppen ins Land zu holen, mit deren

Unterstützung die türkische Wissenschaft auf internationales Niveau gehoben werden sollte, scheiterte. Zu kurz war die Vorbereitungszeit und zu gering die Attraktivität eines Entwicklungslandes für hochdotierte Wissenschaftler.

Hilfe kam aus Zürich. Albert Malche nahm Kontakt zur »Notgemeinschaft« auf, einer Selbsthilfeorganisation, die nach neuen Arbeitsmöglichkeiten für in Deutschland suspendierte, entlassene und vorübergehend inhaftierte Hochschullehrer suchte. Täglich wurde die Namensliste der aus Deutschland vertriebenen Wissenschaftler länger, und es war für die »Notgemeinschaft« keine Schwierigkeit, die von Istanbul gewünschten, international anerkannten Koryphäen zu vermitteln. Im Juli 1933 lehrten bereits dreißig deutsche Professoren in Istanbul. Insgesamt fanden mehr als einhundert Wissenschaftler aus Deutschland, ab 1938 dann auch aus Österreich, mit ihren Familien in der Türkei eine neue Heimat. Unter ihnen Persönlichkeiten wie der Bauhaus-Architekt Bruno Taut und Ernst Reuter, der erste Bürgermeister West-Berlins, der elf Jahre in der Türkei lebte und dort als Stadtplaner arbeitete.

Doch zurück zu Franz Fischer nach Wien. Bereits drei Jahre vor dem »Anschluß Österreichs« spürte der Nonkonformist 1935: »Dies ist nicht mehr mein Land.« Viele Österreicher sind vom Nationalsozialismus im Nachbarland begeistert und begrüßen den ungehemmt ausgelebten Antisemitismus der Deutschen. Nach der Dollfuß-Affäre ist Franz Fischers Entschluß gefallen: Er will zurück in seine Wahlheimat Amerika. Aber der Auswanderungsversuch scheitert, bevor er sich einschiffen kann. Fischer wird in Hamburg wegen Landstreicherei verhaftet und zu ein paar Wochen Haft verurteilt. »Nach meiner Entlassung wanderte ich zunächst an Rhein und Donau entlang zurück nach Wien.« Als er all die traditionsreichen deutschen Städte, die nun von den Nationalsozialisten beherrscht werden, streift, reift der Entschluß, die Koordinaten seiner Wanderung zu verändern und das Glück künftig nicht im Westen, sondern im Osten zu suchen. »Vieles hatte ich vom sagenhaften Orient gehört, von Persien und Teheran.« Aber Teheran sollte Franz Fischer niemals erreichen. In Istanbul angekommen, platzt sein Traum. Er bekommt kein Visum für Persien. »Dann ließ ich mich eben von dem ewig blauen Himmel Istanbuls faszinieren«, begründet Kamil Kaya seinen Entschluß, sich am äußersten Rand Europas niederzulassen.

In der Zwischenzeit haben die von Mustafa Kemal Atatürk eingeladenen deutschen Professoren ihre Lehr- und Forschungstätigkeit aufgenommen. In keinem anderen Land sollten zwischen 1933 und 1945 aus Österreich und Deutschland emigrierte Akademiker einen so großen Einfluß auf die wissenschaftliche Entwicklung nehmen wie in der Türkei. Vor allem den Medizinern gelang es, eine eigene Schule zu gründen, und noch heute lehren in allen Fakultäten und Abteilungen des medizinischen Instituts Schüler deutscher Emigranten. Als in den fünfziger und Anfang der sechziger Jahre in der Bundesrepublik Deutschland in Folge der desolaten Ausbildungssituation während der Zeit des Faschismus ein Mangel an Spezialisten herrschte, waren vor allem Fachärzte aus der Türkei hochwillkommen. Die meisten von ihnen sprachen bereits bei ihrer Ankunft ausgezeichnet Deutsch, da die emigrierten Wissenschaftler ihre Vorlesungen in der Regel in deutscher Sprache gehalten hatten. Nur wenige unterzogen sich wie Ernst Reuter der Mühe, binnen kürzester Zeit die türkische Sprache zu erlernen. Um nicht ständig auf Dolmetscher angewiesen zu sein, lernten viele der wißbegierigen türkischen Studenten statt dessen die Sprache ihrer Dozenten. Der eine oder andere bei Franz Fischer.

Als sich Franz Fischers unruhiger Lebensweg mit dem Wirkungskreis der deutschen Hochschullehrer kreuzte, lagen entbehrungsreiche Monate hinter ihm. Die Ersparnisse waren nach seiner Ankunft in Istanbul schnell aufgebraucht, Arbeit war nicht zu finden, an eine Rückkehr nach Österreich nicht zu denken. Für nichtakademische Emigranten, die wie Franz Fischer ohne Einladung der türkischen Regierung ins Land kamen, war die Stadt ein hartes Pflaster. Die Ausübung zahlreicher Berufe war für Nichttürken schlicht verboten. Eine der wenigen Möglichkeiten, eine Aufenthaltsbewilligung zu bekommen, wäre die Eröffnung eines Kommissionsgeschäftes gewesen. Dazu benötigte man allerdings Startkapital, das Emigranten wie Franz Fischer nicht aufbringen konnten. In den Anfangsmonaten seines Daseins als Sprachlehrer führte Franz Fischer alias Kamil Kaya ein Doppelleben: »Tagsüber war ich nun der ›Profesör‹, der seine Privatschüler unterrichtete, am Abend und in der Nacht war ich der Penner, der in der Ecke einer Moschee, im Beşiktaşpark oder unter Brücken schlief.« Kamil Kaya verschließt sich Fragen nach weiteren Emigranten, die vielleicht noch in der Stadt leben könnten. »Mein Leben war ein Zufall«, lautet seine Antwort. Nichts Welthistorisches. Nichts Besonderes. Für ihn endete dieses Kapitel irgendwann in den fünfziger Jahren, als seine Robinsonade auf Büyük Ada begann. Tatsächlich setzte die Bundesregierung 1953 den wenigen noch in der Türkei lebenden Akademikern eine Zweijahresfrist, innerhalb der sie in die Bundesrepublik zurückkehren mußten, falls sie ihre Pensionsansprüche nicht verlieren wollten. Mit der Aussicht auf eine abgesicherte materielle Zukunft kehrten sie mit wenigen Ausnahmen zurück. Kamil Kaya blieb, zog sich zurück und widmete sich für die nächsten Jahrzehnte seiner Hühnerzucht.

Über das Leben der deutschsprachigen Emigranten während des Nationalsozialismus in der Türkei ist wenig bekannt. Sicherlich, die akademische Emigration ist in einigen Büchern, Aufsätzen, niedergeschriebenen Erinnerungen und Festschriften archiviert. Offizielle Stellen in beiden Ländern erinnern wieder gerne daran, und seit Ende der siebziger Jahre besinnen sich auch die Mediziner erneut auf ihre gemeinsame Tradition und veranstalten türkisch-deutsche Symposien, um die wissenschaftliche Zusammenarbeit zu fördern und neu zu beleben. Aber über die Namenlosen – Handwerker, Kaufleute, Krankenschwestern, Arbeitslose – sind nicht viel mehr als ein paar Randnotizen zu finden. Bei dem Versuch, ihren Spuren zu folgen, stoßen wir im Herbst 1983 auf merkwürdige Reaktionen.

Der Eigentümer der »Deutschen Buchhandlung« in der Istiklal Caddessi, ein nach 1945 emigrierter Österreicher, reagiert gereizt auf die Bitte, bei der Suche behilflich zu sein. Auch Schmeicheleien, er habe sicherlich mit den besten Überblick über die deutschsprachige Gemeinde der Stadt, helfen nichts. »Was hieß damals schon, aus Deutschland emigrieren? Es waren halt Unzufriedene, die ihren Mund nicht halten konnten. Die Sorte von Leuten, die immer Schwierigkeiten machen: Sozialisten, Kommunisten und so. Wer sich damals anpaßte, der hatte nichts zu fürchten.« Für Leute wie ihn ist wahrscheinlich der Mediziner Clara der einzige Emigrant. Clara hatte nach 1945 das »Glück«, einen Ruf an die Istanbuler Universität zu erhalten. In Deutschland hätte er möglicherweise Schwierigkeiten bekommen, nachdem seine Menschenversuche im KZ Buchenwald bekannt geworden waren.

Die Mehrzahl der Asylsuchenden waren keineswegs gern gesehene Gäste, und man versuchte sie, so gut es ging, loszuwerden. Vor allem die Sozialisten und Kommunisten wurden ständig beobachtet. Viele, denen man politisch mißtraute, wurden ins Landesinnere verbannt, weg von Istanbul, das zu jener Zeit Treffpunkt der Spione aus allen Ländern war. Jüdischen Flüchtlingen, denen es gelang, den Nazis auf Schiffen über die Donau und das Schwarze Meer zu entkommen, wurde nur ein kurzer Aufenthalt gewährt. Als die Türkei auf Druck der Alliierten Deutschland schließlich den Krieg erklärte, sollten auf Forderung der Sowjetunion alle Deutschen kurzerhand per Zug nach Deutschland verfrachtet werden. Da kein Unterschied zwischen Gegnern und Anhängern der Nationalsozialisten gemacht wurde, hätte dies für viele Flüchtlinge den Tod in einem der Konzentrationslager bedeutet. Erst nach Intervention der amerikanischen Regierung wurde den Deutschen freigestellt, zwischen Rückkehr nach Deutschland oder Internierung zu wählen.

Die in den inneranatolischen Städten Yozgat, Corum und Kirsehir internierten Deutschen, etwa 300 bis 400 Personen, waren keineswegs alle Flüchtlinge. Unter ihnen fanden sich viele, deren Familien es vorgezogen hatten, nach dem Bau der Bagdad-Bahn in der Türkei zu bleiben. Andere wiederum hatten wenig Lust, in das ausgebombte und ausgehungerte Deutschland zurückzukehren, und ertrugen lieber die Langeweile und Widrigkeiten Inneranatoliens. Die Professoren waren die einzigen, denen nach heftigen Protesten die sechzehnmonatige Internierung erspart blieb.

Es ist nicht leicht, unter den mehr als 5.000 in Istanbul lebenden Deutschen Zeitzeugen zu finden. Viele Spuren verlaufen im Sand, manche enden am Grab oder führen in andere Länder – nach Israel oder in die USA. Manche Gesprächspartner meinen, ich solle die Sache vergessen. Für andere ist die Emigration nur eine Episode neben anderen in ihrem Leben, und sie messen ihr wie Kamil Kaya keinen besonderen Stellenwert bei, da die Gedanken an die nächste Zukunft mehr belasten als die Erinnerungen an die Vergangenheit. Bei wieder anderen überlagern sich die Erinnerungen. So kann sich die über 70jährige Schwester Egina, Mitarbeiterin der österreichischen Mädchenschule, noch daran erinnern, daß sie fünfzig internierte Emigranten in Yozgat betreute und bekochte, auch daß die Bevölkerung die Deutschen und Österreicher sehr freundlich aufgenommen habe. Als sie weiter in ihren Erinnerungen kramt – sie entschuldigt sich, keine Aufzeichnungen gemacht zu haben –, fällt ihr ein: »An einem 6. September, das Jahr erinnere ich nicht mehr, kam es in Istanbul zu Übergriffen gegen Griechen und andere Ausländer, Geschäfte wurde zerstört, Gräber aufgebrochen.« Aber die »Ereignisse vom 6. und 7. September 1955« (6/7 Eylül olayları), wie das antiarmenische und antigriechische Pogrom im Türkischen verharmlosend genannt wird, als ein plündernder und brandschatzender Mob vor den Augen der Polizei die christlichen Minderheiten Istanbuls terrorisierte, sind eine andere Geschichte. Nach dem Pogrom tauchten in den öffentlichen Verkehrsmitteln Schilder mit der Aufschrift: »Vatandaş Türkce Konuş« – »Bürger, sprich türkisch!« – auf. Viele Griechen wanderten nach Griechenland aus, und die Armenier, die Verwandte im Ausland hatten, emigrierten. Die Mittellosen ergriffen ihre Chance, als sich Anfang der sechziger Jahre Möglichkeiten zur Arbeitsmigration nach Deutschland eröffneten.

Kamil Kaya blieb. Er starb Mitte der achtziger Jahre in Istanbul.

»... ich schließ mir ein Muli kurz und hau ab!«

Fremdheitserfahrungen

»Wie siehst du denn aus? Du willst ein Türke sein? Geh doch dahin zurück, wo du herkommst.« Ungläubig steht Bakı Kızar, 21, vor der Beamtin am Grenzübergang Kapıkule in der Türkei. »Ich lebe doch in einem anderen Land und muß mich dort ein wenig anpassen«, versucht Bakı, der Grenzbeamtin sein »untürkisches Aussehen« mit offenbar zu langen Haaren und zu kurzer Hose zu erklären. »Du brauchst dich in Deutschland nicht anzupassen, du hast deine eigene Kultur«, fährt sie unbeirrt fort. Bakı hat genug von dem Empfang, dreht ab und murmelt: »So'n Ding. Und das gleich an der Grenze.«

Gemeinsam mit zwölf Jugendlichen, die in dem Ausbildungsprojekt »Durchbruch e.V.« im Rahmen einer Jugendhilfemaßnahme zu Gas-Wasser-Installateuren ausgebildet werden, machte sich Bakı zu einer vierwöchigen Rundreise durch die Türkei auf. Die Jugendlichen folgten der Einladung ihres Arbeitskollegen Nihmet Baykul, 21, sein Dorf in der Osttürkei zu besuchen. »Ständig fragen mich die Kollegen, wie es bei uns hinten in Anatolien aussieht. Ich habe ihnen gesagt, kommt mit in mein Dorf und schaut es euch an!« Ein gewagtes Unternehmen. Bei einer Reihe von Jugendlichen bestehen vor Reisebeginn große Vorbehalte gegenüber den Einwanderern in ihrem Kiez. Herbie, 24, ist überzeugt, daß sie »alle Zocker und Raffer« seien, die nichts anderes im Kopf hätten, als »möglichst schnell viel Kohle zu machen«. Vom Leben in der Türkei hat er recht eigenwillige Vorstellungen: »Ich stelle mir vor, daß sie vielleicht so leben wie die Termiten, unter Steinen und in der Erde. Bei uns fahren sie ja alle 'nen dicken Daimler, und in der Türkei gurken sie mit dem Eselskarren rum.«

Sascha unterscheidet dagegen genau zwischen den »guten Türken«, die er kennt, und den »schlechten«, die er nicht kennt. »Ich bin im Wedding aufgewachsen, da hat man zwangsläufig eine Reihe türkischer Freunde. Die sind auch in Ordnung. Aber viele kann ich nicht ab. Ich finde, die Türken drehen ganz schön auf.« Sein Freund Sony, 19, empfindet ähnlich. »Bevor ich im ›Durchbruch‹ gearbeitet habe, war das bei mir ziemlich schlimm mit den Ausländern. Erst als ich Nihmet kennenlernte, ist das ein wenig abgeflaut, weil er ein dufter Kumpel ist. Aber Angst vor den Türken und davor, in ihr Land zu fahren, habe ich schon.«

Vor der Abfahrt warnt mich der Pädagoge Gerd Klein: »Es wird mit Sicherheit keine ruhige Bildungsreise, auf der die Jugendlichen neugierig auf die Sehenswürdigkeiten des Landes sind. Viele von ihnen wären am liebsten zu Hause geblieben, weil sie wußten, daß mehr Leute und Land statt Sonne und Strand im Mittelpunkt stehen werden.« Für Bakı und Nihmet ist die Reise mit den Arbeitskollegen eine Herausforderung. Sie wollen ihnen eine schöne, gastfreundliche Türkei vorführen. »Ich versuche, es meinen Kollegen hier so süß wie möglich zu machen«, erklärt Bakı. Er fühlt sich verantwortlich für die Eindrücke, die seine deutschen Freunde gewinnen. Von Tag zu Tag gerät er mehr unter Druck. »Eigentlich bin ich hier auch ein Fremder. Wie die Leute drauf sind, merke ich erst jetzt. Außerdem muß ich mir selbst erst einmal klarmachen, was da hinten in der Türkei los ist.« Bakı kannte bislang zwei, drei Städte in der entwickelten Westtürkei, die er mit seinen Eltern im Urlaub besuchte.

Als wir an Baracken vorbeifahren, verstummt er und schämt sich für die Armut des Landes. »Und das soll mein Land sein«, kommentiert er die endlose Weite Anatoliens, die wir von Westen nach Osten durchqueren. Angesichts der Lehmhäuser in den Dörfern, den neugiereigen Blicken vieler Menschen, hat er Angst, »daß die Deutschen irgendwelche komischen Dinger erzählen, wenn sie zurück sind, und damit nur Vorurteile bestätigen.«

Doch die Jugendlichen sind zunächst beeindruckt von der Gastfreundschaft, die ihnen entgegenschlägt. Überall, wo sie einen Stopp einlegen, werden sie schnell zum Tee eingeladen. Vor Jahren zurückgekehrte »Gastarbeiter« kramen in Erinnerungen und zählen in gebrochenem Deutsch auf, in welchen Fabriken und Städten sie gearbeitet haben. Mit der Zeit strengt die Offenheit und Freundlichkeit der Menschen einige Jugendliche, die von zu Hause rauhere Umgangsformen gewohnt sind, merklich an. »Wenn die hier weiter so freundlich sind, muß ich irgendwohin fahren, wo ich mal wieder eins in die Fresse kriege«, kündigt Locke, 20 Jahre alt, nach dem vierten Tag in der Türkei an. Auch Bakı kann die Begeisterung über die allgegenwärtige Gastfreundschaft nicht uneingeschränkt teilen. Als die Gruppe in der anatolischen Kleinstadt Refahiye von Polizisten zu einem Glas Tee auf die Wache eingeladen wird, verdrückt er sich zähneknirschend. »Zu euch als Ausländern sind sie ja nett und zeigen sich von der besten Seite. Ihre eigenen Landsleute behandeln sie aber wie den letzten Dreck.« Unvergeßlich bleibt Bakı die Erfahrung seines letzten Türkeiurlaubs. Sein Bruder und er wurden von einem Polizisten verprügelt, weil sie auf ihre kurzen Hosen bestanden. »Ich sehe es überhaupt nicht ein, hier in der Hitze lange Hosen zu tragen, nur weil irgendeine Religion vorschreibt, man solle keine nackten Beine zeigen.« Immer wieder wird Bakı darauf gestoßen, daß er »eigentlich gar kein richtiger Türke« sei. Herbie dagegen genießt entspannt die Situation. »Das ist das erste Mal, daß ich mit einem Bullen ohne Streß an einem Tisch sitze«, bemerkt er mit breitem Grinsen.

Zweitausend Kilometer quer durch Anatolien führt der Weg in Nihmets Dorf. Drückende Hitze, die Eintönigkeit der Landschaft, das tagelange Gefangensein im Bus und die Armut der Dörfer, die sie passieren, läßt die Jugendlichen in Nachdenklichkeit versinken. Sie vermissen ihr vertrautes Umfeld – Spielhalle, Discothek, Fernseher und Arbeitsplatz. Nur schwer kann sich Sony vorstellen, wie man hier »fern jeder Zivilisation« leben kann: »Wenn ich das hier sehe, verstehe ich, daß so viele nach Deutschland wollen.« Auch Locke ist tief beeindruckt. Die Erzählungen seiner türkischen Freunde gewinnen Form und Farbe. »Sie haben viel von der Türkei erzählt. Aber so richtig konnte ich mir das nie vorstellen. Ich bin doch überrascht, daß sie zum Teil noch in Lehmhütten hausen.«

Als die Gruppe am Abend des sechsten Tages und nach mehr als viertausendfünfhundert Kilometern erschöpft in »Taşı Köyü« (Dorf der Steine) ankommt, werden sie sofort von den Bewohnern umlagert. Verwundert fragt Nihmet, nachdem er die Hände älterer Männer zur Begrüßung ehrerbietig geküßt hat, wo all die Menschen seien. Ein Mann klärt ihn auf: Siebzig Familien sind in den letzten Jahren auf der Suche nach Arbeit in türkische Großstädte gezogen. Das Land gebe zu wenig her, um alle zu ernähren. Nur noch sechzig Familien lebten in dem Dorf. Der Dorflehrer über die Flucht vom Land: »Es gibt Familien hier, die können sich nicht einmal ein Kilo Zucker kaufen.« Eine Katastrophe in einem Land, in dem die arme Bevölkerung einen nicht unerheblichen Teil ihres täglichen Kalorienbedarfs in Form stark gesüßten Tees zu sich nimmt.

Nihmets alte Heimat versetzt einige Jugendliche in einen Kulturschock. Erst nach Stunden verlassen Bakı und Marcello, in vertrauter Umgebung die unumstrittenen Machos der Gruppe, den schützenden Bus. Andere verkriechen sich schnell in die aufgeschlagenen Zelte. Die ortsansässigen Jugendlichen haben weniger Probleme mit den Besuchern. Gemeinsam mit den Männern des Dorfes kommen sie, um die Jugendlichen wilkommen zu heißen. In einer pathetischen Rede lobt ein Alter die Vorzüge seiner Heimat, betont, daß sie trotz ihrer Armut alles hätten, was sie zum Leben bräuchten. Mit Blick auf die Dorfjugend fragt er uns, weshalb die Deutschen trotz ihres Reichtums so unglücklich seien und die Generationen nebeneinander statt miteinander lebten. Die Jugendlichen lassen sich von der düsteren Schilderung einer modernen Industriegesellschaft nicht schrecken. Befragt, ob jemand von ihnen das beschworene Idyll verlassen möchte, um in Deutschland zu leben, gibt es niemanden, der im Dorf bleiben will. Ein Siebzehnjähriger möchte wissen, ob es stimmt, daß es in Deutschland jetzt Gruppen gäbe, die Türken umbrächten.

Nihmet bedrückt die Erwartungshaltung, die ihm entgegengebracht wird. »Ich spüre den Neid meiner Alterskameraden. Sie glauben mir nicht, daß ich ihnen nicht helfen kann, nach Deutschland zu kommen. Daß die Grenzen dicht sind. Ich merke, daß sie sich fragen, warum ist der in Deutschland und ich nicht.« Mißgunst und verschiedene Erfahrungswelten führen zur spürbaren Distanz zwischen Nihmet und seinen ehemaligen Freunden, mit denen er bis zu seinem zehnten Lebensjahr die Kühe und Schafe des Dorfes hütete. Die Verwandtschafts- und Familienidylle trügt. Viele der aus dem Dorf Emigrierten haben sich mit der Familie überworfen. Der Grund ist stets das Geld. Die Zurückgebliebenen können sich nicht vorstellen, daß die kargen Monatslöhne, die die Söhne in Istanbul oder Izmir verdienen, nicht ausreichen, um die Zurückgebliebenen finanziell zu unterstützen. Ein Bauer empört sich: »Natürlich könnte mein Ältester Geld schicken. Er ist undankbar und hat seinen Vater vergessen. Die Frau, die er in der Stadt heiratete, hat ihn verdorben.« Den Einwand, daß sein Sohn mit seinem monatlichen Hilfsarbeiterlohn von zweihundert Mark kaum seine vierköpfige Familie ernähren kann, läßt er nicht gelten.

Kaum einer der Jugendlichen findet in den folgenden Tagen Gefallen am spartanischen Leben auf dem Land. »Ich komme mir verloren vor. Die nächste Stadt, wo es eine Cola gibt, ist Kilometer entfernt«, klagte Sascha über die Einöde. Locke dagegen bastelt bereits am ersten Tag an einem Fluchtplan: »Wenn ich es hier nicht aushalte, schließ ich ein Muli kurz und hau ab.«

Die Frage des richtigen Benehmens löst einen kleinen Kulturkampf aus. Die wenigsten sind bereit, sich angesichts der glühenden Hitze auf die Kleidervorschriften des Dorfes einzulassen. Bakı ist der erste, der in Shorts herumläuft und stolz wie ein Pfau seinen durchtrainierten, muskulösen Oberkörper zur Schau stellt; sehr zur Freude der Dorfmädchen, die nun auffallend häufig Wasser am Brunnen holen. Auf sein »provokatives« Auftreten angesprochen, macht er deutlich: »Ich kann meine eigenen Bedürfnisse nicht verleugnen, also müssen sich die Bewohner damit abfinden.« Marcellos Argument entwaffnet die um Vermittlung bemühten Betreuer: »Zu Hause erzählt ihr uns, wir sollen gegenüber den kulturellen Eigenarten unserer ausländischen Mitbürger Toleranz üben, Verständnis haben, wenn die Frauen vermümmelt wie die Betschwestern durch die Straßen laufen, hier fordert ihr, wir sollen uns auf die Wertvorstellungen der Dorfbewohner einstellen. Was denn nun? Anpassung oder Toleranz?«

Nach langen Diskussionen kommt die Gruppe schließlich zu dem Ergebnis, daß es in ihrem Kiez – trotz Ausländerfeindlichkeit – nicht so schlecht um die Toleranz gegenüber den unterschiedlichen Kulturen bestellt ist, wie es oft erscheint. Nach dem Eklat um nackte Männerbeine und -oberkörper weigern sich die Verwandten Nihmets, den Lagerplatz der Jugendlichen weiter zu besuchen. Selbst nachdem die Jugendlichen sich der herrschenden Moral beugen und lange Hosen und Hemden überziehen, bleiben viele der Dorfbewohner reserviert und zurückhaltend. Die Frage, was passieren würde, wenn sich die sechzehnköpfige Gruppe in dem Dorf niederlassen und ihre Werte und Normen ausleben würde, beschäftigt die Unterhaltungen noch für viele Tage.

Zu oberflächlichen und vorschnellen Verbrüderungsszenen mit dem Gastland kam es bei dieser Reisegruppe nicht. Aber es waren vor allem die Diskussionen und Auseinandersetzungen um die Widersprüchlichkeiten, die den Jugendlichen Land und Leute näherbrachten. Lernte Herbie die Türken zwar nicht lieben, so fand er die einzelnen Menschen doch von Tag zu Tag sympathischer. »Irgendwie sind die anders, als ich dachte.«

Der Gastgeber

Nihmet Baykul: »Wann ich genau geboren bin, weiß ich nicht. Im Paß steht 1968, aber meine Mutter erzählt mir, ich sei ein Jahr vor dem großen Erdbeben geboren, als hier alles zerstört wurde, das war 1966, also bin ich wahrscheilich 1965 zur Welt gekommen. Aber sicher bin ich mir nicht. Nach dem Erdbeben sind wir erst einmal nach Tarsus gezogen, weil mein Vater dort Arbeit gefunden hatte. Als das Dorf wieder aufgebaut war, kamen wir zurück. Als ich fünf Jahre alt war, bekam mein Vater Nachricht aus Deutschland, daß er dort arbeiten könne. Er packte seinen Koffer und ließ uns im Dorf zurück. Da ich der einzige Sohn der Familie war, mußte ich die Kühe und Schafe versorgen. Ich bin mit der Herde in die Berge gezogen, blieb dort zwei Tage, kam dann zurück ins Dorf, um dann wieder in die Berge zu ziehen. Die Frauen machten die Hausarbeit und gingen ab und zu in die Felder. Zwei Jahre lebte ich nur in der Natur. Als ich schließlich in die Dorfschule mußte, schickte mein Vater Geld, damit ein Tagelöhner meine Arbeit übernehmen konnte, bis ich am Nachmittag aus der Schule kam.

Ich hatte gerade die Grundschule beendet, da kam der Vater in den Sommerferien und sagte: ›Ihr kommt jetzt mit nach Deutschland!‹ Auf der einen Seite war ich froh, daß unsere Familie endlich wieder zusammenleben sollte, auf der andere Seite hatte ich Angst. Ich konnte kein Wort deutsch und nur ein wenig türkisch, da im Dorf nur kurdisch gesprochen wurde. Aus dem Dorf haben wir nichts mitgenommen. Ich hatte nichts außer den Sachen, die ich trug. Bevor wir losfuhren, kaufte der Vater für jede meiner vier Schwestern ein Kleid, für mich ein Hemd und eine Hose.

Bis auf den Aufenthalt in Tarsus, an den ich mich aber nicht erinnern konnte, hatte ich das Dorf nie verlassen. In Istanbul betrachtete ich stundenlang die Hochhäuser, glaubte, wir seien schon in Berlin und konnte nicht fassen, daß es so etwas in der Türkei gibt. Und dann das Meer! Wenig später saßen wir im Flugzeug. Wir haben im Dorf immer die Flugzeuge betrachtet. Ich hätte es mir nie im Traum einfallen lassen, selbst einmal in einem zu sitzen. Und dann die Landung auf dem Flughafen Tegel: Überall Lichter. Es war fantastisch. Ernüchtert war ich allerdings von der Wohnung, in der wir leben sollten. Die eineinhalb Zimmer waren für sieben Personen viel zu eng. Dennoch wagte ich es einen Monat lang nicht, vor die Türe zu gehen. Ich hatte Angst, mir könnte im Treppenhaus ein Deutscher begegnen, der mich in einer unverständlichen Sprache anspricht. Ein Sohn meines Onkel befreite mich dann aus der Isolation, nahm mich mit, um mit deutschen Kindern Fußball zu spielen. Aber die Sehnsucht nach dem Dorf blieb. Dort war ich im freien Land, konnte machen, was ich wollte. In Berlin hatte ich Angst, auf die Straße zu gehen, dachte mir, was mache ich, wenn ich den Weg nicht mehr finde und die Sprache nicht spreche. Es war eine schwere Zeit. Aber durch neue Freundschaften hab ich langsam die Felder und Berge vergessen. Und nach drei Jahren fühlte ich mich schließlich sowohl in der deutschen als auch in der türkischen Sprache zu Hause. Berlin ist jetzt meine Heimat. Hier lernte ich kennen, was das Leben ist. Wieder in die Ödnis von Taşı Köyü zurückzukehren ist für mich unvorstellbar. Die Leute sind anders als ich, sie denken anders, handeln anders. Wenn ich im Dorf geblieben wäre, hätte ich keinen Beruf erlernt. Ich wäre ein Nichts geworden. Jeder will dort weg, raus aus der Armut und nach Deutschland.«

(Nachtrag: Nihmet Baykul fand 1991 nach dem erfolgreichen Abschluß seiner Lehre einen Arbeitsplatz in einer Metallwerkstatt. Sein erster Auftrag: Renovierung der Quadriga, die während der Vereinigungsfeier am Brandenburger Tor am 3. Oktober 1990 stark in Mitleidenschaft gezogen wurde.)

»Hier gelte ich nun als Almancı«

Heimaterfahrungen

»Hier sind alle auf der Jagd. Die einen nach Touristen, mit denen sie ein schnelles Geschäft machen wollen, die andern stellen einsamen europäischen Touristinnen nach, in der Hoffnung auf ein Abenteuer.« Seit zwei Jahren arbeitet Dincer Canbek, 21 Jahre alt, in der »Şerif Efendi Sokak« nahe dem überdachten Bazar in einem Souvenirladen. Es ist Istanbuls »orientalischste« Straße, in der die Touristenbusse ihre Fracht ausspucken. Ängstlich, aber voller Abenteuerlust steigen die Touristen aus ihren sicheren »Burgen«, um sich für ein, zwei Stunden in die Höhle des Löwen zu wagen.

Mit Fotoapparaten bewaffnet, die kurz vor dem Urlaub erstandene Freizeitkleidung demonstrativ zur Schau gestellt, stürzen sie sich ins Gefecht. Kaum haben sie ihren Fuß auf den Asphalt gesetzt, sind sie von mindestens fünf Händlern umringt, die ihnen als Folklore deklarierten billigen Ramsch zum Kauf anbieten. Die Geschäfte müssen innerhalb kürzester Frist abgewickelt werden, bevor die Sightseeing-Busse die mit Dollar, Mark und Schilling bestückte Fracht wieder wegschaffen. Die Teppichhändler halten sich ein wenig im Hintergrund. Da es hier nicht um ein paar türkische Lira geht, sondern um Hunderte, Tausende Mark, ist »Seriosität« angesagt. Schlepper, die die flanierenden Touristen zum Betreten der Teppichgeschäfte animieren, sprechen exzellentes Englisch und Deutsch. Ihre Sprachkenntnisse machen den Touristen das Mißtrauen schwer.

Der Laden, in dem Dincer Canbek arbeitet, hat sich auf deutsche Pauschaltouristen eingestellt. Der Renner des Sortiments sind billige »Boss«- und »Lacoste«-Imitate, die in den Istanbuler Manufakturen für fünf bis sieben Mark das Stück produziert werden. Daneben stehen kitschige Kunsthandwerksarbeiten aus Kupfer und Messing. »Die Sachen sind so häßlich, daß ich sie mir niemals in die Wohnung stellen würde. Aber die Deutschen kaufen alles.«

Dincer, in Viernheim/Hessen geboren, ging mit siebzehn Jahren endgültig in die Türkei zurück. Ein Jahr vor seiner Verrentung hielt es sein Vater vor Heimweh nicht mehr aus. Die unstillbare Sehnsucht kostete ihn eine Menge Geld. Er ist nun kein Rentner, der aus Deutschland sein Geld überwiesen bekommt. Monatlich erhält er ein paar hundert Mark, vermittelt über die türkische Regierung.

Das hektische und geschäftige Treiben in der »Şerif Efendi Sokak« sieht Dincer mit zwiespältigen Gefühlen. Oft nervt ihn der Job. »Vor allem stört mich, daß die Kunden bei jedem noch so kleinen Kauf versuchen zu handeln. Im Bewußtsein, daß hier unter den Geschäftsleuten eine gnadenlose Konkurrenz herrscht, bieten sie Preise, die oft unter dem Einkaufspreis liegen.« Auf den ersten Blick gehört Dincer zu den Gewinnern des Tourismus. Mit einem Monatslohn von umgerechnet knapp vierhundert Mark verdient er bedeutend mehr als ein Facharbeiter, und der Job finanziert sein Germanistikstudium. Im Tourismus alt werden, möchte er auf keinen Fall. »Er bringt für uns eigentlich mehr Nachteile als Vorteile. Die Preise steigen überall. In den Läden, in den Restaurants. Früher mußten wir für den Besuch des Sultanspalastes Topkapi Serail nur einen symbolischen Eintritt bezahlen. Heute kostet der Eintritt zehn Mark, was dem Tageslohn eines Arbeiters entspricht.«

Vor allem ärgert es Dincer, daß der Touristikboom der letzten Jahre die Hotelpreise in astronomische Höhen klettern ließ. »Früher konnten sich meine Verwandten, die Lehrer sind, jährlich fünfzehn Tage Urlaub leisten. Heute ist das sehr schwer.« Bei einem Monatsverdienst zwischen drei- und vierhundert Mark und dem Übernachtungspreis von mehr als dreißig Mark in einer billigen Pension ist der Urlaub nun auch für die türkische Mittelschicht in weite Ferne gerückt. »Heute fahren die Istanbuler mit der Fähre für einen Tag zu den Prinzeninseln und machen ein Picknick. Das ist dann der ganze Urlaub.«

»Es macht mich sauer, daß die Touristen oft viel besser behandelt werden als die Einheimischen. Die Touristen werden in den Cafés und Restaurants gut bedient und die Einheimischen bei Platzmangel oft des Tisches verwiesen.« Dincer fühlt sich als Mensch zweiter Klasse und glaubt, daß viele Türken in den touristischen Zentren seinen Unmut teilen. »Jetzt gibt es sogar in Orten wie Kuşadası Plätze, wo nur Touristen hinkommen und den Türken der Zutritt verboten ist.« Der einfache Arbeiter und Angestellte habe nichts vom Tourismus. Ihnen gehe es immer dreckiger. »Der Tourismus brachte nur für die Leute Vorteile, die über genügend Kapital verfügen und rechtzeitig investierten.« In der »Şerif Efendi Sokak« macht sich Panik breit. Nachdem in den letzten Jahren immer mehr Touristen die Stadt und somit die Straße besuchten, kamen dieses Jahr die Hälfte weniger als erwartet. »Es zeigen sich bereits die Vorboten der kommenden Konkurse«, meint Dincer. Ihr Sortiment bekommen die Souvenir- und Kunstgewerbeläden auf Kommission geliefert. Die ersten größeren Raten sind sofort fällig. Aber kaum einer der Läden machte den erforderlichen Umsatz. »Oben an der Süleyman Moschee haben die Ramschverkäufe bereits begonnen. Sie verkaufen ihre ›Boss‹- und ›Lacoste‹-Hemden unter dem Einkaufspreis, um am Zahlungstermin flüssig zu sein.«

Die Frage, wie es ihm als Rückkehrer aus der Bundesrepublik in der Türkei erging, beantwortet Dincer mit einem klaren »Sehr schwer.« »Ich kannte die Türkei nur aus dem Urlaub. Da schien die Sonne ununterbrochen, und alles war problemlos.« Aber bereits der erste Winter in der Türkei machte Dincer klar, welche Welten zwischen seinen Urlauben und seiner jetzigen Situation liegen. Die ersten Jahre habe er in einem Niemandsland gelebt. »In Deutschland wirst du als Türke nicht besonders geschätzt, und in der Türkei betrachten sie die Deutschländer als Goldgänse.« Jeder glaube, daß die Rückkehrer Unsummen an Kapital hätten. »Viele Leute kamen mir nur deshalb nahe, weil sie bei mir irgendwelche materiellen Vorteile witterten.« Mit den in Deutschland »angehäuften Reichtümern« war es bei Dincers Familie nicht weit her. »Natürlich geht es uns im Vergleich zu vielen Familien, die in der Türkei leben, recht gut. Aber die Rückkehr kostete meine Eltern viel Geld. Innerhalb kurzer Zeit waren die Ersparnisse aufgebraucht.«

Mehr noch als Neider machte Dincer zunächst die herrschende Moral zu schaffen. In Viernheim ist er frei aufgewachsen und konnte machen, was er wollte. »Aber sie haben mir schnell klar gemacht, welche Verhaltensweisen sie von uns Rückkehrern erwarten.« In einem einjährigen Grundkurs, der die Integration der Rückkehrerkinder in die türkische Gesellschaft begleiten soll, wurde den Jugendlichen zunächst einmal Zucht und Ordnung nahegebracht. »Da wir die Prügelstrafe aus Deutschland nicht kannten, vermittelten sie schmerzhaft, daß man uns auch schlagen kann. Schlimmer war allerdings, daß sie uns verboten, Deutsch zu sprechen. Derjenige, der Deutsch sprach, mußte eine Strafe bezahlen. Es war grausam, da wir ja in dieser Sprache dachten und fühlten.« Einige Schüler sind daran zerbrochen. Bei einem Drittel der Schüler des Grundkurses war die Angst so groß, daß sie auf einen weiteren Schulbesuch verzichteten. »Es ist fatal, da du in der Türkei ohne abgeschlossenes Studium keine Chance hast, aus der Armut und dem Mangel herauszukommen.«

Die Andersartigkeit der Almancı stößt bei vielen Türken auf Ablehnung. »Viele konnten das nicht vertragen, und sie warnten uns: ›Freundchen, paßt auf!‹« Aber mit der Zeit, so Dincer, lerne man, sich so wie die Leute zu kleiden und zu verhalten. »Man wird langsam Türke, aber die Gedanken bleiben dennoch anders.« Die türkische Gesellschaft läßt Dincer wenig Handlungsspielräume, sein Leben so zu gestalten, wie er es möchte. Täglich stößt er auf Grenzen. Gern würde er mit seiner Freundin, die am Istanbuler Konservatorium studiert, zusammenziehen. Aber es ist undenkbar, als unverheiratetes Paar eine Wohnung zu finden. Der Versuch, statt dessen mit einem Freund eine Wohnung anzumieten, schlug ebenfalls fehl. »Als Junggeselle hast du in der Türkei fast keine Chance, eine Wohnung zu finden. Die Nachbarn beobachten dich mißtrauisch, und die Männer haben Angst, du könntest ihre Frauen anmachen.«

Junggesellen und Studenten bleibt als einzige Möglichkeit das Wohnheim. Er selbst habe eine Zeitlang im Atatürk-Studentenwohnheim gelebt. Dieses bietet die Möglichkeit, für ein paar Mark im Monat in einem 20- bis 30-Mann-Zimmer zu »wohnen«. Die rigide Hausordnung trieb Dincer zum Auszug. »Um elf Uhr abends mußt du zu Hause sein. Nach dem Frühstück darfst du bis vier Uhr das Wohnheim nicht mehr betreten.« Schlimm sei vor allem die Entmündigung der Studenten. Verreisen sie, müssen sie sich von den Eltern bestätigen lassen, daß sie zu Hause waren. Das größte Wohnheim der Stadt dient auch der politischen Kontrolle der Studenten. Wie gut die Überwachung funktioniert, erlebten jene, die sich vor einigen Jahren an Studentendemonstrationen beteiligten. Die einzelnen Blocks des Wohnheims sind durch Tunnels mit einer Dienststelle der Einsatzbereitschaft der Polizei verbunden. Nachts wurden über diese Wege Studenten aus ihren Betten in das Gefängnis zu Verhören verschleppt.

Aber nicht nur politische Kontrolle macht den Jugendlichen das Leben schwer. Die meisten Schwierigkeiten bereiten oft die Eltern. »Meine Freundin brach mit ihrer Familie, weil sie sich den Studienwünschen des Vaters widersetzte und das Konservatorium besucht. Unvorstellbar, wie sie reagieren würden, wüßten sie von unserer Beziehung.« Selbst seine Familie, die ungewöhnlich tolerant sei, betrachtet Dincers Lebensgefährtin mit Argwohn. »Wir sind tartarischer Abstammung, meine Freundin kurdischer. Meine Mutter warnt mich immer wieder, daß die Beziehung aufgrund der unterschiedlichen kulturellen Hintergründe schiefgehen werde.« Es sei allerdings nicht nur Sorge um ihn, sondern vor allem nationaler Stolz, der die Mutter bewege.

Nationalismus und die Religion gewinnen nach dem Eindruck Dincers großen Einfluß auf die Bevölkerung. »Seit dem Militärputsch 1980 wird in den Medien immer mehr über die Größe des türkischen Volkes berichtet. Es herrscht eine Volksverblödung, die Deutschland auch einmal erlebte. Ich sehe da keinen großen Unterschied mehr.« Dincer hat Angst, daß sich die Türkei weiter in Richtung Iran bewege. Auch dort hat es mehr als zehn Jahre gedauert, bis die Propaganda der Fundamentalisten Erfolg hatte. »Heute ist es in der Türkei bereits so weit, daß man im öffentlichen Dienst bestimmte Positionen nur erringen kann, wenn man betet und streng religiös ist. In den Ämtern haben sich verschiedene islamische Sekten breitgemacht, die das Sagen haben. Wir gehen rückwärts, nicht vorwärts.« Familienfotos dienen ihm als Beleg. In den fünfziger und sechziger Jahren war die Kleidung sehr modisch, und man konnte kaum einen Unterschied zwischen Europa und der Türkei sehen. Heute treten selbst in akademischen Kreisen die Frauen verstärkt für die »Freiheit des Kopftuches« und des Schleiers ein. Dincer betont, daß es mit dem Laizismus in der Türkei nicht mehr weit her sei. Im Gegensatz zu früher werde man heute komisch angeschaut, wenn man Atheist ist.

Für ihn gibt es eine Erklärung für die religiöse Rückbesinnung. In den fünfziger Jahren begann unter Menderes eine kritiklose Orientierung an den USA. In der Türkei sollte ein kleines Amerika errichtet werden. Die angestrebte Modernisierung des Landes schlug fehl, die Orientierung am Westen brachte nicht, was sich die Menschen versprachen. »Der arme Mensch versucht sich nun mit der Religion zu trösten. Er erwartet alles von ihr. Und die Herrschenden verwenden die Religion als scharfe Waffe. Mit ihr sind die Leute leichter einzuschränken und unter Kontrolle zu halten. In der Zwischenzeit werden die Armen ärmer und die Reichen reicher.« Die Religion wird unverhohlen als Propagandainstrument eingesetzt. »Hier unten an der Straße wurde kürzlich eine neue Moschee eingeweiht, obwohl sie völlig überflüssig ist. Die Straße ist fünfhundert Meter lang und wird von fünf Moscheen umzingelt. Bei der Eröffnung waren dreihunderttausend Menschen hier, um zu beten. Die ganze Straße war voller Menschen.«

Es sei kein Zufall, daß die Moschee genau am Eingang zum Zeitungsviertel Istanbuls stehe, meint Dincer. »Es kommt selten vor, daß Moscheen mit solch guten Lautsprechern ausgerüstet sind wie diese hier. Jeden Freitag wird das ganze Viertel auf diese Weise gezwungen, zuzuhören, was der Muezzin predigt. Meistens wird auf die Ungläubigen gescholten, kritisiert, daß die Christen hier in Istanbul tun und lassen können, was sie wollen. Mit dieser Moschee versucht man, die Leute in den Redaktionen des Zeitungsviertels für den Islam zu gewinnen. Mit der Zeit wird es auch dahin kommen. Es gibt immer mehr Zeitungen, die proislamisch schreiben. Nicht nur gegen die Christen wird von den sunnitisch orientierten Fanatikern gehetzt, sondern auch gegen die politisch fortschrittlichen Alewiten, die den Koran zugunsten der Freiheit und der Genußfähigkeit des Menschen auslegen.« Dincer ist fest davon überzeugt, daß sich im religiösen Untergrund der Gesellschaft der Türkei etwas zusammenbraut, das schon bald explodieren könnte.

Über Argumente, daß die Türkei zu stark am Westen orientiert sei, um den iranischen Weg zu gehen, kann Dincer nur lachen. Als Beispiel, in welchem ideologischen Umbruch sich die Türkei befindet, dient ihm eine Rückkehrerfamilie: »In Deutschland war die Familie nicht besonders religiös. Nach ihrer Rückkehr nach Adapazarı, einer Stadt, in der die Religion einen hohen Stellenwert einnimmt, ließ sich der Vater einen Bart wachsen und pilgerte nach Mekka. Jetzt verlangt er plötzlich, daß seine Tochter Kopftuch trägt, obwohl ihm das zwanzig Jahre lang egal war.«

Heimweh nach Viernheim/Hessen hat Dincer nicht. »Es war eine gute Zeit. Ich habe in Viernheim keine schlechten Erfahrungen als Ausländer gesammelt, da in den Kleinstädten der Rassismus nicht so stark entwickelt ist wie in den Großstädten.« Bedrückend bleibt für den Rückkehrer, daß es für ihn nahezu unmöglich ist, zurück in seine erste Heimat zu fahren, »in der ich wie ein Deutscher heranwuchs«. Wollte er sich zu einer Reise nach Deutschland aufmachen, müßte er neben den unerschwinglichen Reisekosten eine Menge Probleme lösen. »Die erste Schwierigkeit ist das Visum. Nach Antragstellung dauert es drei bis vier Monate, bis ich es bekomme. Dann bräuchte ich einen Paß, der zirka sechzig Mark kostet. Wenn ich fliegen will, sind das nochmals sechshundert Mark. Um überhaupt aus der Türkei ausreisen zu können, müßte ich nochmals einhundert Dollar an die türkische Regierung bezahlen.« Bevor Dincer in Frankfurt landen könnte, hätte er bereits drei Monatslöhne ausgegeben. Seit seiner Rückkehr hat Dincer seine alten Freunde in Viernheim nicht mehr besucht.

Annäherung III – Biographien

Hoffnung auf ein besseres Leben

Das Jahr 1964 ist für die Berliner Wirtschaft das erfolgreichste Jahr der Nachkriegszeit. Die Auftragsbücher sind gefüllt, und die Betriebe erzielen Umsatzrekorde. Die Bundesrepublik und West-Berlin sind im Begriff, der Weltöffentlichkeit das »deutsche Wirtschaftswunder« vorzuexerzieren. Der Arbeitsmarkt ist leergefegt. Im Oktober 1964 stehen in Berlin 9.000 Arbeitslosen 20.000 offene Stellen gegenüber. Angesichts erstarkender Arbeitnehmerverbände und zweistelliger Lohnforderungen richten die Betriebe verzweifelte Appelle an die politisch Verantwortlichen. Aufgrund des Mauerbaus sank die Zahl der Beschäftigten in der Gesamtindustrie Berlins von 322.548 im Juli 1961 auf 285.114 im Juli 1964. Der Wirtschaftsverband *Eisen-, Maschinen- und Apparatebau e.V. (WEMA)* klagt in der Denkschrift »Das Arbeitskräfteproblem in West-Berlin«: »Alle verantwortlichen Stellen müssen mehr als bisher zur Vergrößerung des Arbeitskräftepotentials der Berliner Wirtschaft tun, da die notwendige Verbreiterung der industriellen Basis und damit der Wirtschaftskraft der Stadt genügend Arbeitskräfte voraussetzt. Man wird nicht umhin kommen, für die West-Berliner Industrie ausländische Arbeitskräfte, vor allem Türken und Griechen, anzuwerben.«

Ein grauer, trüber Novembertag 1964 war der Auftakt der türkischen Einwanderung in West-Berlin, die die Stadt und ihre Menschen in den nächsten fünfundzwanzig Jahren grundlegend verändern sollte. Eine Gruppe von acht jungen Frauen landete am Sonnabend, dem 14. November, von Hannover kommend, auf dem Flughafen Tempelhof. Hinter ihnen lagen fünf anstrengende Reisetage, in denen sie mit dem Zug von Istanbul über München nach Hannover und von dort nach Berlin gelangt waren. Weniger als 300 Menschen aus der Türkei arbeiteten zu diesem Zeitpunkt in der Stadt. Zehn Jahre später waren es bereits 45.000. Der Appell der *WEMA* hatte Wirkung gezeigt.

In den folgenden Jahren sorgte vor allem die Zuwanderung

aus der Türkei dafür, daß Berlin, dem immer mehr Menschen den Rücken kehrten, nicht verödete und überalterte. Zwischen 1960 und 1988 verringerte sich die deutsche Einwohnerzahl um 500.000 von 2,2 Millionen auf 1,7 Millionen. Gleichzeitig stieg der Anteil der türkischen Bevölkerung von 225 auf 120.000 Einwohner an. Die gesamte ausländische Wohnbevölkerung Berlins erhöhte sich in diesem Zeitraum von 22.000 auf 280.000, im Jahr 1995 waren es schließlich 420.000 ausländische Einwohner.

Die zwanzigjährige Filiz Yüreklik kam als Gastarbeiterin »Nummer achtzehn« in Berlin an. Eine Bezeichnung, die sie heute nicht mehr gerne hört, da die Numerierung von Menschen in Deutschland eine furchtbare Tradition habe. Die *Bundesanstalt für Arbeitsvermittlung – Deutsche Verbindungsstelle in der Türkei* rekrutierte damals im Auftrag von AEG/Telefunken junge Türkinnen für die Arbeit in der Rundfunk- und Fernsehproduktion. Am 10. November 1964 wird die dritte Gruppe von achtzig Frauen in Istanbul auf den Weg geschickt. Von München aus sollen sie auf die verschiedene Werke im Bundesgebiet verteilt werden. Acht Frauen waren, wie bereits bei den vorausgegangenen Transporten, für die AEG-Zweigstelle in der Sickingenstraße in Berlin bestimmt. »Um Kosten zu sparen, ließ uns Telefunken in Großraumabteils vom Bosporus nach Deutschland karren.« Es war eine strapaziöse Reise.

»Wir hatten keine Ahnung, wie lange wir unterwegs sein würden. Niemand hat es uns erzählt, und wir hatten in der Aufregung auch vergessen, danach zu fragen.« Ein Vertreter von Telefunken drückte jeder Frau vor der Abfahrt ein Eßpaket in die Hand. »Für die meisten von uns waren die Lebensmittel, Würstchen und Konserven, unbekannt und ungenießbar. Es war eine Abenteuerreise, auf der wir bereits am zweiten Tag hungerten und unser inzwischen steinhartes Brot untereinander teilten. Die Gefühle schwankten zwischen freudiger Neugier auf das, was kommen wird, und Schmerz über den Abschied von der Familie. Während der Fahrt wurde viel geweint, gesungen und gelacht.«

Die Wirklichkeit stand im krassen Widerspruch zu den Versprechungen. »Telefunken warb uns mit vollmundigen Worten an und schilderte die Arbeit und das Leben in Deutschland in bunten Farben. Aber ich merkte noch vor meiner Abreise in Istanbul,

daß sie nur an meiner Arbeitskraft interessiert waren.« Bevor
sich Filiz Yüreklik ins gelobte Wirtschaftswunderland aufmachen
durfte, mußte sie sich einem demütigenden Ausleseverfahren un-
terziehen. Wie ein Ackergaul wurde sie auf ihre körperliche Ver-
fassung hin untersucht. Die deutsche Industrie, die in den ersten
Jahren pro vermittelter ausländischer Arbeitskraft 165 DM Ge-
bühr bezahlen mußte, verlangte einwandfreie Ware. »Es war
furchtbar. Wir mußten uns bis auf den Schlüpfer ausziehen und
wurden von einem deutschen Arzt untersucht. Wir standen in
einer Reihe, und er schaute uns wie einem Pferd in den Mund, ob
die Zähne gesund sind. Danach mußten wir Blut und Urin abgeben, damit sie feststellen konnten, ob wir schwanger oder zucker-
krank sind.«

Dennoch verbanden die Immigrantinnen große Erwartungen
mit ihrer Arbeitsstelle in Berlin. »Deutschland, das war für uns
Europa, Fortschritt und die Hoffnung auf ein besseres Leben, als
es uns die Türkei bieten konnte. Dort warteten Millionen von Arbeitslosen auf ihre Chance, dem Elend der anatolischen Dörfer
oder der großstädtischen Slums zu entfliehen. Deutschland er-
schien damals vielen in der Türkei als eine Art Brudervolk, das
nun seinem ärmeren Freund aus wirtschaftlicher Not hilft.« In der
Tat herrschte in der Türkei bis Ende der siebziger Jahre eine große Sympathie gegenüber der Bundesrepublik. Die Deutschen, das
waren die vermeintlichen »Waffenbrüder« aus dem Norden, die
Nation, die niemals ernsthaft Krieg gegen die Türken führte. Und
die Militärberater wie von Moltke, die Erbauer der Bagdad-Bahn
und deutsche Professoren, die während des Nationalsozialismus
an türkischen Universitäten lehrten, waren weitere Zeugen der
Freundschaft.

Auch die unterdrückten und verfolgten Minderheiten der Türkei – Assyrer, Armenier, Kurden und Jeziden – sahen mit dem Beginn der Arbeitsemigration eine Alternative zu Diskriminierung
und Verfolgung in ihrer Heimat. So auch Filiz Yüreklik: Als Mädchen arbeitete sie in einem Istanbuler Konfektionsatelier, dessen
Besitzer Griechen waren, die seit Generationen in der Türkei lebten. In dieser Zeit lernte das Mädchen, dessen Großeltern aus Al-
banien und Rumänien kamen, die Folgen nationalistischer Hetze
und Stimmungsmache kennen. Ihre griechischen Arbeitgeber,

86

die wie Eltern zu ihr waren, mußten aufgrund des Zypernkonflikts 1964 in das ihnen fremde Griechenland auswandern. Arbeitslos und erschüttert über die Intoleranz ihrer Landsleute gegenüber Minderheiten, entschloß sich auch Filiz für die Emigration. »Ich hoffte, im zivilisierten und hochentwickelten Deutschland auf mehr Toleranz gegenüber Minderheiten zu stoßen als bei uns in der Türkei.«

Die Hoffnungen der jungen Gastarbeiterinnen schienen sich zu erfüllen. Amüsiert erinnert sich Filiz Yüreklik heute daran, wie sie und ihre Arbeitskolleginnen im November 1964 vom Senat und dem türkischen Konsul zur Begrüßung in die Kongreßhalle eingeladen wurden. »Die Senatsvertreter erzählten uns, daß sie sich sehr freuen würden, daß wir hier seien. Sie versicherten, immer für uns da zu sein, falls wir einmal in Schwierigkeiten sein sollten.«

Bewegt erzählt Filiz Yüreklik über die ersten Monate und Jahre in Berlin. »Es war eine verrückte Zeit. Ich lebte mit achtzig Frauen, die alle bei Telefunken arbeiteten, in einem Wohnheim in der Stresemannstraße 30. Ein verrücktes Leben, nichts Normales. Du mußt dir vorstellen, wie das ist, wenn achtzig Frauen jede Sekunde das gleiche machen. Morgens um vier standen wir auf, drängten uns um fünf Waschbecken, danach der Sturm auf die Teeküche. Fünf vor sechs drängten wir uns an der Stempeluhr im Betrieb. Wenn man so lebt, lernt man schnell, was Solidarität und Kollektivität heißt. Zu dieser Zeit gab's kein Dein und Mein.« Die vorgefundene Wohnsituation erfüllte allerdings nicht die Versprechungen der bunten Prospekte, die man ihnen in Istanbul in die Hand gedrückt hatte.

»Auf diesen Werbeprospekten war ein Zimmer mit Waschbecken, schönem Schrank, Sessel, Sofa, Couchtisch und einem Bett zu sehen. Ein richtiges schönes kleines Appartement. Ganz anders als in unserem Wohnheim. Zu viert oder sechst lebten wir in Zimmern, die nur mit dem Allernotwendigsten ausgestattet waren, die sanitären Gemeinschaftseinrichtungen befanden sich auf dem Flur.« Die Hausordnung machte den Frauen sehr schnell klar, daß sie nicht zum Vergnügen, sondern zum Arbeiten geholt worden waren. »Um zehn Uhr am Abend wurde das Wohnheim geschlossen, wir durften nicht später kommen. Natürlich war es verboten, Männerbesuch zu empfangen. Frauen konnten wir nur in einem Gemeinschaftsraum treffen.«

Bereits zwei Tage nach ihrer Ankunft in Berlin traten die Frauen ihre erste Schicht bei Telefunken an. »Mit Hilfe einer Dolmetscherin erklärten sie uns kurz, was wir tun mußten, und dann begann die Arbeit.« Filiz begriff sehr schnell, weshalb in den ersten Monaten ausschließlich Frauen aus der Türkei angeworben wurden und warum sie alle Schneiderinnen von Beruf waren. »Wir mußten sehr feine Montagearbeiten machen. Es waren kleine Schaltkreise, nicht größer als ein Quadratzentimeter, die für Fernseher benötigt wurden. 2,28 DM haben wir dafür in der Stunde bekommen, weniger als die deutschen Kollegen, die neben uns am Band saßen.«

Trotzdem war die Stimmung zwischen den deutschen und ausländischen Arbeiterinnen zu dieser Zeit besser als heute. »In den sechziger Jahren herrschte zwischen Deutschen und Türken eine freundschaftliche Atmosphäre. Geduldig nahmen sie auf unsere Sprachschwierigkeiten Rücksicht, erklärten die Eigenarten, Sitten und Gebräuche unserer neuen Heimat.« Es sei damals völlig anders gewesen als heute, wo man bisweilen schon feindliche Blicke einfange, nur weil man türkisch in der U-Bahn spreche. Filiz Yüreklik erinnert sich, daß es allerdings auch zu dieser Zeit ausländerfeindliche Bemerkungen gab. »Unsere Dolmetscherin sagte einmal zu mir: ›Ein Glück, daß ihr nicht versteht, was sie über euch reden.‹ Die anfängliche Begeisterung für Deutschland«, so Filiz Yüreklik, »wurde jeden Tag ein wenig mehr enttäuscht.«

In den Anfangsjahren der Immigration aus der Türkei waren es noch nicht die großen politischen Auseinandersetzungen, die die Gespräche bestimmten, sondern die Verständigungsschwierigkeiten und Probleme der Ernährung. »Der EG-Markt war noch nicht so gut erschlossen wie heute, und türkische Gemüse- und Lebensmittelläden gab es natürlich auch noch nicht. Viele Nahrungsmittel, die fester Bestandteil unserer Küche sind, wie Auberginen, Zucchinis, Schafskäse und Oliven, waren damals in Berlin nahezu unbekannt. Wir hatten Hochachtung vor jeder Olive. Es gab nur die mit einer Mandel oder Paprika gefüllten aus Spanien. Zu horrenden Preisen.«

Ende 1970 hielt sich Filiz Yüreklik für sechs Monate in der Türkei auf. Als sie 1971 nach Berlin zurückkehrte, fand sie ein verändertes Klima vor. Die ersten Betriebe arbeiteten kurz, und die Arbeitssuche gestaltete sich schwieriger als in den vergangenen Jahren. »In dieser Zeit hörten wir verstärkt ausländerfeindliche Sprüche, und das öffentliche Bild, das die Zeitungen über uns verbreiteten, wurde schlechter.

1972 dann, als es die Sonntagsfahrverbote aufgrund der Ölkrise gab, verschärften sich die Aversionen und schlugen teilweise in offene Feindschaft um. Das Klima wurde im Laufe der Jahre rauher, kälter und unfreundlicher.« Filiz Yüreklik gewann den Eindruck, daß viele Deutsche ihre Solidarität und Menschlichkeit dem Konsum geopfert hatten. »Die Krise hat sie sehr verändert.«

»Viele Menschen, die wie ich aus der Türkei kamen, haben kapituliert und sind dabei kaputtgegangen. Um meine Identität nicht zu verlieren, habe ich gekämpft. Gekämpft gegen die Isolation, um den Arbeitsplatz, um die Familie.« 1972 wurden zum ersten Mal ausländische Arbeitnehmer zu den Betriebsratswahlen zugelassen. Filiz Yüreklik wurde mit großer Mehrheit in den Betriebsrat gewählt. »Wir haben unsere Rechte eingeklagt und immer wieder darauf aufmerksam gemacht, daß wir keine Ware sind, die man nach Belieben hin- und herschieben kann.« Zu einem tiefen Bruch zwischen Deutschen und Türken und zu großen Enttäuschungen kam es in den folgenden Jahren. Die Ausländergesetze wurden restriktiver und griffen stärker in das Leben der Familien ein. Mit Beginn der Weltwirtschaftskrise 1973 verhängte die Bundesregierung einen bis heute gültigen Anwerbestopp. Ab 1975 wurde über Berliner Stadtteile wie Kreuzberg, Wedding und Tiergarten eine Zuzugssperre verhängt. Die freie Wahl des Wohnortes war damit nicht nur für die türkische Bevölkerung Berlins erheblich eingeschränkt. Weitere Beschränkungen sollten in den nächsten Jahren folgen.

»Obwohl Berlin im Laufe der Jahre ein wenig zu meiner Heimat wurde, blieb das Heimweh nach der Türkei.« Nach elf Jahren Arbeit in Berliner Betrieben, einer gescheiterten Ehe und Enttäuschungen über die Deutschen, die ihr immer deutlicher machten, daß sie eigentlich nur geduldeter Gast sei, kehrte Filiz Yüreklik mit ihrer dreijährigen Tochter Safak 1976 »endgültig« in die Türkei zurück. »Aber schon bald merkte ich, daß ich der Täuschung der ›ewigen Sonne‹ erlegen war. Es ist nahezu unmöglich, als alleinstehende Frau mit Kind in der Türkei zu leben. Man muß sehr stabil sein, stark und kämpferisch, um den Vorbehalten, die einem entgegenschlagen, begegnen zu können. Auch ökonomisch ist es kaum zu schaffen.« In den drei Jahren ihrer »Rückkehr« arbeitete sie im Drei-Schicht-Rhythmus in einer Textilfabrik.

In Istanbul spürte Filiz Yüreklik auch, daß elf Jahre Berlin nicht spurlos an ihr vorübergegangen waren und sie dort die wichtigsten Jahre ihres Lebens und die besten Freunde zurückließ. »Ich vermißte plötzlich die Weihnachtsbeleuchtung in der Karl-Marx-Straße, obwohl ich eigentlich diesen Rummel und die Geschäftemacherei hasse, und ich hatte Heißhunger auf Currywurst mit Pommes. Ich habe gemerkt, ich gehöre nach Berlin.«

Am 16. März 1979 konnte Filiz endlich nach Berlin zurückkehren. Rückblickend ist sie froh, daß sie den Versuch unternommen hat, in die Türkei zurückzugehen. Im Gegensatz zu vielen ihrer Landsleute, die unter der Sehnsucht nach ihrer alten Heimat, die ihnen immer mehr entrückt, leiden, hat sie nun Gewißheit: »Ich weiß, daß ich dort nicht mehr leben kann und bin mir nun sicherer hier.« Leicht war ihr Weg zurück nach Berlin nicht. Durch ihre dreijährige Abwesenheit hatte sie ihre Arbeitserlaubnis verloren. Eine Rückkehr war nur möglich, weil sie noch nicht von ihrem Mann geschieden war. »Familienzusammenführung« nannte sich der ausländerrechtliche Status, unter dem sie nun mit ihrer Tochter in Berlin lebte. »Drei Jahre hatte ich Arbeitsverbot und war abhängig von den Unterhaltszahlungen meines Mannes, von dem ich seit Jahren getrennt lebte.«

Manchmal, wenn der Türkenhaß der Deutschen zu groß wird, ertappt sie sich bei dem Gedanken, doch noch in ein anderes Land zu ziehen. Die Niederlande wären eine denkbare Alternative für sie. Filiz Yüreklik schätzt die liberale Aufgeschlossenheit der Bevölkerung dort. Dann wieder sagt sie sich, daß sie sich nicht mehr von hier vertreiben läßt, daß sie das Recht hat, hier zu leben.

Wie viele ihrer Landsleute zieht Filiz Yüreklik eine unsichere, selbständige Existenz den alltäglichen Demütigungen am Arbeitsplatz vor. Heute residiert sie in ihrem Kunstgewerbeladen gegenüber dem Künstlerhaus Bethanien am Mariannenplatz. Eines ist für Filiz gewiß. Zurück in die Fabrik will sie auf keinen Fall mehr. »Bei der Stimmung, die heute in den Betrieben herrscht, würde ich es keinen Tag aushalten. Außerdem kenne ich inzwischen meine Rechte zu gut, als daß sie lange Wert auf meine Mitarbeit legen würden. In Zeiten der Massenarbeitslosigkeit verzichten sie gerne auf Leute wie mich.«

»Ich spüre die Mauer heute tiefer«

Emine Demirbüken ist seit 1988 Ausländerbeauftragte in Berlin-Schöneberg. 1961 in Istanbul geboren, zog sie 1968 nach Deutschland zu ihren Eltern. Nach dem Abitur studierte sie Germanistik, arbeitete als Sozialpädagogin in einem Mädchenprojekt, anschließend als Journalistin beim *Sender Freies Berlin*. Sie ist Sprecherin des *Türkischen Bundes in Berlin-Brandenburg* und Mitglied im Sprecherrat der *Interessensgemeinschaft der Immigranten-, Flüchtlings- und Ausländerorganisationen*.

Mit sechzehn Jahren wurden Sie von Ihren Eltern in die Türkei zurückgeschickt. Was waren die Gründe?
Ich habe in Berlin die Grundschule sowie die Realschule besucht. Zu diesem Zeitpunkt habe ich meine eigene Sprache kaum noch gesprochen. Es ging soweit, daß ich die Wochentage nicht mehr auf Türkisch aufsagen konnte. Das war für meine Eltern mit ein Grund für ihre Entscheidung. Sie sagten: Oh Gott, sie wird völlig aus ihrer Kultur herausgerissen, assimiliert sich völlig. Hinzu kam, daß mein jüngerer Bruder, der noch in der Türkei lebte, dort bereits die Grundschule besuchte. Ich wurde dann als Vorreiterin in die Türkei geschickt.
Diese zwei Jahre bedeuteten für mich eine Wende. Ich übernahm die Verantwortung für die Zukunft der Familie, versuchte, meine Eltern zu überzeugen, daß eine Rückkehr in die Türkei nach all den Jahren in Deutschland nicht mehr möglich ist, eine Rückkehr für uns negative Folgen haben würde. In den Jahren 1977 bis 1979, als ich das Lyzeum in Istanbul besuchte, herrschte Bürgerkrieg, den ich hautnah miterlebte, da sich an unserer Schule die Grauen Wölfe angesiedelt hatten. Als ich erkannte, daß in der Türkei ein anderes Demokratie- und Freiheitsverständnis herrschte, als ich es hier erlebt habe, hat dies meine Auffassung verstärkt, daß ich meine Eltern um jeden Preis davon abhalten muß, in die Türkei zurückzukehren.

Zwei Jahre lang machten sie keine verbindliche Aussage. Und die Angst, es könnte doch eine entgültige Rückkehr sein, hatte bei mir psychosomatische Erscheinungen zur Folge. Der Druck vergrößerte sich noch einmal – meine Eltern versicherten, sie würden nicht zurückkehren, aber ich müsse das Lyzeum beenden, bevor ich zu ihnen nach Berlin zurück könne –, da meine Türkischkenntnisse sehr zu wünschen übrigließen. Trotzdem habe ich das Lyzeum mit 2,5 abgeschlossen, was für ein Rückkehrerkind ein Riesenerfolg war. Zur Belohnung durfte ich 1979 nach Berlin – mit meinem Bruder.

Wie schätzen Sie im Rückblick die Ängste Ihrer Eltern ein, Sie könnten sich assimilieren?

Die Ängste waren sicherlich berechtigt. Ein Kind, das seine Muttersprache nicht beherrscht, kann nicht mehr im eigenen Kulturkreis empfinden, es kann nicht mehr nachempfinden, was in der eigenen Familie, in den eigenen Reihen vor sich geht, was zwangsläufig negative Auswirkungen auf die Persönlichkeitsentwicklung hat. Ich hatte in den siebziger Jahren das Glück oder Unglück, daß ich fast immer die einzige Ausländerin in der Klasse war. Glück, weil ich dadurch die deutsche Sprache sehr schnell lernte; Unglück, da ich die eigene Sprache nicht mehr sprechen konnte.

Wie erlebten Sie Ihre Rückkehr nach Berlin?

Zu diesem Zeitpunkt ging der Kampf um Akzeptanz, um die Akzeptanz meines Bruders durch meine Eltern, erst richtig los. Die ganze Familiendynamik mußte neu geordnet werden. Dazu muß ich eine kurze Anmerkung zu den Familien machen, deren Kinder in der Türkei aufwachsen. Die Kinder kennen ihre Eltern kaum, und diese sollen plötzlich die Elternrolle übernehmen. Mein Bruder kam mit dreizehn Jahren nach Berlin, und meine Eltern, die bis dahin in seiner Erziehung kaum eine Rolle spielten, wollten ihn mit Verboten und Strafen erziehen. Ich habe ihnen – die es nicht anders kannten, als zu fordern, so und so muß es gemacht werden – dann erklärt, daß sie dazu kein Recht haben. Mühsam mußten sie lernen, mit den Kindern zu sprechen und sie zu tolerieren. Das war für sie ein neuer Wert, da die Kinder bis dahin nach ihrer Auffassung bei Androhung von Strafen einfach zu gehorchen hatten. In dieser schweren Zeit übernahm ich praktisch die Mutterrolle für meinen Bruder, schlug ständig Brücken zwischen den Generationen. Dieser Prozeß hat mich zehn Jahre gekostet. Viele junge Frauen durchleben diese Identitätskrise, den Kampf um die Anerkennung in der Familie und den Kampf um die Anerkennung als Frau. Die jungen ausländischen Frauen haben es sehr, sehr schwer.

Schwerer als deutsche Frauen?

Es gibt sicherlich universelle Probleme der Frauen, aber einige Schwierigkeiten trennen uns von den EG-Frauen. In uns sind andere Werte und Traditionen verwurzelt. Wir müssen nicht nur um die Anerkennung als Frau kämpfen, sondern auch darum, die Familien zu behalten, wenn wir eigenständige Wege gehen. Zusätzlich müssen wir als Ausländerin um Anerkennung kämpfen. Ein Beispiel: Es wird nie gesagt, die Emine Demirbüken ist gut; man sagt, die Frau sieht nicht nur gut aus und ist Türkin, sie kann ja richtig etwas. Erlaube ich mir dagegen einmal einen Fehler, wird das gleich an meinem Status als Ausländerin festgemacht. Ich muß doppelt so gut sein wie die deutschen Frauen.

Das heißt, die Akzeptanz seitens der Mehrheitsgesellschaft ist noch nicht da?

Sie hat sogar regelrechte Ängste vor uns. Statt die zweite Generation zu fördern und zu unterstüzen, wird sie als Konkurrenz gesehen – sowohl auf der wirtschaftlichen Ebene wie in den Behörden.

Ich habe in einer sozialpädagogischen Einrichtung gearbeitet. Viele Kolleginnen haben sich neidvoll gefragt, warum ich im Umgang mit Jugendlichen erfolgreicher bin als sie, anstatt zu fragen, was kann ich von ihr lernen, was sie von mir.

Haben die deutschen Kolleginnen Schwierigkeiten, ihr paternalistisches Verhalten gegenüber Ausländern abzulegen?

Zweifellos. In den Kindertagesstätten gibt es kaum ausländische Mitarbeiter, es gibt kaum türkischsprachige Lehrer aus der jüngeren Generation. Ich kann doch als Vertreterin der zweiten

Generation viel besser mit der dritten Generation arbeiten als die Mehrheit der deutschen Mitarbeiter. Wohin es führt, wenn man glaubt, man könne auf unsere Erfahrungen verzichten, haben wir in den letzten Jahren gesehen – zu Desintegrationserscheinungen. Man tut so, als würde es die zweite Generation mit all ihrer Kompetenz nicht geben. Ich kenne viele türkische Erzieherinnen, die einen Job suchen, aber keinen finden können. Die Begründung lautet dann häufig: Wir haben keine Probleme mit ausländischen Kindern. Es wird immer noch nicht begriffen, daß wir Teil des Reichtums dieses Landes sind.

Sind Sie die Ausnahmeerscheinung, die ganz andere Türkin?

Nein. Wie viele Frauen auch habe ich aus meinen biographischen Vorgaben eine gute Synthese für mich entwickelt, mußte dafür allerdings einen hohen Preis zahlen; denn es ist kein beruhigendes Gefühl, ständig zwischen den Stühlen zu sitzen, nicht genau zu wissen, wo man richtig hingehört. An der deutschen und türkischen Gsellschaft stört mich so einiges: Es stört mich, daß die europäische Gesellschaft in ihren Gefühlen so gehemmt ist, daß es keinen Familiensinn gibt und die Freundschaftsverhältnisse auch nicht so ausgeprägt sind wie bei den Südländern. Die Deutschen sind zu nüchtern und zu sachlich. Bei den Südländern fehlt mir dagegen die Sachlichkeit. Wir sind zu emotionsgeladen. Es fehlt die Fähigkeit, Beschlüsse zu fassen, um diese dann in die Tat umzusetzen.

Wie kamen Sie zu dem Ansatz, die Ausländerarbeit müsse sich verstärkt den Deutschen zuwenden?

Man hat in den letzten Jahren versäumt, bei den Deutschen Akzeptanz und Toleranz zu fördern. Es wurde nichts getan, um die Deutschen für die multikulturelle Gesellschaft zu gewinnen. In unseren privaten Bereichen haben wir eine Menge für die Verständigung getan, aber aus dem Politikbereich wurden keine Signale gesetzt. Natürlich gibt es inzwischen eine Gruppe von Menschen, die von uns gelernt hat, die sich uns gegenüber nicht mehr so gehemmt verhält wie früher. Aber das ist unzureichend. Aus diesem Grund habe ich den Schwerpunkt meiner Arbeit auf die deutsche Seite gelegt, indem ich versuche, Ebenen zu schaffen, wo sich die Mittler – also die Lehrer, Sozialarbeiter, Mitarbeiter in den Sozialbehörden – intensiv austauschen und auseinandersetzen können. Ich habe einen Lehrerkreis gegründet, in dem ein Jahr nur Gespräche geführt wurden, da die Lehrer mit ihren Problemen so vollgeladen waren. Dadurch ist zumindest eine Sensibiliät gegenüber der Situation von Schülern und Schülerinnen aus Migrantenfamilien entstanden. Die deutsche Seite muß da noch viel für sich aufarbeiten.

Wie hat sich seit der Wiedervereinigung die Situation für die hier lebenden Türken verändert?

Ich habe mir immer gesagt, du bist ein Teil dieser Stadt, und die Stadt ist ein Teil von dir. Dieses Gefühl ging in den letzten Jahren fast verloren. West-Berlin ist noch immer meine Heimat, aber seit es diese Einheit gibt, weiß ich wieder, was es heißt, Angst zu haben. Ich bin der Prototyp einer Ausländerin und kann daher sehr gut nachfühlen, was ein Ausländer empfindet, wenn es um Gewalttaten geht, um Übergriffe, die in den Medien meist verharmlost werden. In bestimmten Bezirken kann ich mich nach zwanzig Uhr nicht mehr auf die Straße wagen. Ängste und Unsicherheiten sind da und das Gefühl, daß die Deutschen undankbar sind. Wir haben unsere Kraft in die Wirtschaft investiert, unsere Jugend hier verbracht, und jetzt sagen die Deutschen einfach: Raus!

Bedeutet die Vereinigung beider deutscher Staaten für Sie auch den Verlust von Heimat?

Ja. Ich habe die Mauer vorher sicherlich auch gespürt. Aber ich habe sie nie so tief gespürt wie seit der Zeit, in der sie gefallen ist.

Nimmt die Ghettobildung durch die Entwicklung seit Beginn der neunziger Jahre zu?

Es gibt eine Gruppe von Jugendlichen, die in der Gesellschaft nicht Fuß fassen können. Die Gründe: Das Elternhaus, fehlende Möglichkeiten, ihre Bedürfnisse zu artikulieren, die Schule – überall sind Löcher, überall fallen sie durch. Wenn Menschen total die Orientierung verlieren, keine Zukunftsperspektiven mehr sehen, ist es doch normal, wenn sie sich in Gruppen zusammenschließen, die dann als sogenannte ausländische Jugendbanden bezeichnet werden, in der sie anerkannt sind und sich sicher fühlen. Was sollen Menschen machen, die auf keiner Ebene Verständnis bekommen?

Sie beklagen den Mangel an integrativen Maßnahmen. Aber es gibt für Jugendliche aus Migrantenfamilien Mädchenläden, es gibt interkulturelle Klassen, muttersprachlichen Unterricht, Jugendzentren, Familienhelfer, Familienfürsorger. Ist das nichts?

Was nützen all die Stellen, wenn sie personell und finanziell nicht ausreichend ausgestattet werden? Was nützen Ausländerbeauftragte in den Bezirken, die nicht einmal über einen eigenen Etat verfügen können? Insofern sage ich, daß dies Alibieinrichtungen sind. Die Verantwortlichen sollten dankbar sein, daß die Mitarbeiterinnen dennoch engagierte Arbeit leisten.

Woraus beziehen Sie angesichts all dieser Widrigkeiten und Enttäuschungen Ihren Optimismus?

Das einzige, was mich auf den Beinen hält, ist, daß ich mir sage, ich werde nicht resignieren; das ist ein Kampf, in dem ich stehe. Dennoch empfinde ich auf politischer Ebene Machtlosigkeit bis hin zur Ohnmacht, da sich in der politischen Landschaft für die Ausländer in den letzten Jahrzehnten kaum etwas getan hat – im Gegenteil. Ich behaupte sogar, daß sich trotz der erleichterten Einbürgerungsbedingungen für die junge Generation nichts ändern wird, da die Politik es versäumt hat, ein Einwanderungskonzept zu entwickeln, das alle Ebenen des politischen, sozialen und gesellschaftlichen Lebens umfaßt. Auf politischer Ebene bin ich in der Tat frustriert, da ich überall meine Grenzen spüre. Meine Lust und mein Engagement beziehe ich aus den kleinen Erfolgen, wenn ich in Einzelfällen etwas erreichen kann.

Annäherung IV – Konfliktfelder

Islam – Scharia in der Schule?

Als Folge der politischen und wirtschaftlichen Immigration leben Mitte der neunziger Jahre etwa 2,7 Millionen Muslime (2 Millionen türkischer Herkunft) in der Bundesrepublik Deutschland. Vor allem in den industrieellen Ballungszentren sind sie eine Größe, die nicht mehr verleugnet werden kann. In mehr als 1.000 Gebetsstätten, die sich meist in umgebauten Fabrikhallen, Läden und Hinterhöfen befinden, praktizieren sie ihren Glauben. Die rituellen Gebete, die Regeln des Fastenmonats sind den Deutschen weitgehend unbekannt; Kleidung und das Verhalten der muslimischen Familien in der Öffentlichkeit stoßen bei den Bundesbürgern häufig auf Ablehnung.

Gleichzeitig fordern Muslime, die bereits in der zweiten und dritten Generation hier leben, das im Grundgesetz verankerte Recht auf freie Religionsausübung nachdrücklich ein. Die Verankerung des islamischen Religionsunterrichtes an den Schulen und die Errichtung islamischer Bekenntnisschulen sind dabei die vielleicht spektakulärsten Forderungen. Die Deutschen sind verunsichert. Lebhafte Diskussionen und Widerspruch bleiben nicht aus.

Merkwürdig still waren in der Vergangenheit in dieser Sache die Fürsprecher der ethnischen und religiösen Minderheiten. »Islam« ist ein Reizwort, auf das die Anhänger der unterschiedlichsten Weltanschauungen ähnlich reagieren: mit einem leichten Frösteln und schneller Abwehr. In der Linken wird die Gefahr eines Islams beschworen, der nationalistisch bis faschistisch eingefärbt ist. Die liberale Öffentlichkeit stößt sich an der Unterdrückung der Frau, nationalistischer Intoleranz und der Scharia – dem islamischen Recht. Die Rechte beschwört gebetsmühlenhaft die Gefahr des Untergangs des Abendlandes.

Wenig Unterstützung finden die Muslime unter türkischen Intellektuellen. Die trauern dem verlorenen Laizismus Kemal Atatürks nach, der in den zwanziger Jahren Religion und Staat strikt voneinander trennte. Oftmals verbittert, müssen sie zur

Kenntnis nehmen, daß auch siebzig Jahre nach Atatürks Versuch, die Türkei zu europäisieren, die Mehrheit ihrer Landsleute ihre Identität im islamischen Kulturkreis sieht. Die Hoffnung vieler, das »islamische Problem« in der Bundesrepublik würde sich von alleine auswachsen, wird sich nicht erfüllen. Mit dem Entschluß vieler Immigranten, in Deutschland zu bleiben, stellen die Muslime auch in Zukunft eine große gesellschaftliche Minderheit dar. Spekulationen, die zweite und dritte Generation werde keine größeren religiösen Bedürfnisse entfalten, haben sich nicht bewahrheitet. Im Gegenteil. Je mehr türkische und arabische Jugendliche von der deutschen Gesellschaft ausgegrenzt werden, desto wichtiger wird einem Teil von ihnen die Religion. Mit der häufig in grellen Farben beschriebenen Reislamisierung hat dies aber nur teilweise zu tun. Die Hinwendung zur Religion ist Ausdruck der kulturellen Identitätssuche. Der Fastenmonat (Ramadan), das Zuckerfest (şeker bayram), das Opferfest (curban bayram), Beschneidung und entsprechende Hochzeitszeremonien werden auch von nicht streng Gläubigen als Zeichen ihres kulturellen Erbes angesehen. Unterschiedliche Schätzungen gehen davon aus, daß ein bis zwei Drittel der in der Bundesrepublik lebenden Muslime ihren Glauben mehr oder weniger aktiv praktizieren.

Mit den Kindern der Immigranten wächst eine Generation heran, die auch nach neuen Wegen der muslimischen Praxis sucht, frei von den nationalistischen Tönen des Staatsislams und frei von autoritärer, kemalistischer Bevormundung. Mit ihnen wird sich ein eigenständiger westeuropäischer Islam entwickeln, der die hiesigen gesellschaftlichen Verhältnisse berücksichtigt. Junge Muslime lassen sich nicht mehr in die Ecke stellen. Sie fordern ihre im Grundgesetz verbrieften Rechte auf freie Religionsausübung.

März 1990. Die politisch Verantwortlichen in Berlin versuchen, ihr Verhältnis zum Islam zu klären. Der Anlaß: Die *Islamische Föderation*, ein Zusammenschluß wertkonservativer bis reaktionärer Moscheevereine, gründete das *Islamkolleg* und beantragte die Anerkennung der ersten islamischen Privatschule der Bundesrepublik. Seit Oktober 1989 besuchen siebzehn Kinder die erste Klasse, nachdem die Berliner Schulverwaltung mit viel Bauchschmerzen eine vorläufige Betriebsgenehmigung erteilte. Die Geschäftsführerin des *Islamkollegs*, Emen Algan, versichert, daß der Unterricht den Rahmenplänen der deutschen Schulen entspreche. Proteste gegen das Islamkolleg ließen nicht lange auf sich warten. Der *Freidenker-Verband* spricht sich in scharfer Form gegen die Errichtung der Grundschule aus und fordert, Schule und Religion strikt zu trennen. Der *Türkische Elternverein* befürchtet, »daß mit dieser Schule fundamentalistische Gruppen gesellschaftsfähig werden.« Auch die Berliner Schulverwaltung hat sichtliche Schwierigkeiten mit der islamischen Grundschule. Aufgrund des Gleichheitsgrundsatzes kann sie den Muslimen allerdings nicht einfach vorenthalten, was sie Protestanten und Katholiken zugesteht.

Monatelang tagte der parlamentarische Schulausschuß, um die endgültige Zulassung der Schule zu prüfen. Im Zentrum der Befragung steht: Wie hält es die islamische Schule mit den westlichen Grundwerten unserer Gesellschaft? Stehen die Inhalte des Korans diesen Werten unversöhnlich gegenüber? Und ist eine muslimische Grundschule auf dem Boden des Grundgesetzes überhaupt denkbar? Die Betreiber der Schule sehen da keine Probleme. Um so mehr allerdings der Schulausschuß. Ein Beispiel aus der Anhörung: Auf die Frage, was der Koran als Strafe für verbotene Sexualität vorsehe, antwortete die Geschäftsführerin des Islamkollegs, Emen Algan, freimütig: »Verboten ist alles, was außerhalb der Ehe stattfindet. Wird jemand der verbotenen Sexualität überführt, sieht der Koran die Steinigung als Strafe vor.« Entsetzen in den Gesichtern der Mitglieder des Ausschusses.

Bei den Verhandlungen über die Genehmigung der islamischen Privatschule geht es nicht zuletzt um die Frage, welchen Raum die deutsche Gesellschaft bereit ist, den religiösen Minderheiten zuzugestehen, wieviel Mut zum Konservativen und zum Regionalismus sie bei der Herausbildung einer multikulturellen Gesellschaft aufbringt. Dies bedeutet allerdings auch, daß die Muslime ihre Abschottung gegenüber der deutschen Gesellschaft aufgeben und sich der Diskussion stellen müssen. Denn die ideologischen Differenzen sind groß, und die Mehrheit der Bevölkerung hat ein Recht darauf zu erfahren, inwieweit die Muslime bereit sind, den gesellschaftlichen Grundkonsens – Lehrpläne an

Schulen, Stellung der Frau in der Gesellschaft, demokratische Essentials – mitzutragen.

Jahja (Werner) Schülzke, Erster Vorsitzender des Trägervereins der islamischen Grundschule, dem *Islamkolleg e.V.*, der selbst Anfang der sechziger Jahre zum Islam konvertierte und einer der rund 50.000 deutschen Muslime ist, vertritt dabei eine eindeutige Position:»Ich wende mich gegen die Bindung des Islams an einen Staat, wie sie in den islamischen Ländern vielfach gefordert und bisweilen praktiziert wird. Wir streben neue Formen des islamischen Lebens an, die in einem multikulturellen Europa Platz finden können. Ich bekenne mich zum Grundgesetz und dem deutschen Rechtssystem.« Umgekehrt fordert Jahja Schülzke diejenigen Muslime, die das deutsche Rechtssystem nicht akzeptieren und keinen europäischen Islam wollen, zum Verlassen Europas auf.

»Es ist wie ein Verhör hier!«

Wie schwer sich alle Beteiligten mit dem Dialog tun, dokumentiert das folgende (gekürzt wiedergegebene) Wortprotokoll einer Sitzung des Schulausschusses des Berliner Abgeordnetenhaus vom März 1990:

Prof. Dr. Fritz Steppat (Wissenschaftler am Institut für Islamwissenschaften und geladener Sachverständiger): Ich bin von den Erklärungen des Vorsitzenden des Islamkollegs beeindruckt. Er wendet sich gegen die Bindung seiner Religion an einen Staat, wie sie in den islamischen Staaten vielfach gefordert und bisweilen auch praktiziert wird. Er strebt neue Formen eines islamischen Lebens an, die in einem multikulturellen Europa Platz finden können. Wenn der Islam nicht prinzipiell von der Religionsfreiheit ausgeschlossen werden soll, die unser Grundgesetz verspricht, dann vermag ich unter den geschilderten Umständen keine guten Argumente entdecken, dem Projekt des Islamkollegs Genehmigung und Unterstützung zu verweigern.

Ich bitte um weitere Fragen.

Dieter Telge (Alternative Liste): Mich würde interessieren, wie das Islamkolleg künftig mit der Stellung der Frau in der Gesellschaft und dem Umgang mit der Sexualität verfährt. Die Träger haben ja ganz deutliche Aussagen gemacht, daß sie Homosexualität für einen unnatürlichen Lebenswandel halten. Sind die Koranaussagen, die auf außereheliche Sexualität die Todesstrafe vorsehen, auch für Leute, die sich hier in Berlin dem Islam zugehörig sehen, gültig?

Steppat: Das ist doch alles gar kein so großer Unterschied zu anderen Religionen, zum Beispiel dem Christentum. Wir haben doch da auch viele Meinungen, denken Sie an die Frage des Schwangerschaftsabbruchs, der Todesstrafe usw. Es ist doch nicht von vornherein unanständig, wenn jemand einen anderen Standpunkt einnimmt, als man selbst erreicht hat.

Sander (SPD): Gibt es im Islam eine Bereitschaft, die Religion im geschichtlichen Wandel zu begreifen? Oder gibt es eher Tendenzen zum Dogmatismus, zur Beibehaltung einer festen Lehre ohne Berücksichtigung des geschichtlichen Wandels? Gibt es einen wachsenden Fundamentalismus?

Steppat: Seit mehr als einem Jahrzehnt stehen wir unter dem Eindruck der Nachrichten des islamischen Fundamentalismus. Das liegt auch an dem Wesen unserer Medien. Es gibt einen Pendelschlag in diese Richtung, hervorgerufen durch Enttäuschungen in der Vergangenheit mit Nationalismus, Liberalismus, Sozialismus. Darüber kann man lange diskutieren. Ich liebe den Begriff des Fundamentalismus nicht sehr, man sollte da auch unterscheiden. Für viele Muslime in der Diaspora ist Religion ein ganz wichtiger Teil der Identität, des Bewußtseins von sich selbst. Jeder Mensch braucht Rückhalt im Eigenen. Es gibt auch sehr starke und von klar denkenden Menschen vertretene Tendenzen, die einen islamischen Modernismus verfolgen, also eine Anpassung an die modernen Verhältnisse. Es gibt beides.

Telge: Wie stellt sich die Frage der legalen und illegalen Sexualität im Koran dar? Die Frage der Auspeitschung, achtzig Hiebe, beziehungsweise die Steinigung, die dann möglich ist? Ist Ihnen bekannt, welche Auswirkung achtzig Peitschenhiebe haben?

Steppat: Ich kann nicht sehen, inwieweit das im Islamkolleg von praktischer Bedeutung sein kann.

Telge: Für die Sexualerziehung zum Beispiel.

Steppat: Ja, aber das ist doch auch Standpunkt eines großen Teils der christlichen Familien, daß sie Geschlechtsverkehr außerhalb der Ehe nicht akzeptieren. Die Todesstrafe durch Steinigung für Ehebrecher steht nicht im Koran, der Islam hat sie aus dem Alten Testament übernommen, da steht ganz deutlich drin, daß Ehebrecher und Ehebrecherinnen zu töten sind. Im Koran stehen die Peitschenhiebe. Ich habe jahrelang in Ägypten und im Libanon gelebt, aber nie etwas davon gehört, das spielte da keine Rolle.

Rost (CDU): Wie vereinbaren sich dann Ihre Aussagen damit, daß in vielen Asylverfahren von vielen Homosexuellen, aber auch von vielen Frauen als Asylgründe vorgetragen wird, daß sie in ihre islamischen Heimatländer aus geschlechtsspezifischen Gründen nicht mehr zurückkehren können, da sie sonst verfolgt würden? Ich bin sehr überrascht, daß Sie sagen, Auspeitschungen usw. gibt es praktisch nicht mehr.

Steppat: Ich sehe immer noch nicht so recht den Zusammenhang zwischen einer Privatschule in Berlin und staatlichen Maßnahmen im Iran oder Pakistan. Die Kinder, die hier zur Schule gehen, kommen nicht in die Situation, Ehebrecher zu peitschen oder zu steinigen. Durch die gesamte islamische Geschichte hindurch gibt es in den islamischen Gesellschaften immer Homosexualität.

Telge: Darum frage ich nach dem Schicksal dieser Menschen.

Steppat: Das ist von Fall zu Fall verschieden. Zum Teil wird es hingenommen, wie es in Europa hingenommen wurde, trotz der ähnlichen Verurteilung durch die Kirche. Ich verstehe immer noch nicht, wie man die Entscheidung, ob eine Schule zugelassen wird, an dieser Frage aufhängt. Was ist denn hier beabsichtigt? Heißt denn Integration hundertprozentige Angleichung an das, was wir hier haben?

Telge: Herr Algan (Achmet Algan ist 2. Vorsitzender des *Islamkollegs*), mich würde interessieren, wie Sie sich Ihren Sexualkundeunterricht vorstellen? Welcher Glaubensrichtung gehören Sie an?

Ahmet Algan: Wenn Sie unter Sexualkundeunterricht für Grundschüler nicht die Vermittlung von Sexualpraktiken verstehen, sind wir einer Meinung. Man zeigt den Kindern noch nicht, wie es praktiziert wird. Die Kinder sind noch zu klein – zwischen sieben und zwölf Jahren alt. Entsprechend den Rahmenplänen der öffentlichen Schulen wird das den Kindern beigebracht.

Es ist wie ein Verhör hier! Ich lebe seit zwanzig Jahren in der BRD, und ich weiß, man stellt keinem Pfarrer die Frage, welche Partei er wählt, welche Vereine er unterstützt. Ich will hier sagen, daß mir das nicht gefällt. Aber ich habe nichts zu verbergen. Ich mache in der Islamischen Föderation die Öffentlichkeitsarbeit, ich bin Mitglied und Unterstützer der Haci-Bayram-Moschee oder Vakifmoschee. Ich versuche überall, Muslime zu unterstützen. Ich bin zweiter Vorsitzender des Islamkollegs. Soll ich auch erzählen, welche Zeitungen ich abonniere?

Ortsbesichtigung

Juni 1995. Mit lautem Hallo stürmen mehr als einhundert Kinder aus dem Hinterhof des alten Mietshauses in der Kreuzberger Boppstraße. Wenige Sekunden später ist der Spielplatz auf dem gegenüberliegenden Zickenplatz bevölkert. Stullen werden ausgepackt, Süßigkeiten und der neueste Tratsch ausgetauscht; es wird gelacht, ein wenig gestritten, überschüssige Energie an den Wippen und Schaukeln abreagiert. Pause in der *Berlin islami ilimler okulu*, dem *Islamkolleg*, der ersten islamischen Grundschule Deutschlands.

Ulrich Happe, Musik- und Englischlehrer, führt die Pausenaufsicht. Mit seinem zum Zopf zusammengeknoteten schulterlangen

Haar, Jeans und Lederjacke wirkt der hagere Kreuzberger eher wie der Mitarbeiter einer alternativen Fahrradwerkstatt, denn als Pauker an der vermeintlichen »Fundischmiede« Berlins.

Eine Viertelstunde später, Punkt zehn Uhr, liegt der Spielplatz wieder ruhig und verlassen in der Frühlingssonne, kehren die aufgescheuchten Vögel zurück, um sich an den Resten der Pausensnacks schadlos zu halten. In wenigen Minuten beginnt im dritten Stock der Fabriketage des zweiten Hinterhofs für die Schüler und Schülerinnen der sechsten Klasse der Geschichtsunterricht. An der Stirnseite des Klassenraumes sind Ermahnungen plakatiert, wie man gute Freunde erkennt: »Freunde sollen ernst sein, über Probleme reden, gute Muslime sein.«

Renate Abed tritt ein, baut sich mit betont gestraffter Haltung vor der Klasse auf, fixiert die Schüler kurz, um dann die Hände übereinanderzulegen. Wie auf Kommando beenden die Jungs und Mädchen ihre Unterhaltungen, erheben sich von den Stühlen und begrüßen ihre Klassenlehrerin im Chor mit einem arabischen Gruß. Das Thema der Stunde: »Von den inneren Wandlungen des Römerreiches.« Beim Stichwort Julius Cäsar bemerkt ein Schüler lachend: »Das ist doch der Libero von Borussia Dortmund.« In Arbeitsgruppen werden von der Klasse Lösungen für die gesellschaftspolitischen Probleme der Römerzeit entwickelt: »Was kann man tun, damit die Spannungen zwischen Armen und Reichen nicht größer werden, es nicht zum Bürgerkrieg kommt?«

Ernsthaft und konzentriert erarbeiten die Schüler Vorstellungen einer gerechteren Welt: »Die Reichen sollen Geld abgeben, den Armen soviel geben, wie sie zum Leben brauchen«, fordert die eine. »Den Armen muß das Recht eingeräumt werden, Gesetze vorzuschlagen«, ihre Nachbarin. Nichts erinnert an die aufgeregte Stimmung des Frühjahrs 1990, die die Gründungsphase der Schule begleiteten.

»Wir hatten bei der Gründung der Schule im Herbst 1989 große Bedenken, da im Trägerverein Personen Mitglieder waren, die in der *Islamischen Föderation* hohe Positionen einnahmen, und in ihren Publikationen abstoßende antijüdische Vorurteile und ein inakzeptables Frauenbild verbreiteten«, erklärt sich Berlins Ausländerbeauftragte Barbara John im Rückblick die damalige Stimmung.

Heute, fünf Jahre später, haben sich die Wogen der Erregung geglättet. »Aus den Abteilungen der Senatsschulverwalung wird bestätigt, daß der Träger allen Auflagen für den Schulbetrieb nachkam und keine Klagen bezüglich der Unterrichtsinhalte vorliegen«, teilt Andreas Moegelin, Sprecher der Senatsschulverwaltung, mit. Der Umwandlung der »vorläufig genehmigten islamischen Ersatzschule« in eine staatlich geförderte Privatschule steht nach jahrelanger Prüfung der Lehrpläne durch die Schulaufsicht nichts mehr im Wege.

»Die Anerkennung«, versichert die Referatsleiterin in der Senatsverwaltung für Schule, Berufsbildung und Sport, Marion George, »wird in nächster Zukunft erfolgen.« Aus Sicht des ersten Vorsitzenden des Trägervereins *Islamkolleg Berlin e.V.*, Jahja Schülzke, ist dies eine längst überfällige Entscheidung. Schließlich übernimmt der Staat erst dann 100 Prozent der Personalkosten.

1,5 Millionen Mark kostete der Schulbetrieb in den letzten sechs Jahren. Geld, das der Trägerverein aufbringen mußte. Möglich war dies durch die Spendenfreudigkeit Berliner Muslime, die sich den Kampf um die rechtliche Gleichstellung mit konfessionellen Schulen der Katholiken, Protestanten und Juden etwas kosten lassen. »Die monatlichen Fixkosten betragen 55.000 Mark. Glücklicherweise müssen wir keine Miete an das religiöse Zentrum ›Berlin Islam Vakif 1401‹, den Eigentümer des Komplexes, bezahlen«, rechnet Schülzke vor. Rund 20.000 Mark sind über das monatliche Schulgeld in Höhe von 200 Mark pro Schüler abgedeckt. 35.000 Mark werden über Sammelaktionen in den Moscheen und Einzelspenden eingespielt. Etwas knickrig findet der Vorsitzende die Unterstützung Saudi-Arabiens. 22.000 Mark war den frommen Ölmultis das religiöse Pilotprojekt in der Bundesrepublik wert.

Entgegen allen Befürchtungen seiner Gegner ist das *Islamkolleg* eine offene Schule. Bei der Rekrutierung der Lehrerschaft paktiert das Islamkolleg sogar mit dem ideologischen Intimfeind. Neben den vier zum Islam konvertierten deutschen Lehrerinnen und einem Arabischlehrer stellte das Kolleg bevorzugt kommunistisch und sozialistisch geschulte und sozialisierte Fachkräfte aus dem Osten ein. »Ostlehrer haben eine stärkere Persönlichkeit und legen mehr Wert auf Ordnung, Sauberkeit und Disziplin. Das sind wichtige Fähigkeiten, da unser Kinder sehr lebhaft sind«, betont Jahja Schülzke.

Das Profil der Schule kommt bei den Eltern der Kinder gut an: Zusätzlich zum Religionsunterricht werden in den unteren Klassen neben dem üblichen Fächerkanon wöchentlich zwei Stunden muttersprachlicher (türkischer) Unterricht erteilt. Alle Kinder nehmen darüber hinaus am dreistündigen Arabischunterricht teil, um den Koran im Original lesen zu können. Die Schule nutzt vor allem bei muslimischen Feiertagen ihre Spielräume:»Kürzlich haben wir den Kindern während des Opferfestes drei Tage Ferien gegeben. Die Winterferien werden wir so legen, daß sie in die Fastenzeit fallen«, erläutert Renate Abed weitere Besonderheiten. Mußte in der Startphase unter den mehr als 200.000 Muslimen Berlins die Werbetrommel mächtig gerührt werden, belagern Eltern heute das Anmeldebüro. 118 Bewerbungen gab es für das Schuljahr 1995/1996.»Statt einer könnten wir inzwischen fünf Anfangsklassen eröffnen«, so die Auskunft Schülzkes.

Vor allem Mädchen besuchen das *Islamkolleg*. In der sechsten Klasse kommen auf drei Schüler dreizehn Schülerinnen.»Das liegt an dem Vertrauen, das die Eltern in die vier muslimischen Lehrerinnen haben«, erklärt Schülzke das ungleiche Geschlechterverhältnis. Die Konfliktfelder öffentlicher Schulen – Sport- und Aufklärungsunterricht sowie Schulausflüge im koedukativen Klassenverband – sind am Islamkolleg zur Zufriedenheit gelöst. Ein Beispiel:»Im Vorfeld gab es lebhafte Diskussionen mit den Eltern, wie und ob überhaupt Sexualkundeunterricht an der Schule erteilt werden sollte.« Nach langem Hin und Her wurde eine von allen akzeptierte Lösung gefunden: Ab der fünften Klasse werden die Kinder – zunächst getrennt nach Geschlechtern – aufgeklärt, dann, nachdem der notwendige Respekt vor dem anderen Geschlecht eingeübt wurde, beginnt der koedukative Unterricht zum Thema.»Um die zum Teil großen Vorbehalte abzubauen, arbeiteten wir mit den Hocas der Moscheen zusammen, die den Eltern dann in Einzelgesprächen erklärten, daß weder der Unterricht noch Sexualität im Widerspruch zum Koran stehen.« Die muslimischen Lehrerinnen schaffen ein besonderes Vertrauensverhältnis.»Selbst Eltern von Kindern, die öffentliche Schulen besuchen, bitten uns, ihre Mädchen bei unseren Klassenfahrten mitzunehmen.« Die Ausflugsziele des *Islamkollegs* werden sorgfältig ausgewählt. Im letzten Jahr wurde das »Haus des Islams« in Lützelbach/Odenwald besucht. Demnächst steht eine Moscheebesichtigung in München auf dem Programm.

Der Ausländerbeauftragten Berlins, Barbara John, mißfällt die monokulturelle Zusammensetzung der Schülerschaft: »Unter integrationspolitischen Gesichtspunkten halte ich die Einrichtung muslimischer Schulen nach wie vor für bedenklich, da zwangsläufig neunzig Prozent der Schüler aus Migrantenfamilie kommen, Konfliktfähigkeit so nicht einstudiert und erlernt werden kann. Gerade Partnerschaften mit deutschen Schulen wären deshalb äußerst wichtig.«

Jahja Schülzke widerspricht. Er stellt vor allem den integrativen Aspekt der Schule in den Vordergrund. »In der leidigen Kopftuchfrage sind wir toleranter als die öffentlichen Schulen. Jedes Mädchen kann für sich eigenverantwortlich entscheiden, wie es sich an diesem Punkt verhält.« In der Schule könnten die Kinder ihre religiöse Identität herausbilden und so ihren Platz in der Gesellschaft selbstbewußter finden. Auch hätte sich, so Schülzke weiter, durch die Auseinandersetzungen, die in den zurückliegenden Jahren um die Lehrpläne geführt werden mußten, bei vielen Konservativen und der deutschen Gesellschaft mißtrauisch Gegenüberstehenden etwas bewegt.

Eine weiteres Problem, das die Schulverantwortlichen zu knakken haben, ist das Curriculum für den dreistündigen Religionsunterricht. »Das Unterrichtsmaterial von *DITIP (Türkisch-Islamische Union der Anstalt für Religionen*, die im Rahmen des ›Konsulatsunterrichts‹ türkischstämmige Schüler religiös unterweist. Dieser Unterricht geriet in der Vergangenheit wegen seiner nationalistischen Inhalte in Kritik.) ist für uns ungeeignet. Die Inhalte sind zu türkeizentriert, haben wenig mit Religion, dafür um so mehr mit Vaterlandsliebe und Nationalismus zu tun«, kritisiert Schülzke. »Auch Gottesstaatsvorstellungen, die der Islamischen Föderation immer wieder unterstellt werden, halten wir aus dem Lehrmaterial heraus«, versichert der Vorsitzende des *Islamkollegs*. »Wir arbeiten an islamischen Vorstellungen, die europakompatibel sind.«

Wie erfolgreich diese Versuche sein werden, bleibt abzuwarten. Als wir das Schulgelände verlassen, stellt uns Haldun Algan – Mitglied der *Islamischen Föderation*, Mitinitiator des *Islamkollegs*, Funktionär der *AMGT (Milli Görüs = Nationale Sicht)* und Chefredakteur des auf dem Spreekanal sendenden Fundisenders *Almanya Türk Televizyonu (Deutsch-Türkisches Fernsehen)* mit Sitz im gleichen Haus – zur Rede und fordert:»Schreiben Sie etwas Vernünftiges und nicht wieder etwas über die gefährlichen und bösen Fundamentalisten, die die Kinder indoktrinieren.«

Die 1976 in Köln gegründete *AMGT*, der Algan angehört, arbeitet eng mit der *Refah Partisi (Wohlstandspartei)* Erbakans in der Türkei zusammen, die sich die Errichtung eines islamischen Staates in der Türkei verschrieben hat. Die *AMGT* ist unter den islamischen Vereinigungen in der Bundesrepublik die am straffsten organisierteste. Anders als bei anderen türkisch-islamischen Vereinigungen bildet die intensive Arbeit unter Frauen und Mädchen einen wesentlichen Aspekt ihrer Tätigkeit. »Ich stimme mit den ideologischen Zielsetzungen der *AMGT* keineswegs überein«, beteuert Jahja Schülzke, »um so wichtiger ist die politische Auseinandersetzung mit meinen Glaubensbrüdern.«

Kirchturmpolitik

Wenn Rechtsextremisten wie Franz Schönhuber in ihren Reden davor warnen, schon bald könnte das Banner des Propheten über Kirchtürmen wehen, ist das kalkulierte Stimmungsmache gegen die Einwanderungsgesellschaft. Schönhuber kann dabei auf das tiefgreifende Vorurteil zurückgreifen, der Islam stehe im Widerspruch zu den Werten der bundesrepublikanischen Gesellschaft. Auf der anderen Seite steht die eher blauäugige Fraktion, die jedwede Kritik an muslimischen Radikalismen als Versuch entlarvt, das ausgemusterte Feindbild Kommunismus durch das des islamischen Fundamentalismus zu ersetzen. Beide Positionen sind wenig zweckdienlich.

Die gesellschaftspolitischen Ansichten der rund 2,7 Millionen Muslime der Bundesrepublik sind so heterogen, wie es sich für eine pluralistische Gesellchaft eben gehört. Und doch sollte das nicht dazu führen, die Augen vor den Realitäten und neuen Entwicklungen zu verschließen. Anders als in den siebziger und achtziger Jahren, als unter den Immigranten linke, sozialdemo-kratische und gewerkschaftliche Positionen dominierten, geben heute religiöse Organisationen den Ton an. Diese Entwicklung findet auch ihren Niederschlag an den radikalen Rändern.

Nach Erkenntnissen des Bundesamts für Verfassungsschutz sank in der Bundesrepublik die Zahl der Mitglieder in linksextremistischen Immigrantengruppen (überwiegend türkischer Herkunft) von rund 90.000 im Jahr 1982 auf heute rund 10.000. Im gleichen Zeitraum stieg die Zahl der Mitglieder in islamisch-extremistischen Gruppen von 9.400 auf rund 20.000. Das ist zwar eine Minderheit der in Deutschland lebenden Muslime, die aber – vor allem innerhalb der türkischen community – zunehmend ein Klima der Intoleranz und auch der Bedrohung verbreitet. So mußte ein junger Berliner Türke, der sich in der Öffentlichkeit zu seiner Homosexualität bekannte, monatelang untertauchen, da ihm religiöse Eiferer mit dem Tod drohten. Auch dem in Deutschland lebenden Publizisten Metin Gür wurde mehrfach der Tod angedroht. Der Grund: In seiner 1993 publizierten Studie »Türkisch-Islamische Vereinigungen in der Bundesrepublik Deutschland«, die für nachfolgende Ausführungen als Quelle dient, warnt er eindringlich vor dem wachsenden Einfluß islamischer Vereinigungen in Deutschland.

Bedeutendster Verband ist die 1976 in Köln gegründete *Vereinigung der neuen Weltsicht in Europa (AMGT)* , die bundesweit zahlreiche Moscheen unterhält, Korankurse für Kinder und Jugendliche anbietet und in engem Kontakt zu Necmettin Erbakans fundamentalistischen *Wohlfahrtspartei (RP)* steht, die die Errichtung eines islamischen Staates in der Türkei zu ihrem wichtigsten Programmpunkt erhoben hat. Tritt Erbakan in Deutschland auf, tut er dies häufig vor zehntausend Anhängern. Mit 20.000 organisierten Mitgliedern und weiteren 60.000 Anhängern in Deutschland verfügt die *AMGT* über ein beachtliches Aktionspotential.

Die *AMGT* ist es in der Regel auch, die Musterprozesse um die Freistellung von Mädchen vom koedukativen Sportunterricht, die Errichtung konfessioneller Schulen oder die Gründung einer islamischen Partei in der Bundesrepublik vorantreibt. Metin Gür unterstellt der *AMGT* nach eingehender Analyse ihres Auftretens in der bundesdeutschen Öffentlichkeit und den verbandsinternen Zielen eine Doppelzüngigkeit. So würden von ihren Repräsentanten ständig die Begriffe Demokratie, Freiheit und Menschenrechte im Mund geführt, die sie für Andersdenkende allerdings nicht gelten lassen wollen. Ayatollah Khomeinis Aufruf, Salman Rushdie zu ermorden, kommentierte der Generalsekretär der *AMGT*, Ali Yüksel, mit folgenden Worten:»Wer den Propheten und seine Angehörigen heruntermacht, dem geschieht das nur recht.«

Sprachrohr der *AMGT* ist die Tageszeitung *Milli Gazete* (Nationalzeitung), in der regelmäßig antidemokratische Kommentare erscheinen. In einem Artikel wird»der Europäer«als Wucherer, Kapitalist, Sozialist, Zionist, Kommunist und Imperialist bezeichnet,»der ständig brünstig und besoffen, ehebecherisch und materialistisch ist«. In einem anderen Aufsatz mit dem Titel»Zionismus und die Grausamkeit der Juden«ist nachzulesen:»Der Jude ist der Überzeugung, daß er die religiöse Pflicht erfüllt, wenn er die Nasen, Ohren und Augen unschuldiger Palästinenser abschneidet und aussticht und zerteilt.«

Im Vergleich zur *AMGT* spielt die Organisation des weithin als »Khomeini von Köln« bekannten und im Mai 1995 verstorbenen Extremistenführers Cemaleddin Kaplan eine untergeordnete Rolle. Nicht mehr als 1.200 Gefolgsleute konnte der aus der Türkei ausgewiesene Mufti von Adana zuletzt in seinem *Verband der islamischen Vereine und Gemeinden (ICCB)* um sich scharen. Die allerdings sind in ihrer Aggressivität und Militanz nicht zu unterschätzen.

Auch bei Kaplans Anhängerschaft ist ein aggressiver Antisemitismus, der sich in nichts von der Agitation neonazistischer Gruppen unterscheidet, ein konstituierendes Element. In einer Ausgabe der Verbandszeitung *Ümmet'i Mohammed (Hoffnung Mohammeds)* ist unter der Überschrift»Die Plage der Menschheit – die unruhestiftenden Juden«nachzulesen:»Der Jude ist der Feind der Menschheit. Außer sich akzeptiert der Jude die Existenz anderer Völker nicht ... Sein Ziel besteht darin, einen jüdischen Weltstaat zu gründen, den Zionismus zu verwirklichen und das Blut wie ein Schmarotzer zu saugen.« Wie»der Jude« dabei vorgeht, gab Kaplan in einem Flugblatt »An das tschetschenische Volk und seinen Präsidenten Dudajew!« vom 23. 12. 1994 zum Besten: »Die Juden haben einen furchtbaren Plan vorbereitet! Und zwar folgendermaßen: 1. Sie haben das kommunistische System mit Moskau als Zentrum installiert; Lenin und Stalin haben sie in Moskau plaziert, Tito auf dem Balkan und Mao in China (...) Ja! Die Juden arbeiten daran, durch diese Diktatoren die Religiösen zu unterdrücken und ihre religiösen Gefühle abzutöten. 2. (...) Der Zionismus brachte vorrangig über die Menschen in Anatolien das Unglück Mustafa Kemal. (...) 3. Kommen wir zur westlichen Welt: Der Zionismus brachte über die Völker Europas und Amerikas die Demokratie, er brachte ihnen eine ›laizistische Ordnung‹, zertrennte die Beziehungen zwischen den Menschen und der Kirche oder schwächte sie sehr ab!«

Die stetige antiwestliche und antisemitische Hetze islamisch-extremistischer Kreise bleibt nicht ohne Auswirkungen auf einen Teil der in Deutschland aufgewachsenen Jugendlichen türkischer oder arabischer Herkunft. So applaudierten 1994 Jugendliche bei einer Schulaufführung von Steven Spielbergs »Schindlers Liste« in einem großen Berliner Kino bei der Szene, in der Nazi-Schlächter Amon Göth frühmorgens entspannt auf dem Balkon sitzt und Juden erschießt.

Die Ergebnisse einer Umfrage, die Metin Gür unter 1.100 Besuchern von Moscheen durchführte, relativieren allerdings das Ausmaß des Einflusses religiöser Eiferer auf die Gläubigen. Sie bestätigen die These, daß die Gewährung der vollen bürgerlichen Rechte für Immigranten den islamisch-extremistischen Vereinigungen die Möglichkeiten, die religiösen Bedürnisse der Immigranten für ihre Zwecke auszuschlachten, erheblich beschneiden würde.

Bei der Frage, welche Partei sie wählen würden, falls sie das Wahlrecht hätten, zeigte sich, daß auf politischem Gebiet materielle und soziale Interessen der Glaubensüberzeugung klar den Rang ablaufen. 37 Prozent votierten für die *SPD*, 15 Prozent für die Einführung der Scharia (allesamt Anhänger Cemaleddin Kaplans), für die *CDU* 9,2 Prozent, für eine zu gründende *Islamische Partei* 7,4 Prozent (diese Option wurde fast auschließlich von jenen gewählt, die sich der *AMGT* zurechnen), für die *Grünen* 4,6

Prozent, für die *FDP* 2,2 Prozent und für die *Republikaner* 1,0 Prozent. Der Rest enthielt sich der Meinung.

Eine repräsentative Umfrage des *Zentrums für Türkeistudien* in Essen vom September 1994, die sich nicht nur an ein religiös bekennendes Umfeld richtete, ergab: Von 100 Türken ohne deutschen Paß würden im Falle des Wahlrechts 49 die *SPD*, 11 die *Grünen*, 10 die *FDP*, 7 die *CDU/CSU* und einer die *PDS* wählen.

Vom Stadtteilkampf zum Ausländerprojekt

1972. Der Gesundbrunnen in Berlin-Wedding ist Europas größtes Sanierungsgebiet. Häuser werden entmietet und vorübergehend dem Verfall preisgegeben. Die Bezirksverwaltung unternimmt größte Anstrengungen, den traditionsreichen Arbeiterbezirk vom Geruch der Zweitklassigkeit zu befreien. Aber bevor Planierraupen und Abrißbirnen nach langen Planungsverfahren ihre Arbeit verrichten können, werden die Lebensverhältnisse immer bedrückender. Auf 2.745 Kinder zwischen 10 und 12 Jahren kommen 6.940 Quadratmeter Spielfläche. Eine zukunftsgläubige, technokratische Verwaltung überantwortet eine Generation von Kindern und Jugendlichen der Verwahrlosung. Dies ist die Situation, in der die »Bürgerinitiative Putte« gegründet wird. Studenten und Jugendliche beginnen in der Putbusser Straße, einen Schuttplatz in einen Abenteuerspielplatz zu verwandeln. Zwei leerstehende Ladenwohnungen neben dem Spielplatz werden als Schüler- und Jugendladen eingerichtet.

Türkische, deutsche, kurdische und Kinder aus Sintifamilien greifen die pädagogischen Angebote begeistert auf. Schnell zeigt sich, daß die beiden Läden dem Ansturm nicht gewachsen sind. Gemeinsam mit den Jugendlichen renovieren Mitglieder der Bürgerinitiative einige leerstehende Wohnungen in dem Haus in der Putbusser Straße. Sechzehn Jugendliche beschließen, aus den beengten Wohnverhältnissen zu Hause aus- und hier einzuziehen. Schließlich besetzen die Jugendlichen das ganze Haus. Der Konflikt mit dem Bezirksamt, dem Hauseigentümer, ist vorprogrammiert. Postwendend wird signalisiert: Das Haus sei baufällig und müsse abgerissen werden. Zwei dunkle, feuchte Räume, eher zur Champignonzucht denn zur Jugendarbeit geeignet, werden als Alternative angeboten. Die Jugendlichen lehnen das Angebot dankend ab. Statt dessen legt die »Putte« dem Bezirksamt ein Nutzungskonzept und Pläne vor, wie das Haus mit wenig Geld und beträchtlichen Eigenleistungen instandgesetzt werden könnte.

Der gutgemeinte Vorschlag kommt zu früh. 1974 ist das Jahr der Kahlschlagsanierung, und es dauert noch Jahre, bis die zuständigen Vertreter des Bezirksamtes unter dem Druck der Straße die Grundzüge der behutsamen Stadterneuerung lernen. Sie schalten auf stur, lehnen das Angebot ab und bereiten mit einer Kampagne ein Klima vor, das die Räumung des Hauses erzwingt.

Im Januar 1974 wird zunächst der Abenteuerspielplatz vom Bezirksamt geschlossen. Der Jugendstadtrat, Peter Sötje *(SPD)*, rechtfertigt sein Vorgehen:»Tatsache ist jedoch, daß in letzter Zeit weder die eine pädagogische Kraft, noch die Bürgerinitiative Putte in der Lage waren, den Spielplatz pädagogisch geleitet zu führen. Die Bürgerinitiative hat sich aufgrund ihrer vielfältigen Initiativen offensichtlich übernommen.« Verwahrlosung und Verantwortungslosigkeit wird den »Putte«-Mitarbeitern vorgeworfen, kommunistische Unterwanderung und anarchistische Umtriebe. In der Bezirksverordnetenversammlung vom 21. März 1974 macht der *SPD*-Fraktionsvorsitzende Sorgatz unmißverständlich klar, daß für die Sozialdemokraten eine weitere Nutzung des Hauses auf keinen Fall in Frage kommt:»Dies würde bedeuten, daß ein gesetzwidriges Verhalten von Amts wegen legalisiert und gewissermaßen mit behördlicher Unterstützung belohnt würde.«

Die drohende Räumung mobilisiert Jugendliche aus der ganzen Stadt. Tag und Nacht harren etwa hundert Jugendliche in der »Putte« aus, Studenten des Otto-Suhr-Instituts der Freien Universität halten Seminare und Besprechungen im Haus ab, und eine Ausstellung der Hochschule der Künste im umkämpften Haus zieht täglich zahlreiche Besucher an. Vergebliche Liebesmühe. Im April 1974 wird das Haus von einem gewaltigen Polizeiaufgebot geräumt und dem Erdboden gleich gemacht. Nach verlorener Schlacht wird es sehr schnell ruhig um die »Putte«. Die Studenten und Aktivisten, die für eine kurze Zeit in den Wedding kamen, wenden sich neuen politischen Aufgaben zu. Zurück bleiben ein paar versprengte BI'ler und verstörte Jugendliche, die keine andere Wahl haben, als das Alternativangebot – kalte, feuchte Räume – anzunehmen.

Die Versuche, die »Putte« aufs pädagogische Abstellgleis zu schieben, gehen weiter. Politische Gängelei seitens des Senats und chronische Geldknappheit erschöpfen schließlich auch die ausdauerndsten Mitarbeiter. 1977 liegt die inhaltliche Arbeit brach. Die Krise spitzt sich zu, als die Unzulänglichkeiten in der Projektorganisation und pädagogische Defizite offen zutage treten. Die »Putte« kämpft mit den Geburtswehen, die in ähnlicher Weise von vielen in den siebziger Jahren gegründeten Selbsthilfeprojekten durchlitten werden: »Nach außen bedeutete Selbstverwaltung, daß die Bürgerinitiative ihre inhaltliche Arbeit selbst bestimmt, eigene Schwerpunkte entwickelt und damit eine hohe Flexibilität gegenüber den an sie gestellten Ansprüchen hat. Nach innen heißt Selbstverwaltung: Entscheidungen werden bei Mitgliederversammlungen ›basisdemokratisch‹ gefällt. Es findet eine Aufteilung sämtlicher Aufgaben – möglichst nach dem Rotationsprinzip – unter den Mitarbeitern statt. Damit soll einer Hierarchisierung entgegengewirkt und eine breite Fächerung von Kompetenzen bei den Mitarbeitern erreicht werden. Die Mitarbeiter sind jedoch in der Regel durch diese Aufgaben überfordert. Die Bewältigung dieser Aufgaben setzt Kenntnisse im Vereinsrecht, in der Kassen- und Buchführung, im Tarif-, Steuer- und Versicherungsrecht, von ordnungspolizeilichen Vorschriften und von den Aufgaben als Arbeitgeber voraus.«[1]

Als sich die »Putte« nach 1974 durch die Veränderung der Bewohnerstruktur im Viertel naturwüchsig zu einem Ausländerprojekt entwickelt, das »Notquartier« nun verstärkt von türkischen Kindern und Jugendlichen besucht wird, ist keiner der Mitarbeiter darauf vorbereitet. »Die ausschließlich deutschen Mitarbeiter der ›Putte‹ stehen zu Anfang den Problemen der ausländischen Kinder und Jugendlichen hilflos gegenüber. Sie können sich die türkischen Namen nicht merken, verstehen die Kinder oft nicht richtig, sind ungeduldig und benachteiligen sie dadurch, ohne daß es ihnen bewußt wird. Ihr Verhalten verstärkt die Vorurteile der deutschen gegenüber den türkischen Jugendlichen. Sie wissen gar nichts oder wenig über türkische Familienverhältnisse, deren Verhaltensweisen, deren Erziehung usw. Ohne die konkrete Situation der Kinder zu kennen, diskutieren sie in endlosen Sitzungen, was sie mit der Arbeit erreichen wollen. Die Betreuer der ›Putte‹ kommen Mitte der siebziger Jahre aus der Studentenbewegung oder sind zumindest von ihr beeinflußt, orientieren sich an antiautoritären Erziehungsprinzipien (vor allem in der Sexualerziehung) und versuchen, politische Erziehungsarbeit durchzusetzen, die auf ihren Bewußtseinsstand und auf ihre Bedürfnisse zugeschnitten sind und weniger auf die der türkischen Eltern, Jugendlichen und Kinder. Nicht allein die Sprachbarrieren führen zu Schwierigkeiten, sondern oft in noch größerem Maß, daß man türkische Gebräuche und Mentalität nicht kennt. Hier können, ja müssen deutsche Betreuer ohne die Anleitung türkischer Kollegen nicht wieder gut zu machende Fehler begehen.«[2]

Das Projekt reagiert flexibel auf die Herausforderung und stellt bereits 1975 türkische und kurdische Mitarbeiter ein, gleichzeitig werden die bislang gültigen pädagogischen Leitlinien modifiziert. »Wir haben generell unser antiautoritäres, kumpelhaftes Verhalten gegenüber den Kindern neu bestimmt. Die Kluft zwischen Schülerladen und Umgebung, Schule und Elternhaus ist zu groß gewesen. Wir hatten die Werte, die die Kinder durch ihre Sozialisation erfahren hatten, zu sehr in Frage gestellt. Durch die türkischen Betreuer, die sich eindeutig als Autoritätspersonen geben, hat sich auch das Verhalten der deutschen Betreuer geändert. Wir stellten durchschaubare Regeln auf.«[3]

1979 steht die Türkei am Rande eines Bürgerkrieges. Täglich fordern Attentate und Schießereien zwischen Mitgliedern der faschistischen und linken Organisationen Opfer. Angehörige der *Bozkurtlar (Grauen Wölfe)* organisieren 1979 in Çorum und Maraş ein Pogrom gegen Angehörige der alewitischen Glaubensgemeinschaft, die als Linke gelten, und töten Hunderte von ihnen. Die Ökonomie des Landes kollabiert, die Zahl der Arbeitslosen bewegt sich auf zehn Millionen zu. Es kommt zu Massenstreiks der Arbeiter. Vielen linken Jugendlichen erscheint der Ausbruch der Revolution und des bewaffneten Volkskampfes nur noch eine Frage von Monaten. Im Frühjahr 1979 eskaliert auch in Berlin die Gewalt. Eine Entwicklung, die von der West-Berliner Öffentlichkeit kaum wahrgenommen wird:

»24. 03.   Flugblattverteiler des Vereins Arbeiter-Jugend der Türkei werden in Neukölln von Grauen Wölfen und Mitgliedern der MSP (Nationale Heilspartei) mit Ketten und Schlagstöcken angegriffen.

30. 03.   Nachts schießen türkische Faschisten viermal auf

ein Vereinslokal des ›Vereins der Arbeiter aus der Türkei‹ in der Bellermannstraße.

03. 04. Auf den Versammlungsraum des ›Kultur- und Solidaritätsvereins Berlin‹ in der Burgsdorfstaße werden sieben Schüsse abgegeben.

10. 04. In der Nacht wird ein Brandanschlag auf das Büro der ›Werktätigen aus der Türkei‹ in der Naunynstraße verübt.

28. 04. Am Leopoldplatz werden Flugblattverteiler des ›Kultur- und Solidaritätsvereins‹ von bewaffneten Faschisten angegriffen und verletzt.

04. 05. Am Kottbuser Damm, Ecke Maybachufer, überfallen ca. 100 Faschisten und religiöse Fanatiker während des Wochenmarktes Flugblattverteiler der fortschrittlichen Arbeitervereine aus der Türkei. Die mit Messern, Ketten und Knüppeln Bewaffneten fügen zum Teil schwere Verletzungen zu.«

(Auszüge aus einem Flugblatt der *Antifaschistischen Front Westberlin*, Mai 1979)

Die Polarisierung unter den Immigranten der Stadt wirkt auch auf die Arbeit in der »Putte« zurück. Es kommt zu lebhaften Auseinandersetzungen um die richtige politische und pädagogische Praxis. »Die Situation in der Türkei war für viele deutsche Kollegen schwer verständlich und verwirrend. Die Diskussionen und Zersplittung der Linken aus der Türkei war für die deutsche Linke negativ besetzt. Sie verglichen die Auseinandersetzungen der Kollegen aus der Türkei mit den eigenen negativen Erfahrungen in der Nachstudentenbewegung, ohne wirklich zu begreifen, was da in der Türkei ablief. Generell aber kann man sagen, daß die deutsche Linke Ende der siebziger Jahre sich fast ausschließlich mit der Alternativbewegung beschäftigte«, erinnert sich eine »Putte«-Mitarbeiterin.

Unversöhnliche Konfliktlinien brechen auf: Die einen kritisieren, daß sich die politische Arbeit einiger Kollegen gänzlich auf die Türkei orientiere und auf die anstehenden Tagesprobleme hier kaum ein Gedanke verschwendet würde, daß sie Pädagogik mit politischer Agitation verwechselten. Die anderen werfen Mitarbeitern eine Reduzierung der Stadtteilarbeit auf reine Pädagogik vor. Die »revolutionäre Situation« entzweit die Mitarbeiter. Der Streit um die richtige pädagogische Praxis und politische Strategie wird von den Fraktionen mit harten Bandagen geführt. Die Trennungslinie verläuft aber nicht zwischen deutschen und türkischen Kollegen, sondern zwischen den Anhängern unterschiedlicher gesellschaftspolitischer Vorstellungen. Dauerhafte Feindschaften entstehen. Beendet wird der Konflikt durch einen Generationswechsel unter den Mitarbeitern.

Die Raumsituation im »Putte-Notquartier« wird Ende der siebziger Jahre immer bedrückender. Allen Beteiligten ist klar, daß es eine Zukunft des Projektes nur in neuen Räumen geben kann. Hinzu kommt, daß die Immigranten durch die fortschreitenden Sanierungsmaßnahmen aus ihrem Viertel vertrieben werden: »Die Entwicklung im Sanierungsgebiet Gesundbrunnen, dem bisherigen Hauptballungsgebiet der Ausländer, hat zur fortschreitenden Abwanderung der ausländischen Bevölkerung aus diesem Gebiet geführt. Gegenüber Ende 1973 hat sich die Zahl der hier lebenden Ausländer von 8.546 um 3.295 auf 5.251 verringert. Der Anteil der Ausländer, die in den neu errichteten Wohngebieten Aufnahme gefunden haben, ist verschwindend gering.«[4]

Die Suche nach geeigneten Räumen für die »Putte« konzentriert sich auf das Gebiet rund um das Stadtteil- und Kulturzentrum »Fabrik Osloer Straße«, in deren Nachbarschaft sich viele Familien, die aus dem Gesundbrunnen abwandern, niederlassen. Es ist zu diesem Zeitpunkt Sanierungsverdachtgebiet mit der »typischen« Sozialstruktur des »Wohnens auf Abriß«: Ende der siebziger Jahre beträgt der Ausländeranteil an der Bevölkerung 45 Prozent. Bei den Jugendlichen unter fünfzehn Jahren beträgt der Anteil sogar mehr als 75 Prozent.

Als die Sozialdemokraten vor Ort von den Plänen der »Putte«, in die »Fabrik Osloer Straße« einzuziehen, Wind bekommen, steigen sie erneut kampfentschlossen in den Ring. Die Bezirksamtsvertreter sehen durch die »Putte« wieder einmal ihre Sanierungspläne, diesmal im Block der »Fabrik Osloer Straße«, gefährdet und fürchten nichts mehr als ein »Widerstandnest«, bestehend aus dem *Bund der Pfadfinder*, die das Stadtteil- und Kulturzentrum gründeten, und der »Putte«. In der Bezirksverordnetenversammlung vom 21. Juni 1979 dokumentieren die Bezirksverordneten der *CDU* und *SPD* ihren Widerwillen gegenüber den alternativen Schmuddelkindern:

»Wer die Schuppen kennt, die da noch stehen und die dort stehengeblieben sind, weil die Bauaufsicht da mehr als zwei Augen zugedrückt hatte im Hinblick darauf, daß diese Fabrikation (gemeint ist die bis Mitte der siebziger Jahre ansässige Fabrik) sowieso verlegt wird, weiß, es ist Schamott. Ich kann mir keine sinnvolle pädagogische Konzeption vorstellen, die dort durchführbar ist. Es sei denn, es werden erhebliche Mittel investiert, und auch dann bleibt es unbefriedigend. Es mag sein, daß ich als Weddinger Junge da auch ein bißchen allergisch bin. Ich finde es entsetzlich, wiederum pädagogische Arbeit im Hinterhof zu lassen.« (Winfried Tromp, Bezirksstadtrat für Jugend und Sport)
(Zwischenruf: »Im Zille-Milieu.«)
(Beifall)

»Wir kommen immer auf den Punkt, daß irgendwo, das muß nicht die »Putte« sein, eine Bürgerinitiative sich gründet, lautstark versucht, die Öffentlichkeit für sich zu beeinflussen, lautstark durch die Stadt zieht, und dann kommt die Senatshauptverwaltung, wer es immer ist, und schüttet ungeprüft Millionenbeträge hinterher, ohne vorher zu wissen, welche Konzeptionen dahinterstehen ...« (Nisblé, *SPD*).

»Wenn Sie mich fragen, ich hoffe, Sie fordern mich nicht dazu auf, ich habe mehrfach in der Woche, wenn auch immer nur für kurze Zeit, zumindest vom Äußeren her, etwa miterleben können, wie die Putte in ihrem sogenannten Notquartier gearbeitet oder gehaust hat. Das war für mich keine Ermutigung ...« (Possehl, *SPD*)

»Ich denke, diese Menschen haben eine Therapie nötig.« (Günter Jaun, *SPD*)

Mit Hilfe einer intensiven Öffentlichkeitskampagne, mit Flugblättern, zweisprachigen »Putte-Zeitungen«, Rundfunkbeiträgen, Zeitungsartikeln und einem Straßenfest gelingt es dem Projekt im Herbst 1979 doch noch, vertraglich abgesichert in die »Fabrik Osloer Straße« einzuziehen, wo es auch heute noch arbeitet und wesentlich zu der Stabilisierung und Integration vieler Familie beigetragen hat. Der Umzug in die »Fabrik Osloer Straße« verändert und verbessert die Arbeit der »Putte«. Zwei Jahre später hat sie einen generationsübergreifenden Arbeitsansatz verwirklicht: Neben dem Schüler- und Jugendladen enstehen eine Vorschulgruppe, eine Beratungsstelle, eine Mädchen- und eine Frauengruppe. Nicht alles gelang dabei nach Plan, dafür erwarben sich die MitarbeiterInnen einen reichen Erfahrungsschatz.

1981 starten Praktikantinnen das Experiment, den Jugendladen an einem Tag in der Woche nur für Mädchen zu öffnen. Der »Emanzipationsvorstoß« stößt auf wenig Gegenliebe bei den männlichen Jugendlichen, die die Eingangstür belagern und randalieren. Bald stellt sich auch heraus, daß der Jugendladen, der von der Straße nicht einzusehen ist, für die Arbeit mit türkischen Mädchen ungeeignet ist. Die Eltern haben die Töchter nicht »im Blick« und lassen sie deshalb häufig nicht zu den Treffen kommen. Erst als ein Raum im Vorderhaus eingerichtet wird, in den die besorgten Eltern Einsicht haben, kommen mehr Mädchen zu den Treffen.

Die 1980 gegründete Vorschulgruppe für deutsche und türkische Kinder stößt bei den türkischen Eltern der Nachbarschaft auf wenig Begeisterung. In den Augen vieler Eltern sind die Mitarbeiter »Hippies, Punks und Huren«. »Da nun die Vorschule da war, aber die Kinder fehlten, sind wir mit den drei Kindern, die bereits zu uns kamen, auf die umliegenden Spielplätze gegangen und haben die Mütter direkt angesprochen«, erzählt eine Erzieherin. »Wir haben sie zu uns eingeladen, und es kam zu ersten Kontakten. Wir organisierten ein Frühstück für die Frauen, um über die Kinder zu sprechen. Es war eine tolle Atmosphäre, und die Frauen wollten gar nicht mehr gehen. In diesen Gesprächen haben wir viel über die Situation der Frauen erfahren. Über ihre Isolation, ihren Analphabetismus, ihre Familienschwierigkeiten. Aus dem Vorschlag der Frauen, sich öfters und regelmäßig zu treffen, entstand schließlich die Frauengruppe.«

Ab 1980 betreuen »Putte«-Mitarbeiter auch Jugendliche in der Jugendstrafanstalt Plötzensee. Aus dem Fond für Ausländerprojekte wurde diese Arbeit mit jährlich 50.000 Mark gefördert. »Wir wollten eigentlich nur draußen Jugendarbeit machen. Aber einige unserer Jugendlichen kamen mit Rauschgift in Berührung oder begingen Einbrüche. Im Knast fühlten sie sich von uns vernachlässigt. Also gingen wir hin.«[5] Fünf Honorarkräfte arbeiteten für viel zu kurze Jahre in Plötzensee. Sport, Spiel und Kultur standen auf dem Tagesprogramm; Sazinstrumente, Schallplatten und türkische Literatur wurden angeschafft, Schreib- und Lesekurse eingerichtet. Obgleich die Aktivitäten ein breites Echo gefunden haben, wird die Förderungssumme aufgrund von Haushaltskürzungen des Senats nach und nach gestrichen. Bis heute hat sich an der finanziellen Unsicherheit wenig geändert. Immer wieder sind Teile der Projektarbeit durch Stellenstreichungen und Mittelkürzungen gefährdet.

Ein Bandenchef wird Erzieher

Wann hast du die »Putte« kennengelernt?

Enver: Am Anfang hatte ich nicht viel mit der »Putte« am Hut. Als ich mit sechzehn Jahren 1972 nach Berlin kam, habe ich gleich mit Freunden eine Bande gegründet. Wir waren alle neu in Berlin und hatten Schwierigkeiten, uns anzupassen. Damals hat es im Wedding noch anders ausgesehen, wir hatten überall Ärger und sind angeeckt. Die Bande hatte den Zweck, uns zu zeigen. Wir wollten uns wichtig machen, uns nicht verstecken. Heute weiß ich, daß das irgendein unbewußter Protest gegen die Gesellschaft war. Damals ging es uns aber darum, unsere Stärke zu demonstrieren. Wir sind als Gruppe in das Kino am Humboldthain gegangen, ohne zu bezahlen. Genauso in die Kneipen. Wir waren sehr aggressiv, und es hat oft Schlägereien gegeben. Vor allem, wenn jemand Ausländer beleidigt hat, gab es Ärger. Wir hatten die Gegend um den Humboldthain fest in unserer Hand. Die anderen Jugendlichen aus der Türkei mußten entweder für oder gegen uns sein. Etwas anderes gab es nicht. Die meisten waren für uns, da wir immer sehr schnell dreißig bis vierzig Leute auf die Beine bringen konnten, wenn etwas los war.

Welche Rolle spielte die »Putte« damals für euch?

Sie war unser Treffpunkt, und wir waren die erste türkische Gruppe, die in die »Putte« kam. Mit den Erziehern lief es eigentlich recht gut. Wir haben begriffen, daß die Deutschen da anders waren. Wir haben uns aber von denen nicht beeinflussen lassen. Wir haben uns lediglich da getroffen, und sie haben uns in Ruhe gelassen.

Warst du dabei, als die Polizei 1974 das Haus räumte?

Also, die Auseinandersetzungen damals haben wir gar nicht so richtig mitgekriegt. Wir hatten zwar auch was gegen die Bullen, bei uns gab es aber keine Basis, die »Putte« zu unterstützen. Nachdem die »Putte« geräumt war und sie in das Notquartier umzogen, waren wir nicht mehr so oft da. Da war dann eine andere Generation von Jugendlichen, die nicht wie wir 72/73 aus der Türkei kamen, sondern hier aufgewachsen sind.

Wie bist du dann Sozialarbeiter geworden?

In den zwei Jahren nach der Räumung ging es in der »Putte« chaotisch zu. Die Erzieher hatten keinen Einfluß mehr auf die Jugendlichen. Fast jede Nacht wurde in den Laden eingebrochen, und die Jugendlichen haben die Nächte durchgekifft und waren sehr aggressiv. Die Erzieher konnten die verfahrene Situation auch nicht mit Hilfe türkischer Kollegen lösen. Es war klar, daß sich die Situation schnell bessern oder der Jugendladen geschlossen werden mußte. Da kamen die Erzieher auf die Idee, mich einzustellen, da mich die Jugendlichen kannten und vor mir Respekt hatten. Es war zu dem Zeitpunkt, als unsere Bande auseinanderfiel. Wir waren älter geworden und dachten anders als früher. Ich war gerade arbeitslos und habe den Job angenommen.

Und du hast den Laden wieder in den Griff bekommen?

Als ich anfing, habe ich mir die Jugendlichen erst einmal vorgeknöpft. Ich kannte sie ja alle und wußte, wer einbricht und so. Ich habe gesagt, daß ich jetzt der Chef hier bin und die Einbrüche jetzt aufhören. Es hat geklappt. Der Jugendladen hatte wieder von 14.00 – 22.00 Uhr oder länger geöffnet. Es wurde ein Küchendienst eingerichtet, Musik gemacht. Meine Arbeit hatte natürlich mit Erziehung nicht viel zu tun, sondern lief über den Respekt, den die Jugendlichen vor mir hatten. Fast alle Jugendlichen, die damals die »Putte« besuchten, kamen aus der Türkei, außer ein paar deutschen Mädchen. Nach neun Monaten hörte ich in der »Putte« wieder auf, da ich einen neuen Job in der Fabrik fand. Außerdem wollte ich mehr Zeit zum Lesen haben.

Du hast dann später nochmals als Erzieher in der »Putte« gearbeitet?

1978 habe ich wieder als Erzieher angefangen. In der Zwischenzeit hatte ich mich sehr geändert, hatte mich politisch weitergebildet. Ich hatte nun die Vorstellung, die Jugendlichen über Gespräche und gemeinsame Aktivitäten politisch zu erziehen. Zu dieser Zeit war es ja so, daß man in der Türkei nicht liberal in der Mitte stehen konnte. Man konnte sich aus der Politik nicht raushalten. Mit den deutschen Mitarbeitern konnten wir uns über die Probleme damals nicht unterhalten, ich konnte nicht erzählen, was mich bedrückte. Ich sprach dazu auch zu schlecht deutsch. Es kam dann auch zu Konflikten. Das Problem einiger Mitarbeiter war, die »Putte« pädagogisch wieder in Schuß zu bringen, mein Problem und das von anderen war die politische Situation vor dem Militärputsch in der Türkei. Die zwei Fronten standen sich ziemlich unversöhnlich gegenüber. Wir haben damals alle Fehler gemacht. Mein Fehler war, daß ich die pädagogische Arbeit unterschätzte. Aber ohne politische Bildung geht es eben auch nicht. Dieses Ziel ist heute in der »Putte« weitgehend verlorengegangen.

Kannst du näher erläutern, was du damit meinst?

Zum Beispiel wird viel über Ausländerfeindlichkeit geredet, aber wenig dagegen getan. Und es wird nur über Ausländerfeindlichkeit geredet. Eine Organisation wie die »Putte«, in der die Mehrheit ausländische Mitarbeiter sind, muß sich auch mit der Deutschfeindlichkeit der hier lebenden Türken auseinandersetzen. Die Diskussion ist sehr einseitig. Klar ist die Ausländerfeindlichkeit der Hauptpunkt, da sie auch seitens der Politiker geschürt wird, aber als Fortschrittlicher muß man auch etwas gegen die Deutschfeindlichkeit tun. Im Wedding sind siebzig bis achtzig Prozent der Leute aus der Türkei gegen Deutsche eingestellt. Ich habe viele Kontakte, und bei fast allen Diskussionen ist mir das aufgefallen. Die Gründe dafür hängen mit Nationalismus, Religion und ihrer Isolation von den Deutschen zusammen.

»Wir haben eine Menge Schiß vor den Türken«

Die Kinder aus der Sprengelstraße

Für die in den achtziger Jahren geborene Generation ist Multikulturalität kein schicker Modebegriff, sondern gelebter Alltag. Es ist längst kein exotischer Einzelfall mehr, wenn sich deutschstämmige Kinder und Jugendliche mit ihren Freunden auf türkisch oder serbokroatisch verständigen. In vielen jugendlichen Freundeskreisen spielt die Herkunftsnationalität der Eltern keine Rolle mehr. Sie kennen aus eigenem Erleben die Sonnen- und Schattenseiten der Einwanderergesellschaft. Der Jugendkeller in der Ostergemeinde in der Sprengelstraße, unweit der »Putte«, ist ein Ort, an dem Ausgrenzung nicht zugelassen wird. Nachmittags ab vierzehn Uhr treffen sich Kinder und Jugendliche der Straße im Souterrain der Kirchengemeinde. Für jeden ist etwas im Angebot: Jazzdance, Fußball, Breakdance, Hausaufgabenhilfe, Fahrradtouren, Videofilme, eine Umweltgruppe und vieles mehr.

Bis vor wenigen Jahren war der Clubraum deutschen Jugendlichen vorbehalten, die hier die Jahre um die Konfirmationszeit miteinander verbrachten. Heute wird er von allen Jugendlichen der Straße genutzt. Sie kommen aus katholischen, protestantischen, griechisch-orthodoxen, aus muslimischen, buddhistischen oder hinduistischen Familien. Problemlos ist der Alltag trotz alledem nicht. Im Frühjahr 1992 verschlechtert sich das Klima im Jugendkeller. Der Ton wird rauher. Die Distanz unter den Jugendlichen drückt sich in der räumlichen Separierung aus – die deutschen Jugendlichen ziehen sich ins Büro zurück, die türkischen Jugendlichen in den Caféraum. Hintergrund der Spannungen: Die deutschen Jugendlichen besitzen »Startvorteile«, da sie über den Konfirmandenunterricht in die Jugendarbeit hineingewachsen sind und dadurch einen intensiveren Kontakt zu den Mitarbeitern aufbauen konnten. Die türkischen Jugendlichen, die »nur« über die offenen Angebote wie Disco in den Jugendkeller kommen, sind in der Regel älter und körperlich überlegen. »Eben diese Eigenschaften werfen sie in die Waagschale, wenn es gilt, die Startvorteile der deutschen Jugendlichen auszugleichen. Einschüchterungen, das Androhen von Schlägereien und mutwillige Zerstörungen überfordern die Stammbesucher«, berichtet der Sozialarbeiter Christoph Happel.

Hinter dem Clubraum liegt ein kleinerer, in dem die Spiele verwaltet werden. Sandra (12), Oliver (14) und Stefan (15) haben sich hierher zurückgezogen. Alle drei sind in der Straße aufgewachsen. Sandra besucht die sechste Klasse der Grundschule, Oliver ist seit einem Jahr Stammgast des Jugendkellers und besucht das Ranke-Gymnasium. Stefan ist bereits ein »alter Hase«. Seit zweieinhalb Jahren verbringt er seine Nachmittage hier.

Deutsche, jugoslawische, türkische und arabische Jugendliche besuchen den Club. Kommt ihr untereinander klar?

Sandra: Die türkischen Jugendlichen sitzen draußen im Caféraum, und wir sitzen hier hinten, weil wir uns mit denen nicht so verstehen. Die kommen hierher, tun ganz cool und denken, denen gehört das alles. Die türkischen Jugendlichen sind älter, die reden meist über uns, aber immer nur auf türkisch, kaum deutsch. Meine jugoslawische Freundin, die kann auch türkisch, sie möchte es uns beibringen, damit wir verstehen, was die sagen und so.

Oliver: Wenn einer von uns Deutschen ein falsches Wort sagt, werden ihm Schläge angedroht. Die unterhalten sich dann auf türkisch und schmieden einen Plan gegen den, der etwas gesagt hat. Wenn man Pech hat, bekommt man Schläge angedroht.

Ist dir das schon passiert?

Oliver: Ja. Als wir Konfirmation hatten, machten wir eine geschlossene Feier. Jeder Jugendliche konnte ein paar Freunde mitbringen. Als die Feier lief, kamen ein paar Jungs. Ich ging nach oben und sagte ihnen, daß wir heute Konfirmationsfeier hätten, geschlossene Gesellschaft, und daß heute nichts liefe. Die sagten nur: »Laß uns rein!« Ich dann: »Das geht heute nicht.« Dann haben sie mir gleich Schläge angedroht. Am nächsten Tag haben sie mich zusammengetrimmt. Erst hat der eine mich zusammengeschlagen, dann hat mir der andere hochgeholfen. Ich dachte, ach schön, jetzt hilft der mir, keine Sekunde später habe ich seinen Fuß im Gesicht gehabt.

Hast du einen Freund unter den türkischen Jugendlichen?
Oliver: Einen Freund eigentlich nicht.
Stefan: Mir geht es so wie Oliver. Wenn die Größeren hier runter kommen, und ich sitze draußen, dann stehe ich auf und gehe in den kleinen Raum. Mit denen haben wir nichts zu tun.

Sprecht ihr über die komische Situation, daß die einen hier sitzen und die anderen dort?
Sandra: Wir können die ja nicht verjagen. Eher können die uns verjagen. Wenn wir die verjagen würden, würden wir Keile kriegen.

Es gibt aber auch die Möglichkeit, etwas zusammen zu machen ...
Stefan: Wenn wir etwas zusammen machen sollten, würden die türkischen Mitbürger den Chef schieben wollen.

Ihr seid zusammen in die Kita gegangen, zusammen in der Straße aufgewachsen, warum dann diese Trennung und diese Angst? Habt ihr nie zusammen gespielt?
Stefan: Wir Deutschen haben Fußball oder Fangen auf den Höfen gespielt, aber immer getrennt; was die Türken gemacht haben, weiß ich nicht.

Wäre es euch lieber, hier wären nur deutsche Jugendliche?
Sandra: Man kann nicht sagen, hier gehören nur Deutsche her, die Türken würden dann auch draußen auf der Straße sitzen. Das wäre genau dasselbe, wenn man sagen würde, hier sollten nur Türken rein, dann würden wir Deutsche auf der Straße sitzen, deshalb denke ich, der Jugendkeller soll für alle dasein.
Oliver: Hier unten soll auf gar keinen Fall so etwas wie Ausländerhaß entstehen. Es sieht vielleicht doof aus, wenn wir Deutschen hier im Büro hocken, die Türken draußen, das hängt vielleicht auch damit zusammen, weil hier weniger Deutsche als Türken sind. Wir sind in der Minderheit.

Du sagtest, es gibt hier keinen Ausländerhaß…
Oliver: So ein direkter noch nicht, vielleicht so ein indirekter, so ein kleiner.

Kannst du diesen kleinen Ausländerhaß beschreiben?
Oliver: Ja. Manches Mal denke ich mir: Mensch, wir stellen uns hin und räumen auf, was die ja kaum machen, versuchen, den Keller schön zu machen, ja und dann müssen sie uns alles beschmieren, mit den Messern kaputtschneiden, Knöpfe abreißen, Tische kaputtmachen. Da kann man manches Mal ausrasten.

Stefan: Wir haben eine Menge Schiß vor den Türken hier. Sie machen uns schnell an, drohen Prügel an, oder sie zücken die Messer, da hat man schon Respekt vor denen. Wenn man die dann auch noch hier unten trifft, dann geht man sich lieber aus dem Weg.

Läufst du ständig mit diesem Gefühl der Angst durch die Gegend?
Stefan: Ab und zu. Wenn ich ein paar von denen treffe, Kopf nach unten und möglichst schnell vorbei. Bei den Türken, die ich von hier kenne, laufe ich ganz normal vorbei und nicke vielleicht mit dem Kopf, wenn die das auch machen.

Oliver: Wenn mir drei, vier auf der Straße entgegenkommen, lege ich einen schnelleren Schritt ein, Kopf nach unten und schnellstmöglich an denen vorbei. Manches Mal wechsle ich auch die Straßenseite, man weiß ja nie.

Habt ihr schon überlegt, euch zusammenzuschließen, eine Clique zu bilden?
Oliver: Ja, aber das wäre dann, wie wenn Rußland gegen Amerika einen Krieg führt. Auf der einen Seite wären die Türken, auf der anderen Seite wären wir, dann würde ein Rassenkrieg entstehen, so eine Art Bürgerkrieg, das muß nicht sein.

Wie kann sich die Situation verbessern?
Stefan: Innerlich überlege ich mir immer, wie ich mit den Türken näher in Kontakt treten kann. Mach ich dann einen Vorschlag, heißt es: »Is' doch blöde, ne, det machen wir nicht.« Irgendwann ist die Sache gegessen.

Habt ihr schon einmal eine türkische Familie besucht?

Stefan: Bei einem Mitspieler aus meinem Fußballverein bin ich mal mitgegangen. Da sieht es zwar anders aus als bei uns, sonst ist aber eigentlich alles ganz normal. Die Türken haben genauso wie die Deutschen Computer. Die Eltern von dem haben mich wie einen eigenen Sohn behandelt. Haben mir was zu trinken angeboten, was zu essen, dies und jenes. Die Eltern sind ganz anders als ihre Kinder, die wollen uns meistens nur prügeln.

Oliver: Ich war noch nie bei einer türkischen Familie. Das wäre vielleicht mal was Schönes, bei einer türkischen Familie zu gukken, wie die leben, ob die anders leben als wir.

Ihr wohnt Tür an Tür mit türkischen Familien, ihr seid mit den Kindern gemeinsam in die Grundschule gegangen und habt noch keinen näheren Kontakt zu ihnen gehabt?

Stefan: Meistens hat man nur Streß mit denen. Der Hauswart bei Olli ist zwar auch ein Türke, wenn wir auf dem Hof sitzen, kommt der immer angetrunken an, schubst uns, klatscht uns ein paar. Irgendwann kriegt der mal ein Ding zurück!

Was müßte passieren, damit sich in eurem Kiez die Situation verbessert?

Stefan: Man sollte mal nachmittags einen Termin in den Schulen machen, wo deutsche und türkische Jugendliche darüber quatschen, was los war, wie es weitergehen soll.

(An dieser Stelle schaltet sich der Sozialarbeiter Hans-Peter Meyendorf in das Gespräch ein.)

Hans-Peter Meyendorf: Mir ist bei euren Erzählungen aufgefallen, daß ihr ein paar Jugendliche vergessen habt, die ihr vielleicht gar nicht mehr als Ausländer empfindet, mit denen ihr schon seit Jahren wie selbstverständlich umgeht und die bei euren Aktivitäten mitmachen. Je enger man mit denen Kontakt hat, desto weniger erkennt man in dem Menschen den Ausländer, und er ist ein Freund oder eine Freundin.

Es sind ja nicht nur türkische Jungs, die hier so massiv auftreten, da gibt es ein paar deutsche Jungs, die gehören wie selbstverständlich dazu, die sprechen zum Teil auch türkisch und fallen euch gar nicht mehr als Deutsche auf. Sie sind mit den türkischen Jungs, vor denen ihr Angst habt, auf der Straße aufgewachsen.

Gelingt Ihnen in Ihrer Arbeit ein Ausgleich?
   Hans-Peter Meyendorf: Das ist ganz schwer, man kriegt sie kaum gemeinsam zusammen. Ich mache auch die Erfahrung, daß die türkischen Jugendlichen das Diskutieren sehr merkwürdig auffassen. Vielleicht stimmt die Auffassung, daß sie den Chef spielen wollen, nicht ganz, aber vom Temperament her sind sie sehr bestimmend. Deshalb kann ich nachvollziehen, wenn die deutschen Kinder die Ahnung haben, daß die türkischen Jungs – türkische Mädchen kommen ja kaum hierher – im Vordergrund stehen wollen.

Die Sozialarbeiter nehmen diese Situation zum Anlaß, um ein von den türkischen Jugendlichen immer wieder ins Gespräch gebrachtes Videoprojekt zu realisieren – eine Crime- and Action-story mit allem, was dazu gehört: Mord, Drogen, Gewalt und Verrat. Ziel des sich über mehrere Monate hinziehenden Projektes ist es, die türkischen und deutschen Jugendlichen durch die Filmarbeiten zusammenzubringen. Ihre Hoffnungen formulieren die Sozialarbeiter folgendermaßen: »Miteinander arbeiten heißt, sich öffnen, von sich etwas zeigen, in Beziehung treten, eine verbindliche Haltung einnehmen, den anderen kennen- und in seinen Möglichkeiten schätzenzulernen. Es muß nicht mehr mit der gleichen Vehemenz um Anerkennung gerungen werden. Selbstachtung und Selbstwertgefühl sind nicht mehr unbedingt abhängig davon, welches Droh- und Angstpotential ich anderen Jugendlichen gegenüber aufzubieten vermag.«[1]
   Ein knappes Jahr später, nach Abschluß des Videoprojekts, treffen sich Stefan, Oliver und Sandra eneut zum Gespräch.[2]

Wie ist denn die Situation jetzt im Jugendkeller?
   Stefan: Na, nicht mehr so wie letztes Mal. Jetzt sitzen wir zwar auch drinnen (im Büro), aber jetzt sind auch die Türken mit dabei. Da spielen wir dann Karten. Irgendwie hat sich auch das Verhältnis zwischen uns gebessert.

Und wie ist das bei dir, Olli? Du hast ja ziemlich schlechte Erfahrungen gemacht.

Oliver: Ich weiß nicht, was sie von mir halten, aber ich unterhalt mich mit denen und spiel auch mit denen Kicker, na, Karten weniger. Aber eigentlich habe ich keine Angst mehr.

Kommst du jetzt mit einem anderen Gefühl hierher?

Oliver: Ja, wenn man es so sieht, ja.

Die reden ja nach wie vor türkisch, das hat euch ja damals sehr gestört, weil ihr nicht wußtet, was sie gerade sagten. Wie geht es euch denn damit jetzt?

Sandra: Na, ich weiß nicht. Wenn sie was über uns sagen, sagen sie es jetzt auf deutsch, ach, du bist ja bescheuert, du spinnst doch und dann, naja, die anderen Ausdrücke.

Die könnt ihr ja mittlerweile auch, die türkischen Ausdrücke.

Sandra: Wenn du die Ausdrücke kennst, und die gucken dich an und sagen einen Ausdruck, dann kannst du dir deinen Satz damit selber bauen, kannst reagieren, dann weißte eben, daß sie dich gemeint haben.

Habt ihr denn jetzt auch engere, private Kontakte oder Freundschaften?

Stefan: Na, der eine ist jetzt in meiner Fußballmanschaft, bei der ich spiele, mit drinne. Aber sonst nicht.

Würdet ihr euch einen engeren Kontakt wünschen?

Sandra: Die sind ja ganz anders als wir. Die rauchen, aber die rauchen ja eben nicht nur Zigaretten, die rauchen ja auch det ganze andere Zeug. Und, naja, dann sind sie auch immer älter. Die Deutschen, na, so bis siebzehn Jahre, bei den Türken sind dann so Einundzwanzigjährige dabei.

Im ersten Interview habt ihr häufig das Wort Angst benutzt. Wie sieht es damit jetzt aus?

Stefan: Das hat sich geändert, jetzt grüßt man sich auch richtig, nicht so wie damals, als man auf die andere Straßenseite und so schnell man konnte vorbeiging. Das hat sich alles geändert. Jetzt bleibt man vielleicht nochmal stehen und unterhält sich kurz und fragt, ob man nachher noch runter kommt in den Jugendkeller.

Wie erklärt ihr euch heute, daß vor einem Jahr so eine komische Atmosphäre herrschte?
Sandra: Vielleicht wollten wir gar nicht den Kontakt mit denen. So stell ich mir das vor. Wir haben bestimmt gedacht, die sind nun mal da, aber laß die mal ihren Weg gehen, und wir gehen unseren Weg.

Hast du denn eine Erklärung?
Oliver: Ne. Na, ich find das einfach nur gut, daß man sich jetzt besser versteht als vor einem Jahr. So überlegt, wie das nun kommt oder woher das nun kommt, habe ich mir noch nie.

Babylonische Verwirrungen

Der Mann schäumt vor Wut: »Abschieben sollte man die! Weg damit!« Die jungen, fast ausnahmslos libanesischen Drogendealer in der Potsdamer Straße unweit des Bülowbogens, dem ehemaligen Zeitungs- und späteren Rotlichtviertel Berlins, haben das Toleranz-Budget des szenegeprüften, links-liberalen Geschäftsmannes aufgebraucht. »Mich interessiert nicht mehr, welche sozialen Probleme diese Typen haben. Ich sehe nur, wie asozial die sich verhalten. Die treiben die Bürger doch erst in die Ausländerfeindlichkeit. Ohne Rücksicht auf menschliche Verluste ziehen die ihre Rauschgiftgeschäfte durch und mißbrauchen auch noch das Asylrecht.«

Nur noch selten werden in der Wahlhochburg von *Bündnis 90/Die Grünen* die Bereicherungen und Segnungen einer multikulturellen Gesellschaft beschworen. Der morbide Charme Nordschönebergs scheint aufgebraucht. Nach langen Jahren »friedlicher« Koexistenz zwischen Zuhältern, Frauenrechtlerinnen, Ex-Hausbesetzern, Fundamentalisten, Prostituierten, Immigranten, Fixern, Autonomen und Yuppies brechen neue Frontlinien auf.

Ingo Grahlmann, Oberkommissar und Mitglied des Einsatztrupps Potsdamer Straße, bestätigt die Aussagen des frischgebackenen ausländerpolitischen Hardliners. »Bei den Rauschgifthändlern am Bülowbogen handelt es sich in der Tat fast ausnahmslos um minderjährige, häufig alleinreisende Asylbewerber, die erst in jüngster Zeit in die Stadt kamen. Mit den Libanesen, die schon seit Jahren in der Stadt leben, gibt es dagegen keine Probleme.« Aus Furcht, in die ausländerfeindliche Ecke gedrängt zu werden, möchte er das Thema allerdings nicht auswalzen.

Wer es sich leisten kann, der verläßt den Kiez. Im »Sozialpalast«, einem Paradebeispiel mißlungenen Städtebaus, sank der Anteil der deutschen Bewohner in den letzten zwanzig Jahren von 75 auf rund 35 Prozent. Auch im benachbarten Sanierungsgebiet, nahe den Yorckbrücken, sind Fluchtbewegungen im Gange. »Vor allem deutsche Mütter wenden sich hilfesuchend an die Öffentlichkeit und kommen mit Umzugswünschen zu uns«, bemerkt Peter Pulm, Mitarbeiter der *Arbeitsgemeinschaft Sozialplanung und angewandte Sozialforschung,* besorgt. Pulm befürchtet eine weiter Destabilisierung des Viertels, in dem 40 Prozent der Bewohner unterhalb der Armutsgrenze leben.

Auch hier drücken Drogenhandel und die damit einhergehende Beschaffungskriminalität das Lebensgefühl. Lange nahmen das viele Nachbarn in stoischer Ruhe hin. Erst als von Ekzemen und Aids gezeichnete Junkies aufliefen, vor den einschlägigen Kneipen und in Treppenhäusern herumhingen, riß den Anwohnern der Geduldsfaden.

Fixerutensilien in Treppenhäusern und auf Spielplätzen, Wohnungseinbrüche, Schutzgelderpressungen, Drohungen und Einschüchterungen, selbst Messerstechereien und Schießereien gehören nach ihren Schilderungen zum Alltag. Obgleich Polizeioberrat Wolfgang Marschner das neu entflammte Bürgerengagement gegen den Verfall durchaus begrüßt, stellt er richtig: »Da wird doch ein wenig übertrieben. Menschen, die lange Zeit alles fatalistisch hingenommen haben, neigen, wenn sie endlich reden, dazu, Ereignisse, die sich über einen langen Zeitraum zugetragen haben, in ihren Erzählungen zu verdichten.«

Anders als in der Vergangenheit beteiligen sich heute auch Immigranten verstärkt am Protest, denn inzwischen sind Drogenprobleme auch in ihren Familien ein Thema. »Seit einem Jahr nimmt hier unter ausländischen Jugendlichen der Konsum von harten Drogen höllisch zu«, weiß Ersin (20), Trainer der Fußballmannschaft des »Jugend-Cafés« in der Potsdamer Straße, zu berichten. Aber nur wenige Eltern wollen sich dazu äußern. »Das hat etwas mit Verschlossenheit der Familien, mit ihrem Ehrgefühl zu tun«, erklärt Murat Şengül, Bezirksverordneter von *Bündnis 90/ Die Grünen.*

Nordschöneberg im Notstand, dieses Bild scheint keineswegs die etwas lebensfremde oder gar reaktionäre Kopfgeburt einiger um ihre Umsätze fürchtender Geschäftsleute und um das Wohl ihrer Kinder besorgter »deutschtümelnder« Eltern zu sein. Drogen, Gewalt und rechte Ideologien sind die Discountangebote der Straße für Jugendliche, die das Gefühl haben, zum Abfall der

Stadt zu gehören. Selbst die Sozialarbeiter des Viertels werfen ihre ansonsten übliche Zurückhaltung ab und schlagen Alarm: »95 Prozent der Stammbesucher des ›Jugend-Cafés‹ in der Potsdamer Straße«, wird in einem Thesenpapier zu einer Stadtteilkonferenz detailverliebt aufgeführt, »sin ' ausländische Jugendliche.« 70 Prozent von ihnen seien bewaffnet, 40 Prozent ohne Schulabschluß beziehungsweise Arbeitsstelle, und 30 Prozent sind wegen bewaffneten Raubüberfalls, vorsätzlicher Körperverletzung und Einbruchs polizeilich erfaßt. 15 Prozent würden harte Drogen konsumieren.

Anlaß zur Sorge, glaubt man den Ausführungen der Vorort-Experten, gibt es reichlich. »Durch die ständige Konfrontation mit Kleindelikten in der Gruppe haben sich mafiaähnliche Zustände bei den Jugendlichen von Kindheit an manifestiert. Der An- und Verkauf von Hehlerware bestimmt schon im frühen Alter den Alltag der Jugendlichen.«

Angesichts allgemeiner Aufregung behält ausgerechnet ein »Bulle«, Polizeioberrat Wolfgang Marschner, kühlen Kopf und rückt subjektive Eindrücke zurecht: »Nordschöneberg, lange Jahre Spitzenreiter im Bereich der Straßenkriminalität, ist in unserem Zuständigkeitsbereich auf Platz drei zurückgefallen.« Um fast die Hälfte reduzierte sich die Straßenkriminalität in den letzten zwei Jahren. Langsam pendelt sich das Maß Straßenkriminalität wieder auf das Niveau der Vorwendezeit ein.

Marschner verweist damit auf die tieferliegenden Ursachen der Kriminalitätsentwicklung der letzten Jahre, die ein soziales und kein ethnisches Problem ist. Vor allem Jugendliche aus unteren sozialen und bildungsfernen Schichten, die in ihren Bemühungen kaum über den Hauptschulabschluß hinauskommen, wurden von den Folgen der Wende überrascht. »Sie fühlten sich an den Rand gedrängt. Nicht ganz zu Unrecht, wenn man beobachtet, wie viele Lehrstellen im ehemaligen Westen der Stadt inzwischen von Brandenburger und Ost-Berliner Jugendlichen besetzt sind«, resümiert Marschner.

Ein Mitarbeiter im »Jugend-Café« fürchtet allerdings nicht nur die Flucht in den Drogenrausch und die Aufrüstung: »Genauso wie mich die Rechtsorientierung der Jugendlichen aus der Trabantensiedlung Marzahn im Osten der Stadt beunruhigt, macht mir die Hinwendung eines Teils unserer Jugendlichen zu religiös-fundamentalistischen Kreisen Sorgen. Die haben ähnlich faschistoide Anwandlungen wie die Rechten.« Für Murat Şengül, Mitbegründer des interkulturellen Zeitungsprojekts *Kauderzanca*, ist die Anziehungskraft der Moscheen schnell erklärt: »Sie bieten den Jugendlichen Zusammenhalt, Sicherheit und Geborgenheit, kurz die Sozialarbeit und Integration, die der deutsche Staat nicht leistet.« Verstärkt wurde dieser Trend, so der Jungpolitiker, durch die Morde von Mölln und Solingen. Die Anfälligkeit für vereinfachende, radikale Parolen steigt. Die *Grauen Wölfe*, eine faschistische Organisation aus der Türkei, längere Zeit auf Tauchstation, haben die Gunst der Stunde erkannt. Aufmerksam registrieren junge Antifas aus dem selbstverwalteten Jugendzentrum »Drugstore« deren zunehmende Sprühaktivitäten im Kiez.

Die Agitation der *Grauen Wölfe* fällt vor allem dort auf fruchtbaren Boden, wo sich die »ausländischen« Jugendlichen, trotz inzwischen häufig erfolgter Einbürgerung, ständig von der deutschen Gesellschaft zurückgestoßen fühlen. Das Gefühl, zwischen Baum und Borke zu hängen, wird zum brisanten Stimmungscocktail. Zumal es den Heranwachsenden im Zweifelsfall wenig hilft, sich den deutschen Lebensformen anzupassen und unterzuordnen.

»Als ich neulich mit Mustafa ins ›Metropol‹ tanzen gehen wollte, forderte der Türsteher uns auf, uns auszuweisen. Als Mustafa seinen türkischen Paß vorzeigte, winkte der sofort ab. Als er daraufhin den deutschen Ausweis zückte, kam der zwar ins Stottern. Rein kamen wir trotzdem nicht.« Ismail (22), bis vor zwei Jahren Mitglied der Jugendgang *Die Barbaren*, bleibt, daran ändert auch der Plastikschnipsel wenig, in den Augen vieler Deutscher schlicht ein Störfaktor.

Gemeinsam mit Kolleginnen beschreibt der Mitarbeiter des Straßensozialarbeiterprojekts »Gangway«, Mustafa Cakar, die Folgen permanenter Ausgrenzungserfahrungen: »Die Jugendlichen fühlen sich minderwertig, glauben, daß alle Bemühungen, sich zu integrieren oder anzupassen, sinnlos sind. Vorurteile gegenüber Deutschen und Aggressionen wachsen.«

Eine plausible Begründung. Und eine gängige Rechtfertigung männlicher Jugendlicher für die unter ihnen verbreitete Kriegermentalität und ihre Liebe zur Bewaffnung. »Neonazis« werden zum allgegenwärtigen Phantom und entschuldigen nahezu alles. Die Sorgen vor Angriffen der Rechten sind für Hayrettin (24) auch der Grund, mit dem er das Messer legitimiert.

Die Tatsache, daß in Schöneberg deutsch-türkische Jugendliche in der Regel von deutsch-türkischen oder deutsch-arabischen Jugendlichen und nicht von »Faschos« angestochen werden und die letzte »antifaschistische« Aktion der *Barbaren* im August 1992 ausgerechnet antirassistische S. H. A. R. P.-Skinheads traf, nimmt er pikiert zur Kenntnis.

»Aber gegen die Kreuzberger, die 36er, muß ich mich verteidigen«, argumentiert er standhaft weiter. Nachdem wir uns darauf geeinigt haben, daß es sich bei diesen Kreuzrittern, die hin und wieder auf heiliges Schöneberger Territorium vordringen, nicht gerade um Prototypen von Faschisten handelt, lassen wir das Thema auf sich beruhen. Zumal Hayrettin und seine Kumpels noch Interessanteres zu berichten haben.

Vor drei Jahren eroberte Schönebergs gefürchtete Jugendgang, die mit 300 Mitgliedern in der Jugendszene Berlins eine Macht war, unter dem Slogan »Die Barbaren kommen!« die Schlagzeilen. »Wir hatten von der ganzen Ganggeschichte die Nase voll«, schildert Eşrey (26) die Ausgangssituation, die zu einem außergewöhnlichen Projekt führte. Ärger mit der Polizei, Gerichtsverhandlungen, Jugendarrest und -knast sowie Verdächtigungen, in Drogengeschäfte und Zuhälterei verwickelt zu sein, machten Eşrey klar, daß er und seine Freunde am Scheideweg standen. Sie planten die Schaffung eines selbstverwalteten Jugendtreffs.

Das Konzept war schnell entwickelt. Hausaufgabenbetreuung für jüngere Geschwister, Hilfe bei Bewerbungsschreiben, eine Videogruppe, ein Mädchentag, ein Fitnessraum und vieles anderes mehr sollten die attraktiven Alternativen zum harten Gang-Alltag sein. Die Idee schlug bei den *Barbaren* wie eine Bombe ein. Die Hälfte erklärte sich sofort bereit mitzumachen. Mit kräftiger Unterstützung von »Gangway«, einem Straßensozialarbeiterprojekt, machten sie sich mit Elan daran, das Organisatorische – Projektantrag, Anmietung einer Ladenwohnung und Renovierungsarbeiten – schnell über die Bühne zu bringen. Natürlich rannten die Jugendlichen mit ihrem Anliegen überall offene Türen ein und hatten es fast ausschließlich mit interessierten und aufgeschlossenen Sachbearbeitern zu tun. Niemand wollte bei der öffentlichkeitswirksamen Mutation der Sauli in Pauli abseits stehen. Allerdings gelang es der Wohnungsbaufirma *WIR*, den Sozialplanern und der *Gesellschaft für Stadtentwicklung* in zwei Jahren nicht, den in der Katzlerstraße vor sich hin gammelnden Laden zu eröffnen. Allein die Jugendlichen haben ihr Plan-soll erfüllt und die Abriß- und Vorarbeiten für die Renovierung des »Treff 62« bereits geleistet. Das Zeitgefühl von Straßenkindern ist um Lichtjahre von den schablonierten Arbeitsabläufen von Berufsbeamten entfernt. Die Folge: Von ehemals hundertfünfzig Begeisterten ist nur noch ein harter Kern von dreißig Jugendlichen übriggeblieben, die nach wie vor an das Ziel glauben.

Für Ismail und seine Mitstreiter hat sich das Beharrungsvermögen gelohnt: »Vor zwei Jahren hatten zwanzig von uns keinen Job. Mit Hilfe der Mitarbeiter haben außer dreien alle eine Arbeit beziehungsweise einen Ausbildungsplatz gefunden.« In den höchsten Tönen schwärmt er von den Streetworkern. »Ich weiß nicht, was aus uns geworden wäre, wenn wir sie nicht kennengelernt hätten.«

Der »Treff 62« ist nach langem Tauziehen endlich eröffnet und hat sich in kürzester Zei zu einer beliebten Anlaufstelle für die Jugendlichen des Kiezes entwickelt.

Privilegien sichern

Gesetzliche Zulassungsbeschränkungen zum Arbeitsmarkt wurden in den letzten Jahren für Immigranten, die in den fünfziger bis siebziger Jahren angeworben wurden, sowie für deren Kinder schrittweise abgebaut. In der Bundesrepublik haben über 95 Prozent der 2.200.000 ausländischen sozialversicherungspflichtig Beschäftigten freien Zugang zum Arbeitsmarkt. Das gilt uneingeschränkt für das Baugewerbe und die Verarbeitende Industrie, selbst für Gewerbetreibende. Bei den prestigeträchtigen, besser dotierten und krisensicheren Arbeitsplätzen sieht es anders aus. Diese sichern sich die Deutschen durch Zugangshürden recht gut ab. So ist der Beamtenapparat mit über zwei Millionen Beschäftigten eine fast ausnahmslos innerdeutsche Angelegenheit. »Mit Diskriminierung hat das nichts zu tun«, wenden Kenner des Beamtenrechts ein. Tatsächlich darf nach diesem dem Staate nur dienen, wer Deutscher im Sinne des Artikels 116 des Grundgesetzes ist. Allerdings, das wird häufig vergessen, sind nach dem Beamtenrecht Ausnahmen möglich, wenn für die Gewinnung des Beamten ein »dringliches, dienstliches Bedürfnis besteht« – sie also politisch gewollt ist. Dreizehn Nichtdeutsche zählte das statistische Landesamt unter den 74.000 Beamten Berlins.

»Selbst von der Möglichkeit, Beamten- in Angestelltenstellen zu verwandeln und damit für Nichtdeutsche zugänglich zu machen, wird kaum Gebrauch gemacht«, kritisiert Murat Barut, Sozialpädagoge und Mitarbeiter im *Bund psychosozialer Fachkräfte aus der Türkei*. Zwar würden überall – in Kitas, Schulen, Jugendfreizeitheimen und in den Verwaltungen – die Sprach- und Hintergrundkompetenz ausländischer Fachkräfte gebraucht und auch gesucht. In der Einstellungspraxis sei davon allerdings wenig zu spüren. »Sobald ein Deutscher etwas Türkisch oder Arabisch kann, wird er bevorzugt.« Der Grund: Die Personalräte möchten die bei Einstellung eines Ausländers ansonsten notwendige Umwandlung einer Beamtenstelle in ein Angestelltenverhältnis nach

Mögichkeit vermeiden. Auch die Haushaltsexperten verteidigen den Beamtenstatus. Beamte sind kurzfristig billiger als Angestellte, da für die öffentliche Hand keine Kranken- und Rentenversicherungsbeiträge anfallen.

In weiten Bereichen des Öffentlichen Dienstes wird Fremdenangst, die man sich in Bildungskreisen angesichts des vorherrschenden Toleranzgebots nur schwerlich eingestehen möchte, mittels des Beamtenrechts kaschiert. »Anders als in der Verarbeitenden Industrie, wo Deutsche und Ausländer seit Jahrzehnten zusammenarbeiten, gibt es in der Familienfürsorge, in der Verwaltung, den Jugendämtern und im Sozialwesen nur wenige Erfahrungen mit einer interkulturellen Belegschaft und folglich große Berührungsängste«, beobachtet Barut. Die vermutete Andersartigkeit, die Sprachkompetenz und das größere Wissen um kulturelle Besonderheiten der Klientel mache angst und bestimme das Einstellungsverhalten. Das Ergebnis läßt sich anhand des »Telefonbuchs der Berliner Verwaltung« exemplarisch überprüfen. In den zwölf westlichen Bezirksämtern Berlins arbeiten zwar viele Nichtdeutsche als Reinigungspersonal, in der Verwaltung kann man ausländische Nachnamen mit der Lupe suchen. Auch die Ärzteschaft versteht es gut, ihre Pfründe zu sichern. Was der medizinischen Versorgung der bundesdeutschen Bevölkerung nicht immer bekommt.

»Meine Moral ist kaputt.« Irritiert hört sich der Psychiater das Problem seiner türkischen Patientin an. Vorsichtig fragt er nach: »Was bedrückt Sie?« »Doktor, moral bozuk! Meine Moral ist kaputt!« Ratlos sitzt der Arzt der Frau gegenüber. Möchte sie ihm mitteilen, daß sie ein schlechter Mensch ist? Ein Gespräch mit Ali Nadır Savaşar, Vorsitzender der *Berliner Gesellschaft Türkischer Mediziner*, bringt Licht ins sprachliche Dunkel: »Sie wollte Ihnen sagen, daß es ihr psychisch schlecht geht, und hat den türkischen Begriff wörtlich übersetzt, was im Deutschen natürlich einen anderen Sinn ergibt.«

Täglich kommt es in Arztpraxen zu Mißverständnissen. Wie einen für gläubige muslimische Patienten sittlich vertretbaren Diätplan erstellen, wenn das Schweinefleischverbot so ziemlich alles ist, was man über deren Ernährungsgewohnheiten kennt? Lassen sich diese Schwierigkeiten durch Berufsbildung relativ leicht aus dem Weg räumen, ist es zum Beispiel im psychiatrischen Bereich unerläßlich, daß der Arzt die Muttersprache seiner Patienten beherrscht. »Sie ist das Diagnose- und Therapieinstrument schlechthin«, bemerkt der in Berlin-Wedding praktizierende Neurologe Doğan Soyumer. Zwei sprachlich kompetente Psychiater gibt es für die rund 180.000 Berliner Türken. »Fünf wären für die aufgrund der Lebensgeschichte der Migranten überproportional häufig auftretenden psychosomatischen Krankheitsbilder notwendig«, überschlägt Soyumer den Bedarf. »Natürlich«, so der Vorsitzende der *Gesellschaft Berliner Mediziner,* »wäre die Auffassung, Türken sollten sich medizinisch von Türken versorgen lassen, blanker Unsinn. Aber es gibt sensible Bereiche, wo mehr als fachliche Kompetenz gefragt ist.« Die von Ali Nadır Savaşar erstellte Liste ist lang. So gibt es nur eine Gynäkologin, die neben der medizinischen Qualifikation Kenntnisse über Moral, Familiendynamik und Sprache mitbringt – alles unerläßlich für ein Vertrauensverhältnis zwischen Ärztin und Patientin.

Obgleich in Berlin jedes zehnte Kind in einer türkischstämmigen Familie geboren wird, wurde einer türkischen Kinderärztin, die sieben Jahre lang im amerikanischen Krankenhaus gearbeitet hatte, nach ihrer Entlassung die Berufserlaubnis von der kassenärztlichen Vereinigung solange verweigert, bis ihr der Geduldsfaden riß und sie in die Türkei zurückkehrte.

Eine im Interesse der in Deutschland lebenden Menschen nicht nur sinnvolle, sondern ihrem weltoffenen Ansprüchen auch angemessene interkulturelle Zusammensetzung der Ärzteschaft verhindert ein Grundsatz der Ärzteordnung: Nur deutsche Ärzte sind grundsätzlich berechtigt, die Bevölkerung in Deutschland zu behandeln. Auch für EG-Ausländer und Asylberechtigte stehen die Chancen gut, eine eigene Praxis eröffnen zu dürfen. Aus diesem Kreis stammt die Mehrheit der deutschlandweit 2.951 niedergelassenen »ermächtigten« nichtdeutschen Ärzte. Ärzte aus der Türkei und dem ehemaligen Jugoslawien, aus diesen Ländern kommen mit 2,5 Millionen Zuwanderern die Mehrheit der Immigranten, gehören nicht dazu. Deshalb findet man (1994) unter den 107.376 niedergelassenen Ärzten der Republik nur 196 türkischer Nationalität. Entspräche der türkischsprachige Anteil unter

Deutschlands Ärzteschaft dem ihres Anteils an der Gesamtbevölkerung, müßten es rund 2.400 sein.

Mit Diskriminierung oder gar Besitzstanddenken hat das vordergründig nichts zu tun. Die Verantwortlichen können bei den Bedarfsprüfungen auf das »Gesundheitsstrukturgesetz« verweisen, das eine für Deutsche und für Nichtdeutsche gleichermaßen geltende Zulassungssperre vorsieht, wenn ein bestimmter Schlüssel des Verhältnisses von Ärzte- und Einwohnerzahl erreicht ist. Augenblicklich trifft das für fast alle Gesundheitsbereiche zu. »Allerdings«, so die Auskunft Dr. Ahad Fahimis, Vorstandsmitglied der *Kassenärztlichen Vereinigung Berlin* und Vorsitzender der *Vereinigung deutsch-ausländischer Ärzte*, »gibt es die Möglichkeit der ›Sonderbedarfszulassung‹, wenn ein lokaler Versorgungsbedarf nachgewiesen werden kann.« Dieser Bedarf besteht nach seiner Ansicht vor allem in Einwandererregionen. »Leider wird die Situation vor Ort bei den Entscheidungen noch zu wenig berücksichtigt.«

Der »Sonderbedarf« ist offensichtlich, aber die Entscheidungsinstanzen zögern selbst in offenkundigen Fällen. So bringt der Neurologe Doğan Soyumer alles mit, was man von einem hierzulande praktizierenden Arzt erwarten sollte – gute Deutschkenntnisse, eine hochqualifizierte Ausbildung und hinreichend Berufserfahrung. In den Jahren 1976 bis 1984 absolvierte Soyumer seine Facharztausbildung in Hildesheim und Oberhausen. Sein damaliger Klinikchef wollte ihn sofort nach der Ausbildung als Oberarzt für seine im Ruhrgebiet lebenden türkischen Patienten engagieren. Aber die Ärztekammer Nordrhein-Westfalen verweigerte ihm die »Berufserlaubnis« – aus edlen Motiven. »Um zu verhindern, daß die Intelligenz aus den ärmeren Ländern abwandert, wird die Berufserlaubnis erst erteilt, wenn die Ärzte nach der Ausbildung in Deutschland drei Jahre in ihrem Heimatland gearbeitet haben«, schreibt ein Beschluß der Gesundheitsminister aus dem Jahr 1971 vor.

1963, als lediglich ein paar Hundert Türken in West-Berlin lebten, mehrheitlich Studenten, war die bundesdeutsche Ärzteschaft noch nicht von diesem internationalistischem Geist durchdrungen. »170 türkische Ärzte arbeiteten damals in Berlin, 700 in ganz Deutschland«, erinnert sich Ümit Uygun, der damals in die Bundesrepublik kam. Anfang der sechziger Jahre fehlten in der Bundesrepublik Spezialisten in den schwierigen Disziplinen der Neurologie, Gynäkologie und Chirurgie. Fachärzte aus der Türkei waren hochwillkomen und stellten in diesen Bereichen bundesweit ein Drittel der Spezialisten. Fast ausnahmslos studierten sie an der besten »deutschsprachigen medizinischen Fakultät«, die es zwischen 1936 und 1953 gegeben hatte – der »Istanbul Üniversitesi«. 1945, als der damals 19jährige Ümit Uygun sein Medizinstudium an der Universität Istanbul aufnahm, dominierten vor den Nazis geflohene deutsche Professoren, die am Bosporus Zuflucht und Arbeit fanden, die Lehre.

Aber die Zeiten hatten sich geändert, der Mangel an deutschen Ärzten war behoben. Also kehrte Doğan Soyumer 1986 in die Türkei zurück. 1989 drängte ihn die *Berliner Gesellschaft türkischer Mediziner* zur Rückkehr, da nach ihrer Auffassung eine medizinische Versorgung der türkischsprachigen Bevölkerung nicht gewährleistet war. Nach eineinhalb Jahren bürokratischen Nahkampfs erhielt Doğan Soyumer im November 1992 schließlich eine auf zwei Jahre begrenzte »Ermächtigung«, die ihn ausschließlich zur Behandlung türkischsprachiger Patienten berechtigt. Nach Ablauf der befristeten Aufenthaltserlaubnis forderte Innensenator Dieter Heckelmann Doğan Soyumer unter Androhung der Abschiebung auf, Deutschland bis zum 15. Dezember 1994 zu verlassen. Nach massiven Protesten seitens des Senators für Gesundheit und der *Berliner Gesellschaft türkischer Mediziner* wurde Soyumers Aufenthaltserlaubnis in letzter Minute um zwei Jahre verlängert.

Annäherung V – Streitpunkte

Rassistische Klassenjustiz?

Wahrnehmungsstörungen

In der Nacht zum 4. April 1992 wurde Gerhard Kaindl, Schriftführer der rechtsextremistischen *Deutschen Liga für Volk und Heimat (DL)*, Opfer eines politisch motivierten Überfalls. Ein »antifaschistisches« Rollkommando griff ihn und seine politischen Freunde mit Baseballschlägern, Messern, einem zugespitzten Bandeisen, einer Metallstange und einer Gaspistole an. Gerhard Kaindl starb an den Folgen dreier Messerstiche. Ein weiterer Rechtsextremist, Thorsten Thaler, wurde durch drei Stichverletzungen in den Bauch schwer verletzt.

Der Angriff erfolgte zu einem Zeitpunkt, als Flüchtlingswohnheime brannten, die Polizei (noch) wenig Interesse zeigte, das Gewaltmonopol des Staates gegen die neonazistischen Gewalttäter mit allen ihr zur Verfügung stehenden Mitteln durchzusetzen. Der temporäre Zivilisations- und Demokratieverlust der bundesdeutschen Gesellschaft ließ potentielle Opfergruppen mit ihren Ängsten allein. Mit stoischer Gelassenheit nahm die Mehrheitsgesellschaft Brand- und Sprengstoffanschläge und Massenaufmärsche organisierter Neonazis hin. Nachdem mit dem Pogrom in Rostock-Lichtenhagen im August 1992 die rechte Gewaltszene ihre historische Mission erfüllt hatte, die *SPD* der *CDU/CSU* signalisierte, dem »Asylkompromiß« zuzustimmen, die Abschaffung des Asylrechts damit nach zehnjährigem Kampf unter Dach und Fach war, gingen zum Jahreswechsel 1992/1993 Millionen von Bundesbürgern im Kerzenschein unter dem Motto »Stoppt die Gewalt« auf die Straße.

Im Tod Gerhard Kaindls widerspiegelt sich der Rechtsruck der Republik und ein seit Ende der achtziger Jahre verändertes, polarisiertes Deutschland. Neben den Tätern und Opfern gibt es viele Mitwirkende.

Der Tatabend

3. April 1992. Das 1990 von *Republikanern* gegründete rechts-extreme *Hoffmann-von-Fallersleben-Bildungswerks* lädt zu ei-nem Vortragsabend in das Gasthaus Thieme nach Berlin-Neu-kölln. Thema: »Deutsche Minderheiten in Ostpreußen«. Gegen 22.00 Uhr beschließen einige der Versammlungsteilnehmer, den Abend im Restaurant »Jin-Shan« ausklingen zu lassen. Carsten Pagel, Ex-Landesvorsitzender der *Republikaner* in Berlin, Thor-sten Thaler, Mitglied der *Deutschen Liga*, die *DL*-Aktivistin Ga-briele Hartung, der rechtsextremistische Verleger Dietmar Mu-nier und zwei aus Norddeutschland angereiste Geschäftsleute bereiten in dem Lokal die Veranstaltung nach. Gegen 23.00 Uhr tritt ein Rosenverkäufer an den Tisch. Er wird von der Runde an-gepöbelt und verspottet. »Diese Personen kaufen nichts, das sind Republikaner«, informiert der am Nebentisch sitzende Ekrem Ba-lamir den Händler. Bevor Balamir aufbricht, stellt er die Ostpreu-ßen-Fans zur Rede. Aus der Gruppe wird ihm geantwortet: »Paß auf, wenn du auf die Straße gehst. Du weißt ja, Berlin ist sehr unsi-cher geworden.« Aufgebracht fährt Balamir nach Kreuzberg, be-richtet in einem Szene-Treff von dem verbalen Schlagabtausch. Wenig später macht sich ein bewaffneter Trupp auf den Weg.

So stellt sich die Vorgeschichte nach den staatsanwaltschaftli-chen Ermittlungen dar.

Zu diesem Zeitpunkt ist einigen der Angreifer lediglich die Identität des stadtbekannten Carsten Pagel offensichtlich. »In der Hoffnung, auf Naziskins zu treffen, äußerte man sich sogar ent-täuscht dahingehend, da säßen ja alles nur alte Männer.«[1] Weshalb konnte der »smarte« Rechtsanwalt Pagel diesen Haß entfesseln?

Die Vorgeschichte

2. Januar 1989. Im Dritten Programm des *Senders Freies Berlin* wird anläßlich der anstehenden Wahlen zum Berliner Abgeordne-tenhaus ein Werbespot der *Republikaner* ausgestrahlt. Im Stil na-tionalsozialistischer Propagandafilme werden verzerrte Gesich-ter türkischer Einwanderer gezeigt – unterlegt ist das Machwerk

mit der Filmmusik »Spiel mir das Lied vom Tod«. Berlins Ausländerbeauftragte Barbara John stellt daraufhin einen Antrag auf
Verdacht der Volksverhetzung gegen die *Republikaner*. Vergebens. Trotz heftiger Proteste wird der *SFB* durch eine einstweilige
Anordnung des Berliner Verwaltungsgerichts verpflichtet, den
Wahlspot am 19. Januar zur besten Sendezeit erneut auszustrah-
len, da dieser, wie das Gericht befindet, »mit hoher Wahrscheinlichkeit« nicht gegen das Strafgesetzbuch verstoße. Auch die
Staatsanwaltschaft sieht den »Tatbestand der Volksverhetzung« als
nicht erfüllt an. Der Werbespot wird zum Medienereignis und
macht die *Republikaner* zum Stadtgespräch. Am 29. Januar 1989
erringen sie 7,5 Prozent der Stimmen und ziehen mit elf Manda-
ten triumphierend in das Abgeordnetenhaus ein. Unter ihnen der
damals 25jährige Carsten Pagel, der sich zum Chef-Ideologen entwickelt und damit zum Haßobjekt wird.

Antifaşist Genclik

Einige der später am Überfall auf die Rechtsextremisten Beteiligten sind Mitglieder der türkisch-kurdischen Gruppe *Antifaşist
Genclik* (Antifaschistische Jugend). Diese hatte sich 1989 als un-
mittelbare Reaktion auf den Wahlspot »Spiel mir das Lied vom
Tod« und den Wahlerfolg der *Republikaner* gegründet. »Angst
war unser Motiv. Nachdem die Reps in das Abgeordnetenhaus gewählt wurden, dachten wir, jetzt geht es los«, berichtete einer der
Gründer in einem Interview. Im Oktober 1994 konkretisiert der
Angeklagte Mehmet Ramme (33), der wegen seiner führenden
Rolle bei *Antifaşist Genclik* im Vorfeld des Kaindl-Prozesses als
möglicher Anführer des Überfalls gehandelt wurde, vor Gericht
in einer politischen Erklärung die Mission seiner Gruppe: »Die
immigrantenfeindliche Atmosphäre in Deutschland und der
wachsende Rassismus auch seitens der Politiker haben dazu geführt, daß wir unseren Schutz in die eigenen Häde genommen haben. Die anderen haben gegen uns den Krieg eröffnet. Wir haben
das Recht, uns zu wehren.«
    Tatsächlich haben sich Befürchtungen, die mit dem Berliner
Wahlerfolg der *Republikaner* Anfang 1989 auftraten, bestätigt.

Am 20. April 1989, dem hundertsten Geburtstag Adolf Hitlers, kündigen Neonazis bundesweit Übergriffe auf Immigranten und deren Geschäfte an. Panik erfaßt die (West-)Berliner Szene. Antifaschisten, deutsche und vor allem Jugendliche aus Immigrantenfamilien organisieren den Selbstschutz ihrer Wohnviertel. In Hamburg und Berlin bleibt mehr als ein Drittel der Kinder aus türkischen Familien am 20. April dem Schulunterricht fern. Erstmals seit 1945 scheinen in Deutschland Pogrome wieder im Bereich des Möglichen – 1991 und 1992 wurden sie dann in Hoyerswerda und Rostock Realität. Am 12. Mai 1989 fordert die »Anti-Ausländer-Stimmung« in Berlin ihren Tribut. Im Märkischen Viertel stirbt Ufuk Şahin an den Messerstichen eines wildgewordenen Deutschen. Für die Immigranten ist sein Tod ein Menetekel.

Überall formieren sich Jugendcliquen und -gangs. Durch die spürbare Zunahme der alltagsrassistischen Übergriffe, die mit der Öffnung der Mauer am 9. November eskalieren, werden sie politischer. Ihre Wut über tatsächlich und vermeintlich erlebte Diskriminierung verschafft sich häufiger als in der Vergangenheit gewaltsam Luft. Die Jugendgangs sind kein organisierter politischer Widerstand, sondern spontanes Aufbegehren gegen die Folgen der sozialen Ausgrenzung und des Rechtsrucks einer Republik, die sich hartnäckig weigert, den Jugendlichen überzeugende Identifikations- und Integrationsangebote zu machen.

Die Zeit war reif für eine politische Interessenvertretung der Heranwachsenden aus Zuwandererfamilien. Aber wer sollte sie angesichts der sozialen und weltanschaulichen Heterogenität der Einwanderer organisieren? Die Mobileren der Jugendlichen waren fest eingebunden in eines der zahlreichen sozio-kulturellen Projekte Berlins; andere bastelten an ihrem individuellen sozialen Aufstieg. Auch die zahlreichen bestehenden politischen Migrantenorganisationen scheiterten an dieser Herausforderung. Sie waren fast ausnahmslos von Immigranten der ersten Generation gegründet und auf deren Bedürfnisse zugeschnitten. Zu wenig verstanden »die Alten« von den Problemen, Gefühlen und subkulturellen Ausdrucksformen ihrer Kinder, als daß sie tatsächlich anerkannte Gesprächs- oder gar Bündnispartner hätten sein können. In ihrer Politik waren sie Anfang der neunziger Jahre (noch) auf die politischen Verhältnisse ihrer alten Heimat ausgerichtet –

kein Programm, mit dem sich in Berlin geborene und aufgewachsene Jugendliche hätten identifizieren können. Und die »Professionellen«, die Jugendarbeiter vor Ort, begriffen in den Jahren 1989 bis 1991 nur langsam, was da auf den Straßen vor sich ging. Ihre Möglichkeiten, in gesellschaftspolitische Entwicklungen einzugreifen, sind überdies begrenzt.

Antifaşist Genclik – von Vertretern der zweiten Generation im Alter um die Dreißig gegründet – war ein Versuch, dieses Vakuum auszufüllen. Der Namen ist Programm: »Wir haben uns ›Antifaschistische Jugend‹ genannt, weil wir merkten, daß wir die älteren Leute auf der Straße nicht erreichen. Sie sind heute Ja-Sager, sie haben ihr Selbstbewußtsein verloren, von denen erwarten wir nichts mehr. Auch von großen Teilen unserer Generation erwarten wir nicht viel. Die Jugendlichen allerdings könnten einmal die Arbeit übernehmen«, so die Hoffnung eines der Gründungsmitglieder.

Antifaşist Genclik suchte den Kontakt zu den Jugendlichen auf der Straße, vor allem zu den militanten Jugendgangs, baute Treffpunkte auf, organisierte HipHop-Feten und wollte die rivalisierenden Gangs, die mitunter gegen Neonazis, meist allerdings um die territoriale Vorherrschaft in ihrem Viertel kämpften, zu einer »Anti-Nazi-Liga« vereinigen – mit bescheidenem Erfolg. Viele der randständigen Jugendlichen in den Gangs waren an radikalen politischen Konzepten wenig interessiert, gleichzeitig erkannten sie intuitiv, daß sie lediglich Manövriermasse für ein verquastes Revolutionskonzept waren und letztlich instrumentalisiert werden sollten. Eine Strategie, mit der die radikale westdeutsche Linke bereits in den frühen siebziger Jahren bei ihren Versuchen, Arbeiterjugendliche zu rekrutieren, scheiterte. Zwar wollten viele der Heranwachsenden etwas gegen »Nazis«, von denen man sich existentiell bedroht fühlte, tun, aber für revolutionäre Tagträume waren sie nicht zu gewinnen.

Mit der Zunahme rechtsradikaler Übergriffe und rassistischer Morde nach 1990 und dem (durchaus berechtigten) Gefühl, die Ordnungskräfte des Staates zeigten wenig Bereitschaft, ethnische Minderheiten zu schützen, rückte bei *Antifaşist Genclik* die militante Aktion, der »Kriegszustand«, in den Vordergrund. Pädagogische Ansätze, wie z. B. die Errichtung eines selbstverwalteten

Jugendzentrums, wurden nicht weiter verfolgt. Ob bei der »Deutschland-halt's-Maul«-Demonstration am 3. Oktober 1990, beim Kampf gegen die Aktivitäten der neonazistischen *Nationalen Alternative* in Berlin-Lichtenberg in den Jahren 1990 und 1991 oder bei der Randale nach dem Trauermarsch anläßlich des Todes von Mete Ekşi im November 1991, stets waren Mitglieder von *Antifaşist Genclik* in der ersten Reihe dabei. Der Kampf wurde auch an der »inneren Front« in Kreuzberg geführt. Denn Faschisten, potentielle Faschisten und vom Faschismus »gefährdete« Personengruppen gab es nach Auffassung der Wortführer überall. Besondere »Aufmerksamkeit« wurde Repräsentanten von Immigrantenorganisationen gewidmet, die als reformistisch und staatstragend galten, mißliebigen Journalisten oder den Mitarbeitern eines Straßensozialarbeiterprojektes, die mit den umworbenen Jugendlichen anders arbeiteten als man selbst. Versuche, *Antifaşist Genclik* als »nennenswerten Beginn des Prozesses der antifaschistischen Selbstorganisation der Migranten« bundesweit zu etablieren, waren nicht sehr erfolgreich.»Genau wie die *Antifaşist Genclik – Berlin* formierten sich auch in einigen westdeutschen Städten Gruppen mit gleichen Zielen. Seit Mitte 1992 gibt es eine bundesweite Vernetzung, die aber nach derzeitigem Stand nicht den Ansprüchen entspricht«, räumt die Gruppe in dem Infoblatt *inisiyatif* im September 1994 ein.

Funkstille

Nach der Tötung Gerhard Kaindls schlug die Stunde des Staatsschutzes und der Polizei. Soziologen, Jugendforscher und Talkmaster, bezüglich rechter Gewalttäter über Jahre immer für einen gescheiten Kommentar zu den »tieferen« Ursachen und sozioökonomischen Hintergründen eruptiver Gewaltausbrüche zu gewinnen, schwiegen im »Fall Kaindl«. Anders als bei den Tätern von Hoyerswerda und Rostock versprach die Erkundung des Kreuzberger Milieus – mit ihm konnte nicht die altdeutsche Assoziation »der Schoß ist fruchtbar noch« mobilisiert werden – keine Forschungsgelder. Deshalb reichte offensichtlich schlichtes »Entsetzen«. Schien hier doch bereits der »molekulare Bürgerkrieg«

auszubrechen, ein Jahr bevor ihn Hans Magnus Enzensberger in seinen »Aussichten auf den Bürgerkrieg« auch für Deutschland heraufbeschwor. Keiner der Experten hat öffentlich erklärt: »Diese Tragödie ist die Folge des gefühlsmäßigen Ausnahmezustandes, in dem potentielle Opfergruppen neonazistischer Gewalt aufgrund des kläglichen Versagens der Ordnungskräfte seit Jahren in Deutschland leben müssen. Dauerhafte Streßsituationen – das kennen wir aus der Psychologie – bergen die Gefahr eines partiellen Realitätsverlustes in sich, der sich vor allem im Zusammenhang gruppendynamischer Prozesse hin und wieder in spontanen, gewaltsamen Aktionen Luft verschafft, bei denen dann die Konsequenzen des Handelns nicht immer in ihrer vollen Tragweite überdacht werden.« Weder der ermittelnde Staatsschutz, der den »Fall Kaindl« unter allen Umständen als kaltblütig geplanten Mord sehen, noch die antifaschistische Unterstützerszene, die die Tatverdächtigen wenn nicht gerade zu weit vorausschauenden Widerstandkämpfern, so doch zumindest zu moralisch auf der richtigen Seite stehenden Helden hochstilisieren wollte, begnügten sich mit dieser naheliegenden und einleuchtenden Erklärung. Beide Seiten mystifizierten die Protagonisten und ihre Tat. Erst die Vorsitzende Richterin Gabriele Eschenhagen, der von der linken Unterstützerszene über Wochen ein politischer Schauprozeß unterstellt wurde, würdigte zweieinhalb Jahre später bei ihrer Urteilsbegrüdung den psychischen Ausnahmezustand, in dem sich die Angeklagten zum Tatzeitpunkt im April 1992 befunden haben müssen.

Der Staatsschutz

Antifaşist Genclik, seit Jahren Beobachtungsobjekt des Berliner Verfassungsschutzes, hatte in der Vergangenheit die Staatsschützer offensichtlich derart herausgefordert, daß sie die Gelegenheit, die ihnen der »Fall Kaindl« bot, die Gruppe zu kriminalisieren und ein für allemal aus den politischen Verkehr zu ziehen, nicht verstreichen lassen wollen. Mit zweifelhaften und ungesetzlichen Ermittlungsmethoden versuchte der Staatsschutz, einen gemeinschaftlich begangenen, vorsätzlichen Mord zu konstruieren. Ein Vorwurf, der vor Gericht nicht aufrechtzuerhalten war.

In den Vormittagsstunden des 4. April 1992, wenige Stunden nach dem Überfall, wurde die zwanzigköpfige »SOKO Kaindl« gebildet. Bereits zu diesem frühen Zeitpunkt gehörte das »Umfeld Fatma Balamir«, bei ihr handelt es sich um eine der Tatverdächtigen, zu den drei Ermittlungsschwerpunkten. Im polizeilichen Abschlußbericht heißt es dazu: »In diesem Zusammenhang gewann ein Hinweis an Bedeutung, der noch am 4. April durch Kriminaloberkommissar Bredow gegeben worden war. Er meinte, daß in der Ermittlung auch die *Antifaşist Genclik* einbezogen werden müsse, da nach Auswertung einschlägiger, durch Angehörige der Gruppierung verfaßter Schriften eine deutliche Hinwendung zur Gewalt, insbesondere gegen *Republikaner* zu erkennen sei.« In ihrer Analyse des »Fall Kaindl« fragt die Journalistin Deborah Fehér, ob hinter dem Bredlowschen Hinweis vielleicht noch etwas anderes stecke. Denn: »Auf die Frage, wer zuerst am Tatort war, antwortete Thorsten Thaler: ›Zwei Zivilbeamte‹; die trafen noch vor den Rettungssanitätern und der Polizei ein. Waren sie dem vollbesetzten BMW, der zwischen den Szenetreffpunkten ›SO 36‹ und dem ›Pink Panther‹ pendelte und bei seinem Halt in zweiter Spur vor dem ›SO 36‹ parkte, bis zum Chinarestaurant gefolgt? An jenem Abend wurde im ›SO 36‹ eine Soli-Disco für *RAF*-Inhaftierte veranstaltet, ohne Zweifel heftig observiert. Wenn die Gruppe verfolgt wurde, stellt sich nachgerade die Frage, inwieweit hier unter Umständen sogar begünstigt bzw. Beihilfe geleistet wurde? In diesem Kontext muß auch die Rolle von Ekrem Balamir gesehen werden. Inwieweit betätigte sich der auf so wundersamen Wegen untergetauchte Mann als agent provocateur? Wie konnte Balamir, trotz seiner Verwicklung in den Fall, völlig problemlos in die Türkei abreisen, von wo er sich nochmals telefonisch beim Staatsschutz Berlin meldete? Wenig später verschwand er, Interpol Ankara berichtete lapidar, er sei bei seiner Mutter nicht mehr auffindbar.«[2]

Seilschaften im braunen Grenzbereich?

Im Februar 1993 schreibt die Staatsanwaltschaft Berlin an den stellvertretenden Landesvorsitzenden der *Deutschen Liga* Karl-Heinz Panteleit: »Die im derzeitigen Verfahrensstand zur Verfügung stehenden Beweismittel reichen nicht aus, gegen eine bestimmte Person einen dringenden Tatverdacht zu begründen.« Damit ist ein Ermittlungsverfahren wegen Strafvereitelung im Amt eingestellt, das die *DL* im Oktober 1992 gegen die zuständige Staatsanwältin anstrengte. Der Vorwurf der *Deutschen Liga*: »Weil die zuständige Staatsanwältin sich weigerte, gegen zwei Verdächtige Haftbefehl zu erlassen, konnten sie in die Türkei entkommen.«

Zu diesem Zeitpunkt verfügt die *Deutsche Liga* offensichtlich über Informationen, von denen die Staatsanwaltschaft zumindest offiziell nichts weiß. Im Oktober 1992 droht die *Deutsche Rundschau*, die bundesweite Zeitung der *DL*: »Kaindl-Mord: Wir kriegen euch alle!« Vergeltungsanschläge werden angekündigt. »Die Polizei hat inzwischen acht Täter ermittelt. Sie gehören allesamt der türkischen Gruppe *Antifaşist Genclik* (Antifaschistische Jugend) an. Wie es der Zufall so will: Die Namen und Anschriften der türkischen Mörder sind inzwischen bekannt. Es gibt rechte Kreise in unserer Republik, die sich sehr dafür interessieren, wer denn ihren Kameraden Kaindl umgebracht hat.«

Es handelt sich dabei keineswegs um verbale Kraftmeierei. Einen Monat vor Veröffentlichung des Artikels – im September 1992 – erhält das damalige *DL*-Mitglied Thorsten Thaler in Kiel Besuch. An seinem Arbeitsplatz, in dem von den rechtsextremen Multi-Funktionär Dietmar Munier geleiteten *Arndt-Buchdienst*, legen ihm zwei aus Berlin angereiste Staatsschutzbeamte DIN A 5 große Karteikarten vor. »Auf der rechten Seite war ein Lichtbild angebracht, auf der linken Seite standen die persönlichen Daten – Name, Geburtsdatum und Wohnadresse«, berichtet Thorsten Thaler im September 1993 – neun Monate nach seinem Austritt aus der *Deutschen Liga* dem Autor. Thaler widerspricht damit Berlins Innensenator Dieter Heckelmann, der eine Zusammenarbeit zwischen Staatsschutz und Rechtsextremisten kategorisch abstreitet. In einer Antwort auf eine entsprechende Anfrage von

Bündnis 90/Die Grünen versichert er im Februar 1994: »Die vorgelegten Lichtbilder waren beziehungsweise sind aus kriminalistischen und datenschutzrechtlichen Gründen nicht mit Personaldaten versehen.« Eine Falschinformation. Tatsächlich stimmen die Daten (Name, Meldeadresse, Geburtsdatum), die Thorsten Thaler bei dem Treffen im September 1993 nennt, zumindest in einem Fall mit denen einer Person überein, die im Abschlußbericht der »SOKO Kaindl« vom 10. Februar 1994 als Mitglied von *Antifaşist Genclik* und Kontaktperson der Tatverdächtigen Fatma Balamir aufgeführt wird.

Auch Carsten Pagel war erstaunlich gut informiert. In einem Interview mit der Journalistin Deborah Fehér gab Pagel »Täterausagen« im Orginalton wieder, zu einem Zeitpunkt, als noch nicht einmal die Anwälte der Angeklagten komplette Akteneinsicht hatten. Pagel bestätigte in diesem Gespräch ebenfalls, daß Thaler Namen und Daten von Tatverdächtigen zu sehen bekommen habe.

Eine Weitergabe der von ihm notierten Daten von Tatverdächtigen an die *Deutsche Rundschau* bestreitet Thaler: »Die Infos stammen nicht von mir.« Unklar bleiben dennoch die Motive, weshalb er sich (nach seinem Austritt aus der *Deutschen Liga*) mit einem Jahr Verzögerung »outete« und von dem Besuch der Staatsschützer just zwei Journalisten erzählte, von denen er wußte, daß sie in der rechtsextremen Szene recherchieren, und davon ausgehen konnte, daß sie diese Information auch publizieren würden. Hatte er das Gefühl, nicht mehr zu überblicken, was seine alten Parteigänger mit den Informationen anfangen würden? Die Radikalisierung der *Deutschen Liga* war für ihn auf jeden Fall der Grund seines Ausstiegs: »In der *Deutschen Liga* gab es bereits 1992 keine Abgrenzung mehr zu gewaltbereiten Gruppen wie *Nationalistische Front* und *Deutsche Alternative*, da war für mich Schluß.«

Auch den Staatsschützern hätte bereits vor ihrem Besuch in Kiel im September 1992 aus eigenen Recherchen bekannt sein müssen, daß die *Deutsche Liga* zu diesem Zeitpunkt eng mit militanten Neonazis zusammenarbeitete. Nur wenige Tage, bevor sie in den Norden reisten, am 26. August 1992, mobilisierte die Rechtspartei gemeinsam mit der inwischen verbotenen *Nationa-*

listischen Front mehr als einhundertfünfzig Neonazis, um eine öffentliche Diskussionsveranstaltung auf dem Marktplatz im brandenburgischen Eberswalde zu verhindern, auf der über die Umstände, die zum Tod des Angolaners Antonio Amadeus, dem ersten Todesopfer rassistischer Gewalt nach der Wiedervereinigung, gesprochen werden sollte.

War der »leichtfertige« Umgang der Staatsschützer mit den Daten Tatverdächtiger eine Panne? Oder ein dezenter Hinweis an neonazistische Aktivisten, die in eine Sackgasse geratenen »Ermittlungen« (bis zu diesem Zeitpunkt war noch kein Tatverdächtiger inhaftiert) besser in die eigenen Hände zu nehmen? Wurde hier mit dem Feuer gespielt, sollten Kombattanten links- und rechtsextremistischer Gruppen in den Ring geschickt werden, um dann »rechtsstaatlich« zuschlagen zu können? Oder muß die »Panne« aufgrund der im Sommer 1994 bekannt gewordenen engen Beziehungen, die Hans-Christoph Bonfert, bis dato Sprecher des Berliner Innensenators Dieter Heckelmann, mit Hans-Ulrich Pieper, rechtsradikaler Organisator des Diskussionsforums *Dienstags-Gespräche*, sowie Vertretern der *Jungen Freiheit* pflegte, neu interpretiert werden? Auf jeden Fall sind viele Besucher der Veranstaltungen des *Hoffmann-von-Fallersleben-Bildungswerkes* auch Teilnehmer der *Dienstags-Gespräche*.

Halten wir uns an die (bekannten) Fakten: Thorsten Thaler, seit Jahren freier Mitarbeiter der *Jungen Freiheit*, arbeitete 1992 in Kiel bei Dietmar Munier, der seit 1980 in Kiel den *Arndt*-Verlag betreibt und unter anderem das »Handbuch gegen Überfremdung« des *NPD*-Bundesvorsitzenden Günter Deckert und Bücher, die die »Kriegsschuld der Alliierten« beweisen sollen, veröffentlichte. Diemar Munier hatte zum Thema »Deutsche Minderheiten in Ostpreußen«, das am 3. April 1992 in dem Neuköllner Hinterzimmer auf der Veranstaltung des *Hoffmann-von-Fallersleben-Bildungswerkes* verhandelt wurde, eine Menge beizutragen. Er kam von einer Reise aus Litauen direkt nach Berlin. Zu diesem Zeitpunkt verstärken bundesdeutsche Rechtsextremisten und Rechtskonservative ihre propagandistische Arbeit in Kaliningrad (Königsberg) und Umgebung. 1993 gründete Munier schließlich die *Aktion deutsches Königsberg* und die *Gesellschaft für Siedlungsförderung in Trakehnen mbH Kiel* mit dem Ziel, Rußlanddeutsche in Trakehnen anzusiedeln. Hier treffen sich gemeinsame politische Interessen von Munier, Hans-Ulrich Pieper und dem ehemaligen Sprecher des Berliner Innensenators Hans-Christoph Bonfert, der im Redaktionsgremium der Vierteljahreszeitschrift *Paneuropa-Deutschland* gemeinsam mit Personen wie dem *CDU*-Rechtsaußen und *Junge Freiheit*-Kolummnisten Heinrich Lummer ebenfalls für eine russisch-deutsche Republik Königsberg eintritt. Merkwürdigerweise finden sich im Schlußbericht der »Soko Kaindl« die Zeugenaussagen aller im Chinarestaurant »Jin-San« anwesenden Zeugen aus der rechtsextremen Szene – einzig die von Dietmar Munier fehlt.

Unterstützerszene

Die Praxis des Staatsschutzes, dem psychisch kranken und deshalb später vom Gericht für schuldunfähig erklärten jugendlichen Tatverdächtigen Erkan S. mit Versprechen zweifelhafte (und vor Gericht unhaltbare) Aussagen abzupressen, eine ganze Szene pauschal zu kriminalisieren und an dem Übergriff nachweislich nicht Beteiligte vorschnell in U-Haft zu setzen, machten es unerläßlich, die Ermittlungsergebnisse en detail zu analysieren und den Prozeß sehr genau zu beobachten. Wichtige Aufgaben, der sich auch Unterstützerkreise wie das *Antifaşist-Genclik-Komitee* verschrieben hatten. Menschlich nachvollziehbar auch ihr Wunsch, die drohenden Haftstrafen für inhaftierte Freunde möglichst niedrig zu halten. Entschieden ist allerdings jenen zu widersprechen, die die Tötung Gerhard Kaindls als vorauseilende Verhinderung von Rassismus verstanden wissen möchten. Ebensowenig rechtfertigen die im nachhinein recherchierten Verstrickungen der Opfer in das rechtsextremistische Netzwerk die Tat. Aber genau dies versuchte die Unterstützerszene: die Tat moralisch und politisch zu legitimieren. In der Tatnacht reichte allein das Gerücht, in einer Kneipe säßen ein paar Nazis, um einen Trupp in Bewegung zu setzen, der, schwer bewaffnet, am Kneipentisch sitzende Menschen überfiel. Daran ändern auch keine noch so bemühten sprachlichen Klimmzüge etwas, nachzulesen sowohl in der »Zeitung gegen die Kriminalisierung von

Antifaschisten«, *Herzschläge,* als auch in der Tageszeitung *Junge Welt:* »Gerhard Kaindl ist an einer folgenschweren Auseinandersetzung zwischen sieben Führungspersönlichkeiten faschistischer Organisationen und acht bis zehn Antifaschisten wenige Stunden später seinen Verletzungen erlegen.« Die Unterstützerszene schreckte in ihren Publikationen – natürlich im Dienste einer »guten« Sache – nicht vor offener Lüge und Desinformationen zurück, um eine liberale Öffentlichkeit für ihre Anliegen zu gewinnen. Kaindl ist keineswegs an einer »folgenschweren Auseinandersetzung«, sondern an den Folgen eines Überfalls gestorben. Das Opfer »erlag« nicht »wenige Stunden später seinen Verletzungen«, sondern starb, nachdem seine Lunge mit einer 25 Zentimeter langen Messerklinge zerfleischt wurde, noch im Restaurant. Dazu nochmals die Journalistin Deborah Féher: »Ich habe die Obduktionsfotos des Mannes gesehen, er sah nicht gut aus. Von Verteidigungsmöglichkeiten war da keine Spur, das zeigten die Einstichrichtungen und Einstichintensität eindeutig. Die Pistole, die Kaindl angeblich in der Hand gehalten haben soll, gehört zweifellos auch ins Reich der Phantasie. Es ist erschreckend, mit welcher Kaltblütigkeit auf der einen Seite und mit welcher Gläubigkeit auf der anderen Seite diese Tat mystifiziert wird. Auch war Kaindl nie eine Führungsfigur in der rechte Szene gewesen. Er war nicht mehr und nicht weniger als ein Hiwi, gut genug fürs Organisieren von Veranstaltungsorten. Kaindl war so unbedeutend, daß es nicht einmal ein Foto von dem Mann gab. Das einzige, das durch die Presse ging, hatten Springer-Journalisten auf ihre typische Art ›besorgt‹. Frau Kaindl wurde unter dem Vorwand, man hätte gern ein Glas Wasser, in die Küche geschickt, in der Zwischenzeit fotografierte man ein Urlaubsfoto, das auf dem Schreibtisch stand.«[3] Zu guter Letzt: Die Überfallenen waren keine »Faschisten«, sondern parteilose Rechte, organisierte Rechtsextremisten und Rechtskonservative – durchaus ein Unterschied.

Nachbetrachtung

Dort, wo sich die Kämpfer gegen die neonazistische Offensive vermeintlich an vorderster Front wähnen (die, nebenbei bemerkt, in Deutschland keineswegs durch Kreuzberg verläuft), bleibt auch Mitte der neunziger Jahre wenig Raum für Differenzierung. Getreu dem Motto »Wahr und richtig ist, was uns nützt« wird auch nicht vor Einschüchterung und Denunziation zurückgeschreckt. Als der Autor in der *tageszeitung* vom 21. Oktober 1994 den »Fall Kaindl«, seine Vorgeschichte und die Zusammenarbeit von Staatsschutz und Rechtsextremisten darstellte und abschließend auch noch Kritik an der »Unterstützerszene« übte, schlußfolgerte diese: Wer uns, die Guten und Gerechten, kritisiert, der muß Büttel des Bösen, also des Staatsschutzes sein. So schrieb die *Junge Welt* am 3. November 1994, damals noch Spielwiese des *Konkret*-Autoren und »Antifa-Experten« Oliver Tolmein: »Manchmal hat auch die Junge Freiheit Grund, sich zu freuen: Als im Berliner ›Kaindl-Prozeß‹ immer deutlicher wurde, daß die Mord-Anklage in sich zusammenbricht, merkten auch etliche Medienvertreter, daß eigentlich der Berliner Staatsschutz auf die Anklagebank gehört. Nicht so Eberhard Seidel-Pielen, taz-Autor und ›Rechtsextremismus-Experte‹. Er schrieb die Version des Staatsschutzes auf einer ganzen Seite auf. Dafür lobte ihn die Junge Freiheit in ihrer aktuellen Ausgabe. Er lese den Linken die Leviten, heißt es, und habe überraschend deutliche Worte gefunden. Besonders gut gefällt der Jungen Freiheit Seidel-Pielens Drang nach politischer Differenzierung: Er hatte geschrieben, daß es sich im Chinarestaurant keinesfalls um eine ›folgenschwere Auseinandersetzung‹ gehandelt habe, sondern um einen ›hinterhältigen Überfall‹. Neue Verdienstmöglichkeiten für den Experten?«

Auch *Antifaşist Genclik* reagierte prompt mit einem »Offenen Brief«, um zu dokumentieren, was sie künftig von politisch korrekten Journalisten erwarte:

»Eberhard, spiel Dich bitte nicht als Experte von Jugendbewegungen im allgemeinen und Antifaşist Genclik im speziellen auf. (...) Wir sprechen Leuten wie Dir, die ihren Arsch immer im Trockenen haben werden und die ihr Fähnchen immer in den

Wind hängen werden, das Recht ab, zu beurteilen, was Rassismus verhindert und was nicht. Was Dein Artikel deutlich gemacht hat, ist, daß wir als Betroffene von sogenannten Linken nichts zu erwarten haben, die hysterisch werden, nur weil diesmal keine Asylantenkinder oder schlafende Türkinnen verbrannt wurden, sondern es einen Faschisten traf. Vielleicht hast Du die Muße, Faschisten in Rechtsradikale, Rechtskonservative oder Rechtsextreme zu kategorisieren. Der Grad ihres Rechtsseins spielt für die verbrannten und erschlagenen Menschen leider keine Rolle. Also hör endlich auf, Dir Sorgen über die zerfetzte Lunge von Kaindl zu machen, und begreife, daß Deine scheinbare Neutralität nur der einen Seite nutzt. Denn in der Auseinandersetzung mit Rassismus und Faschismus gibt es keine Neutralität.«

Es gab in den letzten Jahren häufiger Gelegenheit, die Bedeutung solcher Aussagen vor Ort zu studieren, vor allem die Agitationstalente und Diskussionskultur eines der Verurteilten im Kaindl-Prozeß. Als bei einer Lesung von Klaus Farin und dem Autor in der Szenekneipe »Café Kuckucksei« im September 1991 zum Thema »Jugendgangs« von der »Kreuzberger Linie« abgewichen wurde, zeigte er sich von seiner besten Seite – als Einpeitscher, der seine jugendliche Fangemeinde »ermunterte«, sich doch »aktiver« in die Diskussion einzuschalten. Wie, das hat der Publizist Wiglaf Droste festgehalten:»Schwule sind anormale Menschen. Ich hasse so etwas.‹ Und:›Es ist schlecht, wenn zwei Schwule Hand in Hand durch die Straßen laufen und sich vielleicht auch noch abknutschen. Stell dir vor, da kommt eine Mutter mit ihrem kleinen Kind vorbei und sieht das. Wo kommen wir da hin, wenn das jeder macht‹, werden Boyraz und Ego, zwei Angehörige der (von Antifaşist Genclik umworbenen, Anm. d. Autors) Weddinger Black Panther, zitiert, und das paßt natürlich nicht so gut ins Bild von den grundsympathischen Verfolgten, die sich heldenhaft gegen ›faschistischen, rassistischen und sexistischen Terror‹, wie das auf Flugis gern heißt, zur Wehr setzen. Schnell ist die Stimmung hitzig, ›Schweine‹, ›Denunzianten‹ oder ›Vor die Fresse, Keule ey!‹ wird gerufen, letzteres entbehrt nicht einer gewissen Pikanterie: Klaus Farin wurde Anfang August von drei Spandauer Neonazis gezielt angegriffen und krankenhausreif geprügelt, die Narben sind gerade verschwunden, aber von solch peinlicher, weil beredter Duplizität will man nichts wissen im Kreuzberger Hinterzimmer, wo man unreflektiert den Helden spielen und raushängen lassen kann und mit einer maximalen Denkfaulheit und Selbstgefälligkeit auftritt, die es ermöglicht, in sich selbst den chronisch und notorisch guten Menschen zu sehen und jeden, der daran auch nur leisen Zweifel hegt, zum Arsch zu machen. Die alte Kreuzberger Faustkeilregel – ›Wer als erster Fascho sagt, hat gewonnen‹ – feiert ein glänzendes Comeback, und in schon rührender Pose legen Deutsche und Türken Hand in Hand ihr Gratisbekenntnis ab: ›Ich bin Antifaschist!‹ dröhnt es – natürlich, sicher, und was bist du sonst noch?«[4]

Gerhard Kaindl, Mete Ekşi – Zwei Urteile

Als am 20. September 1994 der Kaindl-Prozeß vor dem Kriminalgericht Moabit eröffnet wurde, stand für die antifaschistische Unterstützerszene fest: Hier soll in einem Schauprozeß der Antifaschismus-Bewegung der Garaus gemacht werden. Indiz: Die Staatsanwaltschaft warf den Angeklagten gemeinschaftlichen Mord und sechsfache gefährliche Körperverletzung vor. Befürchtung: Folgt das Gericht dieser Sicht, so drohen lebenslange Haftstrafen. Angenehme Begleiterscheinung: Bereits im Vorfeld entdeckte die Szene den Rechtsstaat. Schrieb ein Journalist vom »Mord an Gerhard Kaindl«, wurde er postwendend gemaßregelt und nachdrücklich darauf hingewiesen, daß man allenfalls von Körperverletzung mit Todesfolge sprechen könne. Dieses juristische Differenzierungsvermögen war neu, und es war erfreulich, hatte es sich doch angesichts gegnerischer (sprich: rechter) Gewalttäter eingebürgert, nicht mehr zwischen Totschlag, Körperverletzung mit Todesfolge und fahrlässiger Tötung zu unterscheiden, sondern pauschal von Mord zu sprechen. Kommentatoren, die angesichts der allgemeinen Empörung über die (subjektiv) zu niedrig empfundenen Strafen einwandten, daß es bei einer rechtsstaatlichen Urteilsfindung durchaus darauf ankomme, wie das Gericht die Tat einordne, wurde gerade aus der moralisierenden Antifa-Ecke engegengehalten: »Für die Opfer rassistischer Übergriffe macht das keinen Unterschied: Tot ist tot.« In schlimmeren Fällen wurde Freunden der Rechtsstaatlichkeit und radikalen Gegnern jeglicher Gesinnungsjustiz Komplizenschaft mit den Tätern vorgeworfen.

Als am 21. Januar 1994 der Prozeß gegen Michael Schuchlinski, er ist für den Tod des 19jährigen Mete Ekşi verantwortlich, mit dem Urteil »drei Jahre und neun Monate wegen Körperverletzung mit Todesfolge« (ohne Bewährung) endete, demonstrierte ein Fähnlein (türkischer) *Revolutionärer Kommunisten* vor dem Gerichtsgebäude und empörte sich: »Dieser feige Fascho-Hund wird nicht einmal wegen Mordes angeklagt!« »Mindestens lebenslänglich«, forderte damals das »Volk«. Auch Wochen später, inzwischen wäre Zeit genug gewesen, sich eingehender über die Tathintergründe zu informieren, kommentierten nicht nur die erregten *Revolutionären Kommunisten* den Urteilsspruch mit folgenden Worten: »Das nennen sie ihre ›rechtsstaatliche Gerechtigkeit‹! Es ist Klassenjustiz: Rassistische Klassenjustiz.« Ein *Komitee Gerechtigkeit für Mete Ekşi*, ein Zusammenschluß von Privatpersonen, politischen Grüppchen und Kreuzberger sowie Weddinger Geschäftsleuten, rief zwei Monate später zu einem Streik und einer Kundgebung auf. »Wir sagen NEIN! Dieses Urteil werden wir NIE akzeptieren! Der rassistische Mörder von Mete Ekşi muß ins Gefängnis!« forderte das Bündnis in einem Flugblatt. Angeklagt war damit auch die Vorsitzende Richterin Gabriele Eschenhagen, die in einer sorgfältig geführten Beweisaufnahme zu dem Ergebnis kam, daß es sich bei der Schlägerei zwischen Weddinger und Kreuzberger Jugendlichen, in deren Verlauf es schließlich durch eine Verkettung unglücklicher Umstände zum Tod Mete Ekşis kam, keineswegs um einen rassistisch motivierten Übergriff handelte.[5] Nicht nur die Antifaschisten der Stadt weigerten sich hartnäckig, Realitäten zur Kenntnis zu nehmen, auch über die Gewaltverhältnisse beunruhigte bürgerliche Kreise spannen weiter an der Legende vom rassistischen Mord. So behauptet der Direktor des *Zentrums für Türkeistudien* an der Universität GH Essen, Faruk Şen, noch 1994: »Als der türkische Jugendliche Ekşi in Berlin von Skinheads ermordet wurde, war allen klar, daß die Gewalttaten gegenüber Türken zunehmen würden.«[6]

Kein Widerspruch dagegen war nach dem Urteilsspruch Gabriele Eschenhages im »Fall Kaindl« zu hören. Am 15. November endete der Prozeß (alle Inhafierten waren bereits vor der Urteilsverkündung auf freiem Fuß) mit der Verlesung der Urteile: Drei der Tatverdächtigen wurden wegen »Körperverletzung mit Todesfolge in einem minder schweren Fall« zu Freiheitsstrafen von drei Jahren verurteilt. Zwei Tatverdächtige erhielten zur Bewährung ausgesetzte Jugendstrafen, ein weiterer wurde aufgrund psychischer Störungen schuldunfähig gesprochen. Der eigentlich Verantwortliche für den Tod Gerhard Kaindls stand nicht vor Gericht, er ist bis heute flüchtig. In ihrer Urteilsbegründung betonte Richterin Eschenhagen, daß es sich nicht um einen, wie von der »sogenannten linken Szene« herbeigeredeten, »politischen Prozeß« gehandelt habe, sondern um einen Mordprozeß. Und weiter: »Es wäre um den Rechtsstaat schlecht bestellt, wenn man Unrecht nach Art der Menschen, die es trifft, behandelt.« Darüber hinaus räumte sie ein, daß der Angriff auf die Rechtsradikalen vor dem Hintergrund ausländerfeindlicher Gewalt stattgefunden habe. »Allein die Anwesenheit Rechter im Kiez wurde als Provokation empfunden«, deshalb könne man bei den Angeklagten von einem minder schweren Fall der Körperverletzung mit Todesfolge ausgehen. Der Unterstützerszene gab die Richterin mit auf dem Weg: »Eine Welle der Entrüstung würde über uns hereinbrechen, wenn wir im umgekehrten Fall dieses Urteil gegen Rechte gefällt hätten.« Am eigentlichen Skandal des »Fall Kaindl«, den Ermittlungsmethoden des Staatsschutzes, scheint nach der Urteilsverkündung niemand mehr interessiert zu sein.

Information, Agitation und Isolation

Kommunikationsstörungen

Immer wieder geraten die deutschsprachigen Medien ins Kreuzfeuer der türkischen Kritik. Ihre Berichterstattung sei zu tendenziös, produziere Feindbilder, fördere rassistische Ressentiments, so lauten die handelsüblichen und in vielen Fällen auch berechtigten Vorhaltungen. Auch nach vierzig Jahren Einwanderung ist die Qualität der interkulturellen Berichterstattung bescheiden. Guter Wille alleine, auch das lehrt die Erfahrung, macht noch lange keinen kompetenten Journalismus aus.

Kaum diskutiert wurde in der Vergangenheit die Frage, was die türkischsprachigen Medien zur interkulturellen Verständigung beitragen. Werden in ihrer Bericherstattung Ressentiments gegenüber den deutschstämmigen Nachbarn, gegen andere ethnische und soziale Minderheiten geschürt? Oder ist Einäugigkeit, Überheblichkeit und tendenziöse Berichterstattung ein Vorrecht der Deutschen? In welchen Medien kommt es ansatzweise zu einem interkulturellen Dialog? Als im Frühjahr und Sommer 1995 Brandanschläge kurdischer Extremisten auf türkische Reisebüros, das Polizeimassaker in Istanbul an Alewiten, interethnische Konflikte innerhalb der deutsch-türkischen Gemeinschaft in die Schlagzeilen kamen, fragten sich aufmerksamere Zeitgenossen: »Wie bildet sich ein in Deutschland lebender Türke eigentlich seine Meinung zu aktuellen politischen Fragen?«

Das muttersprachliche Medienangebot, aus dem sich die türkische Minderheit bedienen kann, ist inzwischen vielfältig. Im Gegensatz zur Türkei, wo die Auflagenzahlen der Zeitungen sinken, steigen sie in Deutschland und liegen bei rund 205.000 täglich.[1] 87 Prozent der türkischen Haushalte lesen heute eine türkischsprachige Zeitung – 1981 waren es erst 40 Prozent. Am verbreitesten ist die überparteiliche und gemeinhin als liberal geltende *Hürriyet* (Freiheit) mit eine Deutschlandauflage von 72.000. *Hürriyet* geriet 1995 ins Augenmerk, nachdem sie über Monate eine massive Kampagne gegen den Bundestagsabgeordneten Cem Özdemir führte. Özdemirs »Verbrechen«: Er hielt sich mit Kritik an den Menschenrechtsverletzungen in der Türkei nicht zurück. Grund genug für Ertuğ Karakullukcu, Leiter der *Hürriyet*-Auslandsausgabe, unter der Überschrift »Die Schlange türkischer Abstammung« alle Türken in Deutschland, »die die Menschenrechtsverletzungen in der Türkei kritisieren, als Hirnprostituierte, Scheintürken, niedrige Kreaturen, Separatisten und Provokateure« zu beschimpfen.[2]

Die liberale *Milliyet* hat in Deutschland eine tägliche Auflage von 18.000. »*Milliyet* vertritt die These einer ›wechselseitigen Integration‹ und vermeidet bewußt die Aufbauschung von Ausländerfeindlichkeit, weil sie an guten Beziehungen zwischen Deutschen und Türken interessiert ist.«[3] Die konservative *Yeni Günaydin* verkauft in Deutschland täglich 14.000 Exemplare, die konservativ-nationale *Türkiye* 50.000, die konservativ, stark islamisch geprägte *Milli Gazete* 7.200 und die konservativ-religiöse *Zaman* 4.000. Seit 1993 erscheint in Deuschland auch die linksorientierte *Aydınlik* (Aufklärung) und die an der Kurdenproblematik orientierte *Özgür Gündem* (Freier Tagesordnungspunkt). Darüber hinaus erscheinen eine Reihe von Wochenzeitungen.

Schlechter als bei den Printmedien sieht es mit der Versorgung mit türkischsprachigen Hörfunkprogrammen aus. Die wenigen von Landesrundfunkanstalten gesendeten mutterspachlichen Sendungen reichen bei weitem nicht aus. Der *WDR* bietet täglich bundesweit ein 40minütiges Magazin mit aktuellen Informationen und Berichten zu Kultur, Sport, Politik, Religion und Nachrichten an. Der *Hessische Rundfunk* sendet sonntags ein regionales Informations- und Unterhaltungsprogramm »Rendevouz in Deutschland«, das auch von anderen Sendeanstalten übernommen wird. Darüber hinaus produziert der *HR* eine regionalbezogene Sedung, ähnlich wie sie vom *SFB* auch in Berlin produziert wird. »Seit 1992 haben ethnische Minderheiten in Nordrhein-Westfalen die Gelegenheit, über die Privatsender im Rahmen des *Offenen Kanals* deutsch-türkischsprachige Sendungen zu produzieren. Insgesamt ist jedoch zu sagen, daß die Angebote für die türkische Minderheit nur sehr wenig im Rundfunk zu hören sind und ihren Bedürfnissen nur sehr eingeschränkt entsprochen wird.«[4]

Stiefmütterlich behandelt werden die türkischen Gebühren-zahler von den öffenlich-rechtlichen Rundfunkanstalten mit Fern-sehsendungen. Der *WDR* zeigt seit 1965 sonntags mit »Babylon« (früher »Ihre Heimat – unsere Heimat«) für sechs Sprachgruppen ein jeweils zwanzigminütiges Programm mit akuellen Informatio-nen und Musik für die jeweiligen Minderheiten, das von anderen Dritten Fernsehanstalten (*BR, HR* und *SDR*) übernommen wird. Das *ZDF* sendet in der Reihe »Nachbarn für Europa – Informatio-nen und Unterhaltung für Ausländer und Deutsche« samstags die 45minütige Sendung »Ein Brief aus der Türkei«.

Angesichts dieses »üppigen« türkischsprachigen Angebots in den deutschen Sendeanstalten (in Berlin wird es durch vier pri-vate türkische Lokalsender ergänzt) ist es nicht verwunderlich, daß die Einschaltquoten von *ARD, ZDF, RTL plus* und *SAT 1* in tür-kischen Haushalten gerade einmal zwischen 3,5 und 1,5 Prozent liegen – Tendenz rückläufig. Denn die traditionsreichen »Gastar-beitersendungen« haben inzwischen Konkurrenz bekommen. Sie-ben private türkische Sender sind derzeit über Satellit zu empfan-gen. Allerdings werden vier von ihnen – *Kanal 6, HBB, Kanal D* und *TRGT* – kaum gesehen, da sie über eine andere Satelliten-frequenz zu empfangen sind als die restlichen Privatsender (*Show-TV, ATV und interSTAR*). *TRT-INT*, das Auslandsfernsehen der öffentlich-rechtlichen *Türkische Radio TV Cooperation*, ist der meistgesehene türkischsprachige Sender, da er seit Anfang der neunziger Jahre für die in Europa lebenden Türken ins Kabel-netz einspeist wird und über achtzehn Stunden täglich sendet.

Grenzgänger zwischen den Fronten

»Das Urlaubsland 1995 erwartet Sie – mit Naturwundern, Bade-freuden und der berühmten türkischen Gastfreundschaft. Will-kommen bei Freunden.« Pünktlich um 23 Uhr verabschiedet sich der Berliner Kabelsender *AYPA-TV* mit einem weichgezeichneten Werbespot des Fremdenverkehrsamtes der Türkei. Erleichtert atmet die stellvertretende Chefredakteurin Claudia Dantschke auf. Doch auf dem Wohnzimmertisch liegt noch das Band über das Opfer eines Brandanschlags, das für die morgige Sendung geschnitten werden muß. In wenigen Stunden klingelt der Wekker. Dann wird die gebürtige Leipzigerin und studierte Arabistin mit ihrem Kollegen Ali Yıldırım wieder durch Berlin hetzen. Von Termin zu Termin, sieben Tage die Woche, vierzehn Stunden am Tag.

Seit Februar 1993 sendet *AYPA-TV* im *Spreekanal* täglich den »deutsch-türkischen Berlin-Spiegel für alle, die toleranter sein wollen«. Auf dem Spreekanal machen dreißig ausländische und deutsche Anbieter Programm. *AYPA* ist ein kleines Wunder – von zwei Besessenen am Leben erhalten. Denn für die wöchentlich 400 Sendeminuten stehen dem Chefredakteur Ali Yıldırım und Claudia Dantschke weder Mitarbeiter noch Studios zur Verfügung. »Der Ort des Geschehens ist unsere Redaktion, die Konferenzen finden im Auto statt«, beschreibt Yıldırım die Arbeitsbedingungen des mobilen Einsatzkommandos.

Die beiden ambitionierten Fernsehjunkies wollen neue Standards in der Berichterstattung über die multikulturelle Gesellschaft setzen. Denn damit sieht es nach ihrer Auffassung eher kümmerlich aus. »Das Gros der deutschen Journalisten behandelt das Thema stiefmütterlich«, ärgert sich Dantschke. »Auf den Pressekonferenzen der Immigrantenorganisationen treffen wir meist auf unerfahrene Volontäre, die dann häufig auch viel Unsinn schreiben und sich aus Unkenntnis über die Hintergründe nicht selten funktionalisieren lassen.«

Claudia Dantschke führt bei *AYPA* die Interviews, schneidet und spricht die Texte für die Werbebeiträge. Bis zu ihrer Abwicklung im September 1990 arbeitete sie als Dolmetscherin in der arabischen Redaktion der Nachrichtenagentur *ADN*. Im Herbst 1991 hatte die Ostdeutsche ihren ersten Kontakt zu türkischen Einwanderern, heute gehört sie zu den Journalisten, die am kompetentesten über das deutsch-türkische Zusammenleben berichten. Kaum ein Vertreter von Immigrantenorganisationen, der ihr nicht vor dem Mikrophon Rede und Antwort gestanden hätte. Manch einem, wie dem rechtskonservativen Präsidenten der *Türkischen Gemeinde zu Berlin*, Mustafa Turgut Cakmakoğlu, treibt es den Angstschweiß auf die Stirn, wenn Dantschke in leicht sächselndem Tonfall zum Interview bittet. Und seine Augen suchen Halt, wenn sie mit bohrenden und sachkundigen Nachfragen deutlich macht, daß er in der Bewertung des Polizeimassakers an Istanbuler Alewiten und in der Kurdenpolitik vor allem Sprachrohr der türkischen Regierung ist oder die von ihm hochgehaltenen »kemalistischen Prinzipien« je nach Tagesopportunität interpretiert.

Um Haaresbreite wäre die Journalistin selbst auf der anderen Seite gelandet. Denn vor der Gründung von *AYPA-TV* arbeitete sie beim (inzwischen wieder eingestellten) türkischen Kabelsender *ATT.* »Als Ostlerin war ich naiv und habe schlicht nicht gewußt, wo ich da hingeraten bin. *ATT* organisierte im Sommer 1987 gemeinsam mit der *Türkischen Gemeinde zu Berlin* eine Unterschriftenaktion gegen die Anerkennung des Völkermordes an den Armeniern durch das Europaparlament« (vgl. S. 46 ff). Zu Beginn ihrer journalistischen Arbeit stand für Dantschke nicht Aufklärung im Vordergrund, sondern schlicht die Frage: Wie überstehe ich die Wendewirren? Ihre geheime Hoffnung, als Dolmetscherin ein Schlupfloch in der Mauer zu finden, hatte sich zu DDR-Zeiten bereits an der Universität zerschlagen. »Das Fremdsprachenstudium wurde als Vorbereitung auf die diplomatische Laufbahn gesehen. Wir galten als Geheimnisträger, und mir wurde verboten, Kontakte zu Ausländern aufzunehmen.« Nun, nach der Wende, wollte sie endlich einen Fuß in die weite Welt setzen. So produzierte die Neubundesbürgerin in einer One-Woman-Show Beiträge für *ATT*, in denen sie gleichzeitig interviewte und filmte, in denen sie analysierte und kommentierte. Geld verdiente sie nicht. »Aber das Improvisieren übte, wenngleich die Qualität auf der Strecke blieb.« Auf einer der vielen Pressekonferenzen, die sie besuchte, lernte sie 1992 Ali Yıldırım kennen, damals Berlin-Redakteur von *Milliyet*.

Auch Yıldırım war hungrig. Hungrig nach einem aufgeklärten, laizistischen Journalismus, wie ihn seine beiden großen Vorbilder, der von Fundamenalisten ermordete Uğur Mumcu und der im Juli 1995 verstorbene Schriftsteller Aziz Nesin, in der Türkei verkörperten. Entscheidende Motivation zur Gründung von *AYPA-TV* war für den Namensgeber des Senders – *AYPA* heißt Ali Yıldırım Presse Agentur – die Trostlosigkeit des türkischsprachigen Medienangebots selbst in Berlin, wo bundesweit die meisten türkischsprachigen Sender ins Kabelnetz gehen. Bei den über

Kabel zu empfangenden Sendern herrschen vordemokratische Zustände: Das bundesweit ins Netz eingespeiste staatliche türkische Auslandsfernsehen *TRT-INT* liefert Nachrichtensendungen im Stil der Aktuellen Kamera des DDR-Fernsehens. Die lokale private Fernsehanstalt *TD 1* betreibt in ihrem 24-Stunden-Programm Hofberichterstattung für konservativ religiöse und rechtsextremistische Kreise und setzt ansonsten auf seichte Unterhaltung und Talk-Shows. Ein weiterer türkischsprachiger Kabelsender, *TFD*, ist eng mit der islamisch fundamentalistischen *AMGT*, bekannter unter dem Namen *Milli Görüş*, verknüpft, der Auslandsorganisation der islamistischen *Refah-Partei* aus der Türkei, die häufig mit antisemitischen und antiwestlichen Positionen auf sich aufmerksam macht. Und die Sendeplätze des *Offenen Kanals* werden von vielen türkischen Gruppen mit propagandistischen Kampfarenen verwechselt.

Ein weiterer Grund, *AYPA-TV* zu gründen, war für Ali Yıldırım die Abneigung vieler türkischer Intellektueller gegen die deutschen Medien wegen deren einseitiger, schlecht recherchierter und oberflächlicher Türkeiberichterstattung. Mangelndes Wissen über Organisationshintergründe und den Werdegang von Politikern und Prominenten, so Yıldırım, führten bei Themen wie Fundamentalismus und Islam, aber auch Themen wie der *PKK* zu irreführenden Rechercheergebnissen und fragwürdigen Schlußfolgerungen. »Als *AYPA* bieten wir deshalb deutschsprachigen Medien einen Programm- und Meinungsaustausch an, um die Qualität der Berichterstattung über die türkische Community anzuheben«, betont Yıldırım. Ein Angebot, das von Redaktionen bislang als Einbahnstraße mißverstanden wurde. Täglich klingelt bei *AYPA* das Telefon, lassen sich *ZDF*-Journalisten über die Alewiten informieren, möchte ein *ntv*-Mitarbeiter wissen, wie denn so die Stimmung unter Berliner Türken sei, und ein Dritter will schnell und natürlich kostenlos Termine und Kontakte in fundamentalistische Kreise.

Zwar ist ihr kleiner deutsch-türkischsprachiger Sender inzwischen bundesweit bekannt, doch die beiden Programmacher bleiben skeptisch. »Die Türken werden von den Nachrichtenredaktionen leider erst dann entdeckt, wenn wie in Mölln, Solingen, Sivas oder Istanbul an der Gewaltspirale gedreht wird«, bedauert

Yıldırım. Und Dantschke mußte feststellen, daß das Interesse bundesdeutscher Medien an *AYPA-TV* häufig eigennützig ist. »Eine Stadtillustrierte, die von uns einen Kommentar zur Geldsammelaktion des türkischen Staatsfernsehens *TRT-INT* zugunsten der türkischen Armee anforderte, weigerte sich, ihn zu drucken, weil wir nur eine kritische Auseinandersetzung mit dessen Berichterstattung gefordert hatten – und nicht gleich sein Verbot.«

Mit seinem aufklärerischen Ansatz kämpft *AYPA-TV* an vielen Fronten. Dantschke liegt daran, den türkischen Zuschauern klarzumachen, daß Rassismus, Fremdenfeindlickeit und Vorurteile keine Erfindungen aus den fünf neuen Bundesländern sind. Zwar könne sie die Enttäuschung vieler Eingewanderter über die Entwicklung der letzten Jahre vestehen, »das darf aber nicht dazu führen, daß nun umgekehrt Vorurteile auf die Ostdeutschen projiziert werden«. Yıldırım seinerseits beobachtet besorgt, wie nicht nur in der Türkei, sondern in den letzten vier Jahren auch in Deutschland die Aufsplitterung der türkischen Gesellschaft nach religiöser und ethnischer Herkunft und nach politischer Einstellung zunimmt. »Innerhalb dieser Gruppen existiert kaum eine Kommunikation. Und weder die türkischsprachigen Medien noch die Vereine übernehmen die Moderatorenrolle.« Um so mehr setzen die religösen und ethnische Minderheiten Berlins auf die Vermittlerrolle von *AYPA-TV*. Für sie ist der Sender häufig die einzige Möglichkeit, ein Forum für ihr Anliegen zu finden. Als das Team nach dem Polizeimassaker in Istanbul auf einer Versammlung Berliner Alewiten auftauchte, wurde es mit Standing Ovations begrüßt. Eine Anerkenung für seinen Mut.

Jederzeit können sich Attentatsversuche, wie nach einer kritischen *AYPA*-Berichterstattung über den siebunddreißigfachen Brandmord von Sivas, wiederholen, der vor allem Aziz Nesin galt. »Tod allen Alewiten! Wir werden euch alle verbrennen!« Mit diesen Worten und mit einem gezückten Messer in der Hand stürmte im Juni 1993 ein Fanatiker in das Redakionsbüro und verletzte den damaligen Werbeleiter des Senders. Eingeschüchtert zogen Werbekunden ihre Aufräge zurück: »Ihr seid jetzt als Alewitensender verschrien. Wenn ich weiter bei euch werbe, verliere ich Kunden.« – Ali Yıldırım weist den Stempel »Alewitensender« von sich: »Wir lassen uns von niemandem vereinnahmen. Wir sehen uns als Bildungsfernsehen und bemühen uns um die Vermittlung von Kommunikation zwischen den verschiedenen Gruppen der Gesellschaft.« Das Toleranzverständnis von *AYPA-TV* mißfällt auch Vertretern linker Organisationen.»Uns wird übelgenommen, daß wir mit Repräsentanten fundamentalistischer Guppen ebenso das Gespräch suchen wie mit deutschen Polizisten und nicht jede Schlägerei zwischen deutschen und türkischen Jugendlichen als Rassismus bezeichnen.«

So erfolgreich, konsequent und journalistisch qualifiziert *AYPA-TV* auch arbeitet – wirtschaftlich sieht es für den Sender auch im Herbst 1995 düster aus. Bei der Frage nach der Zukunft ringt Yıldırım um Fassung und nennt den Preis seiner journalistischen Leidenschaft: Lediglich die Hälfte der monatlichen Fixkosten in Höhe von 15.000 Mark werden augenblicklich durch Werbeeinnahmen eingespielt.»Den Rest finanziere ich durch meine Dolmetschertätigkeit und durch Kurse, die ich an der Volkshochschule gebe, und die Einnahmen aus meinem Reisebüro.« Ein Familienleben sei bei dieser Vielfachbelastung kaum möglich, sagt seine Ehefrau Hülya Yıldırım, die die Anrufe und die Termine von *AYPA-TV* koordiniert, wenn das Team unterwegs ist. Claudia Dantschke ist glücklicherweise finanziell abgesichert. Sie lebt von Arbeitslosengeld.

Maulschellen

»Die Schlangen vor den Banken erinnerten an die Zeit der deutsch-deutschen Währungsunion. Doch dieses Mal waren es – ganz offenkundig – keine DDR-Bürger, die sich an den Schaltern drängten: In Deutschland lebende Türken folgten in Scharen einem Appell, der Tausende Kilometer entfernt auf den Weg geschickt worden war. In einer gigantischen 56stündigen Livesendung hatte das türkische Staatsfernsehen *TRT-INT* europaweit ›die Nation‹ zu Spenden für den Militäraufmarsch gegen die aufständischen Kurden aufgerufen: Seit Ende April mobilisiert der TV-Sender mit flammendem Patriotismus auch den Teil der ›Nation‹, der längst nicht mehr in der Heimat lebt. Bis zum 13. Mai 1995 wird auch die türkischstämmige Bevölkerung in Deutschland täglich auf Solidarität mit der kämpfenden Truppe eingeschworen: ›Auf, Türkei! Hand in Hand mit unseren Soldaten.‹«

Die Journalistin Vera Gaserow nahm diese nationalistische Propagandaschlacht, die nicht einmal davor zurückschreckte, Kinder vorzuführen, die ihr Taschengeld den »tapferen Soldaten« opferten, zum Anlaß, um in der *tageszeitung* das Medienverhalten der türkischen community in einem Hintergrundbericht kritisch zu beleuchten.[5] *TRT-INT*, als meistgesehener Sender unter den Immigranten, kommt bei dem Meinungsbildungsprozeß der Einwanderer eine herausragende Bedeutung zu.

Ergebnis der Recherche von Vera Gaserow: »Die öffentliche Meinung der in Deutschland lebenden türkischen EinwanderInnen wird nicht in Berlin, Köln oder Rüsselsheim, sondern in Istanbul und Ankara gemacht.« Denn, so ergab eine Untersuchung des *Essener Zentrums für Türkeistudien*, 57 Prozent der türkischen Migranten schalten nie ein deutschsprachiges Fersehprogramm ein. In ihren Ausführungen benennt Gaserow mögliche Ursachen: Seit Mölln und Solingen habe sich dieser Rückzug auf türkische Medien verstärkt, da *ARD* und *ZDF* diese Zuschauergruppen vernachlässige.

Die Analyse von drei weiteren Anbietern im Berliner Kabelnetz (bundesweit wird nur der in die Kritik geratene Sender *TRT-INT* eingespeist) fällt mit Ausnahme des linksliberalen Senders *AYPA - TV* wenig schmeichelhaft aus. »Die beiden anderen Anbieter nutzen darüber hinaus ihre Sendezeit immer wieder für nationalistische, fundamentalistische Propaganda, teilweise deutlich gefärbt mit antieuropäischen und auch antisemitischen Tendenzen.«[6]

Wieviel Kritik darf eine deutsche Journalistin an der türkischen Gemeinde üben, ohne daß sofort die Rassismuskeule auf sie niedersaust und sich die eine oder der andere beleidigt und gedemütigt fühlt?

Überraschend wurde der informative Hintergrundbericht zu einem Fallbeispiel des gestörten »deutsch-türkischen Dialogs«. In einem Debattenbeitrag »Selbstgefällige Ignoranz. Zu Vera Gaserows ›Rückzugskritik‹ an den TürkInnen« meldete sich die Deutschlandkorrespondentin der türkischen Tageszeitung *Yeni Yüzyil*, Dilek Zaptcıoğlu, am 18. Mai mit einem Kommentar zu Wort, der nachfolgend in Auszügen dokumentiert wird:

*»Die Türken in Deutschland als ›Einwanderinnen‹ oder ›Min-
derheit‹ zu bezeichnen, ist eine Verklärung der Tatsachen: In den
ewigen Status des polizeilich erfaßten Ausländers gedrängt, haben sie in diesem Land keine politische, mediale oder kulturelle
Existenz. Hier geborene junge Türken, die sich schon längst als
einen Teil dieser Gesellschaft verstanden, erfahren mit zuneh-
mendem Alter, daß sie ›nicht dazugehören‹: Nicht nur Mölln und
Solingen haben das Bewußtsein der Türken für ihre Ausgrenzung geschärft – die selbstgefällige Ignoranz der deutschen Gesellschaft gegenüber den zwei Millionen Türken in Deutschland
ist eine tägliche Erfahrung, über die keine weihnachtlichen Lich-
terketten hinwegtäuschen können.*

*Junge Türken, die aus Gymnasien kommen, bis vor kurzem
nur deutsche Freunde hatten und kaum türkisch sprechen können, entdecken jetzt, daß sie ›anders‹ sind. Dieser Prozeß hat
sicherlich mit der heutzutage verstärkten Identitätssuche zu tun.
Aber daß sie ihre Identität wieder im ›Rückzug auf das Türkische‹ finden, ist allein Verdienst der deutschen Gesellschaft, die
das Andersartige nicht als interessant, geschweige denn als
gleichwertig behandelt.*

*(...) Der türkischen Medienexplosion als ›Ausdruck einer man-
gelnden Integration‹ versucht Vera Gaserow in ihrem Artikel im
Gespräch mit dem Vertreter des ›Türkischen Bundes Berlin-Brandenburg‹ mit der Frage auf die Schliche zu kommen: ›Vielleicht
interessiert die türkische Gemeinschaft sich deshalb nicht für die
deutsche Gesellschaft, weil sie gut ohne sie auskommt?‹ Eine
wahrlich originelle Vorstellung: Leben die Türken etwa nicht
hier? Gehen sie nicht in deutschen Betrieben arbeiten? Kaufen
sie nicht bei Hertie oder Karstadt ein? Haben sie ihre Sparkonten
nicht auf deutschen Banken? Sehen ihre Wohnstuben anders aus
als deutsche? Gibt es nicht mittlerweile türkische Rechtsanwälte
und Richter, Steuerberater und Gutachter, Theaterspieler und
Tänzer? Was sollen sie noch tun, um sich zu ›integrieren‹?*

*›Integration‹ ist auch und vor allem Aufgeschlossenheit für das
Andersartige und ehrliches, gegenseitiges Interesse. Von meinen
vielen Kontakten mit den Türken in diesem Land weiß ich, daß
sie fast ausnahmslos alle über das Desinteresse und die Ignoranz
der deutschen Gesellschaft, über ihre tagtäglich erlebte Ausgren-*

zung, über Vorurteile, ja über blanken Haß verbittert sind und sich deshalb nicht zuletzt aus verletztem Stolz zurückziehen. Dazu kommt die Berichterstattung der deutschen Medien über die Ereignisse in der Türkei und in der türkischen Gemeinschaft hier, die als zu ›einseitig‹ empfunden wird. ›Deutsche Journalisten kommen nur, wenn es brennt‹ – das ist die vorherrschende Meinung.

(...) Vera Gaserows Artikel ist kein Einzelfall: Unter den Linken in Deutschland herrschte über lange Zeit das Bild des ›guten, zu beschützenden‹ Ausländers. Jetzt scheint man sich endlich so frei zu fühlen, auch sagen zu können, daß ›der Türke nicht an sich gut sein muß‹. ›Er‹ ist nämlich chauvinistisch, zieht sich von morgens bis abends niveaulose, fundamentalistische Heimatsendungen rein, steht für Armeespenden Schlange und will sich nicht integrieren! Ich treffe sogar auf Stimmen, die gegen ein Wahlrecht für Türken sind, da sie ja ›nur Ankaras Politik hierher tragen‹ würden.

Angesichts solcher haarsträubenden Pauschalisierungen und der Produktion neuer Feindbilder müßten die Konservativen und Ultrarechten vor Neid erblassen. Seit fünfzehn Jahren geht es in diesem Land noch um dieselbe Frag: Wann wird das Prinzip ›no taxation without representation‹ auch in diesem Land gültig?«

Keine falsche Rücksicht mehr! – Eine Entgegnung

Die Aufregung um Vera Gaserows Artikel »Der Rückzug auf die türkischen Medien« zeigt vor allem eins: Wir brauchen mehr Einmischung in »interne« türkische Angelegenheiten. Er ist Teil eines ernsthaften Dialogs zwischen Deutschen und Türken, ohne falsche Rücksichtsnahmen und ideologische Verbrämung – eines Dialogs, der den anderen vor allem ernst nimmt. Er ist ein Beispiel dafür, daß es vorbei ist mit der paternalistischen Ausländerbetreuung, daß die Einwanderer aus der Türkei endlich als satisfaktionsfähig und Teil dieser Gesellschaft betrachtet, aus der Rolle des unbeholfenen Kindes entlassen werden. Vorbei die Zeit, als sich das Kind jeden Fehltritt erlauben durfte und zur Belohnung auch noch getröstet und geherzt wurde. Es muß sich für sein Handeln verantworten.

So wichtig es war, daß sich Deutsch-Türken wie Zafer Şenocak und andere kräftig einmischten, als die Deutschen sich in den Wirren der Wiedervereinigung auf die Suche nach sich selbst machten und dabei temporär von zivilen Standards und vom demokratischen Grundkonsens abwichen, so wichtig ist auch unsere Aufmerksamkeit, wenn Einwanderer ihrerseits nach »aktuellen Formen der Identität« (Zafer Şenocak, *taz*, 23. Mai 1995) suchen. In einer Vielvölkerrepublik ist »niemand eine Insel«, hat jede Veränderung im kollektiven Selbstverständis einer (sozialen und ethnischen) Gruppe Rückwirkungen auf das Ganze.

Aber schon der Rundumschlag »Selbstgefällige Ignoranz« der Deutschlandkorrespondentin Dilek Zaptcıoğlu, zeigt, daß die immigrationspolitische Steinzeit noch nicht zu Ende ist. Ihre Ausführungen demonstrieren, daß die Reflexe noch gut funktionieren: Ein »Türk dostu« (Freund der Türken), ein »Amca Hans« (Onkel Hans) kann nur sein, wer sich in Treue fest und mit viel Empathie zum Türkentum bekennt. Wer Zweifel an der Dichotomie anmeldet – hier der diskriminierte, von bürgerlichen Rechten ausgeschlossene, verfolgte, vom Westen bedrohte, verbrannte Türke, dort der ignorante, gefühlskalte, hundeliebende, hartherzige, im Zweifelsfall neonazistische Deutsche –, ist abgemeldet. Der Komplexität, den Ungleichzeitigkeiten und der Widersprüchlichkeit, mit der sich in der Bundesrepublik eine heterogene Gesellschaft herausbildet, wird Zaptcıoğlus Schwarzweißmalerei nicht gerecht.

Welches Medienangebot die Menschen in der Türkei konsumieren, ist eine innertürkische Angelegenheit. Die Folgen müssen die Menschen dort ausbaden. Anders verhält es sich in der Bundesrepublik Deutschland. Da die Immigranten eben keine Kolonie der türkischen Republik sind, ist es ein Recht dieser Gesellschaft zu erfahren, aus welchen Informationsquellen die unterschiedlichsten Bevölkerungsgruppen – ob nun türkischer, griechischer, deutscher oder sonst einer Herkunft – ihr Weltbild zusammenbasteln, welchen ideologischen Einflüssen sie ausgesetzt sind. Ein Grund, weshalb in der *taz* – um nur ein Beispiel zu nennen – an der volksverhetzenden Rhetorik so mancher bundesdeutscher Volksvertreter immer wieder heftige Kritik geübt wurde, war die Erkenntnis: Aus Brandsätzen werden Brandsätze. Diese Dialektik ist kein deutsches Vorrecht, auch Türken sind nicht dagegen immunisiert.

Die Produktion neuer Feindbilder wirft Zaptcıoğlu nun Vera Gaserow vor. Ihr Vergehen: Sie hat sich erdreistet, das türkischsprachige Medienangebot in Deutschland so zu skizzieren und zu kritisieren, wie es ihm angesichts der rassistischen, chauvinistischen, antisemitischen und antiwestlichen Ausfälle in den von ihr namentlich genannten Medien gebührt. Eine überfällige Aufklärung.

Anstatt fruchtloser Polemik wären ein paar Gedanken zu dem Problem nützlich gewesen, weshalb viele liberale Türken schlicht Angst haben, die extremistischen Auswüchse unter ihren Landsleuten – mit der Nennung von Roß und Reiter – öffentlich zu thematisieren und zu kritisieren. Ist es die Angst um Leib und Leben oder die Angst, innerhalb der türkischen Gemeinschaft als Nestbeschmutzer und Vaterlandsverräter unter die (ökonomischen und damit existentiellen) Räder zu kommen?

Interessant wäre auch, eine Antwort darauf zu bekommen, weshalb türkische Intellektuelle zwar gerne gemeinsam mit ihren deutschen Kollegen in die (notwendige) Kritik bundesdeutscher Rassismen einstimmen, es aber gleichzeitig (mit wenigen Ausnahmen) versäumen, diese eingehender darüber zu informieren, was sich in der türkischen Gemeinde an Radikalismen zusammenbraut. Konflikvermeidungsstrategie nennt man so etwas. Es ist bequemer, sich in der Opfernische zu verbarrikadieren. Dort muß man sich selbst nicht in Frage stellen. Es darf munter drauflos lamentiert werden, und jedes noch so persönliche Versagen und Unvermögen kann bedenkenlos in den größeren Kontext von Rassismus und Diskriminierung gestellt werden.

Um diese Opferrolle gehörig zelebrieren zu können, muß Zaptcıoğlu zur Brechstange greifen. »Die Türken haben in diesem Land keine politische, mediale oder kulturelle Existenz«, behauptet sie. Was für ein Unsinn! Sicherlich, die hartnäckige Verweigerung der Bürgerrechte für Immigraten ist eine politische Verantwortungslosigkeit. Die Folgen für den inneren Frieden können nicht hoch genug veranschlagt werden, die Rechnung für diese

Versäumnisse steht noch aus. Aber ein Blick in die Kanditatenlisten der *PDS, SPD* und von *Bündnis 90/Die Grünen* zur Abgeordnetenhauswahl und der Wahl der Bezirksparlamente in Berlin im Herbst 1995 würde darüber belehren, daß die Entwicklung vielschichtiger ist, als unterstellt. Die Zeiten, als diese Parteien einen Alibitürken zur Beruhigung ihres internationalistischen Gewissens aufstellten, gehören der Vergangenheiten an.

Absurd ist die behauptete kulturelle (Nicht-)Existenz; es sei denn, der Kulturbegriff reduziert sich auf die Zahl der türkischstämmigen Intendanten an bundesdeutschen Theatern. Jeder Bewohner in Hamburg Altona, des Gallusviertels in Frankfurt, der Dortmunder Nordstadt, jeder Kölner, Stuttgarter und Duisburger, der seine Wohnung verläßt, tritt ein in eine städtische Kulturlandschaft, die entscheidend von türkischen Einwanderern mitgeprägt ist. Das fängt bei den Gewerbetreibenden an, reicht über die türkischen Halbstarken, die am Wochenende mit ihren aufgemotzten Autos verkehrsberuhigte Straßen in Abenteuerspielplätze verwandeln, bis hin zur Beschallung der Hinterhöfe mit türkischem und kurdischem Liedgut. Das interkulturelle, gesellschaftliche Leben ist weiter entwickelt als manch einer seiner Interpreten.

Annäherung VI – Meine Türken

»Ständig fragen uns die Arbeitskollegen aus, wollen wissen, ob und wie wir gelitten haben unter dem Terror des vermeintlich patriarchalischen Vaters. Wie es zwischen unseren Eltern als Ehepaar so läuft? Wie es sich anfühlt, das Leben zwischen zwei Kulturen – morgens Deutschland, abends Türkei? Wir berichteten geduldig, öffneten uns, redeten gegen Vorurteile an, aber über euch haben wir kaum etwas erfahren. Als Menschen mit einer eigenen, ganz persönlichen Geschichte seid ihr blaß und blutleer geblieben. Ihr tut so, als wärt ihr als Linke, Liberale und Großstädter auf die Welt gekommen, als hättet ihr keine Familien, die euch prägten.« Die Journalistin und Sozialarbeiterin Tülay C. kritisiert die Eingleisigkeit der Kommunikation zwischen Alt- und Neubürgern. Ihre deutschen Gesprächspartner seien voller voyeuristischer Neugier, wenn sie sich dem Fremden annäherten, aber nur selten legten sie offen, wer sie selbst seien.

Im Oktober 1961, als die Bundesanstalt für Arbeit ihre ersten Anwerbebüros in Istanbul und Ankara eröffnete, lebte der Autor in einem kleinen unterfränkischen Dorf, einer protestantischen Diaspora in Nordbayern. Der Wechsel der Jahreszeiten, die Aussaat und die Ernte sowie der verpflichtende, sonntägliche Gottesdienst bestimmten den Rhythmus der bäuerlichen Großfamilien. Daran änderte die langsam einsetzende Mechanisierung der Landwirtschaft zunächst wenig. Schweißtreibende Knochenarbeit, der vom Kuhgespann gezogene Eisenpflug und eine – wenn auch brüchige – Subsistenzwirtschaft sind frühe Kindheitserinnerungen. Das Dorfleben wurde von dem in die westdeutschen Städte einsickernden Rock 'n' Roll ebensowenig geprägt wie die anatolischen Dörfer von der Westorientierung breiter städtischer Schichten der Türkei in den fünfziger und sechziger Jahren.

Die nach 1949 vollzogenen gesellschaftspolitischen Veränderungen in der Bundesrepublik – verordnete Demokratie und Westbindung – prallten lange an den wuchtigen, das Dorf umschließenden Wehrmauern aus dem 16. Jahrhundert ab. Fünfzehn, zwanzig Jahre nach Zerschlagung des Nationalsozialismus betrachtete die Mehrheit der Dorfbewohner die Jahre zwischen 1933 und 1945 wenn nicht unbedingt als die schönste, so doch als die aufregendste Zeit in ihrem Leben. Adolf Hitler als »verantwortungsvoller Führer«, als Messias, als Retter Deutschlands, als Fürsprecher des Bauernstandes und »natürlicher« Bündnisgenosse der staatsfixierten, obrigkeitsgläubigen und traditionell antijudaistischen Lutheraner war sowohl in den Familiengesprächen als auch in öffentlichen Diskursen allgegenwärtig. »Unter Hitler wäre das nicht passiert«, war die Formel, mit der auf beunruhigende Veränderungen reagiert wurde. Daran änderte auch nichts, daß jede Familie ihre »Gefallenen« zu betrauern hatte. Sie waren »notwendiges« Opfer für eine Volksgemeinschaft, in der so »wohltuende« Übersichtlichkeit geherrscht hatte. Ihre Fotos waren Ikonen, die die Wohn- und Schlafzimmer der Kriegerwitwen schmückten. Aufkeimende Trauer, gar mögliche Schuldgefühle wurden von dem kollektiven Gefühl überlagert, in den Jahren 1914 bis 1918 und 1933 bis 1945 etwas Besonderes erlebt zu haben; schlicht dem stumpfsinnigen Einerlei des bäuerlichen Lebens entflohen zu sein.

»Heldentaten« aus Frankreich, Polen oder Rußland wurden erzählt, »Gedichte« an die nachwachsende Generation überliefert: »Jeder Schuß ein Ruß, jeder Stoß ein Franzos!« Am Nachmittag wurden die Kinder, störten sie die Mittagsruhe, mit den Worten »Ab nach Dachau!« zum Spiel auf die Straße geschickt, und am Abend sangen die Mütter ihre Kinder mit dem Lied vom Maikäfer und dem abgebrannten Pommerland in den friedlichen Schlaf. Dieses Umfeld blieb nicht ohne Rückwirkungen auf kindliche Gemüter.

Gemeinsam mit Freunden bereitete sich der Autor, es muß gegen 1964 gewesen sein, die Rolling Stones waren gegründet und die Beatles stürmten die Hitparaden, auf den Tag X vor. Kein Zweifel, daß er eines Tages wieder auftauchen würde, um »unser« von Russen, Amerikanern, Franzosen und Engländern besetztes und zu allem Überfluß auch noch geteiltes Land zu erretten. Sie waren entschlossen, Adolf, wie Hitler im Dorf liebevoll genannt wurde, sollte er ihnen eines Tages über den Weg laufen, keineswegs der Justiz auszuliefern. Sie kundschafteten in den nahegelegenen Steinbrüchen und umliegenden Wäldern Verstecke aus, bauten eine Logistik zu »Adolfs« Versorgung auf. Soviel hatten die nachgeborenen »Pimpfe« bereits begriffen: In der Heimat wimmelte es von ausländischen Feinden, die die Rückkehr des besten Staatsmannes, den sich das deutsche Volk nur wünschen konnte, verhindern wollten. Bewaffnung schien unerläßlich. Jede freie Minute verbrachte die »Adolf-Hitler-Rettungs-Gang« damit, Steinschleudern, Speere, Bogen und Pfeile zu produzieren. Den Tip zur ultimativen Aufrüstung gab einer jener protestantisch-fundamentalistischen Missionare, die in die Regenwälder Südamerikas eindrangen, in regelmäßigen Abständen die Dorfschule besuchten, von armen Heidenkindern und von den Curare-Pfeilen der Amazonas-Indianer berichteten. »Curare-Gift« gab es auf den Bauernhöfen im Überfluß. Überall lagerten die leeren Dosen des Insektizids E-605. Die verbliebenen Reste ergaben genug Gift für die gewünschte Aufrüstung.

Gegen 1966, in Frankfurt am Main gingen die Auschwitzprozesse zu Ende, löste sich die »Adolf-Hitler-Rettungs-Gang« auf. Ihr war zu Ohren gekommen, daß irgend etwas mit ihrem Kindheitsidol nicht so gewesen sein sollte, wie es hätte sein sollen. Er habe seine guten Seiten gehabt, davon waren nach wie vor viele überzeugt, aber auch seine schlechten, wurde nun gemunkelt. Das mit den Juden wäre wohl auch zu viel gewesen. Als die Alten auch noch über die neue Musik aus England herzogen, war der Bruch vollzogen.

Unterstützt wurde diese Entwicklung durch die Verbreitung der Fensehgeräte, die Mitte der sechziger Jahre glücklicherweise in jedem Wohnzimmer standen und die Bedeutung des gesprochenen Wortes und der erzählten Erinnerung zurückdrängten. Ein Zivilisationsgewinn. Die politische und kulturelle Hegemonie der Kriegergeneration war gebrochen, und ihre Interpretation des Weltgeschehens mußte mit den Informationen der öffentlich-rechtlichen Fernsehanstalten konkurrieren. Erstmals war der geistige, weltanschauliche und moralische Inzest der Dorfgesellschaft wirklich geknackt. Die Entwicklung pluralistischer Massenmedien bereiteten das Herkunftsmilieu des Autors auf eine demokratische Alltagskultur und die Chancen einer offenen Gesellschaft vor.

Sie beförderten außerdem einen Kulturkampf, der zu dieser Zeit das Dorf erschütterte. Heranwachsende Mädchen und junge Frauen schnitten nicht nur ihre *(BDM-)*Zöpfe ab, sondern warfen Kopftücher und Schürzen, über Generationen Symbole des Stolzes und der Würde fränkischer Frauen, gleich mit auf den Müll.

Die leidenschaftlich geführte »Kopftuchdebatte« zerriß Familienbande, spaltete die Dörfler in Modernisierer und Traditionalisten. Die Stellung der Frau im öffentlichen Leben entsprach bis in die siebziger Jahre der von unmündigen Kindern. Als die ersten »Amazonen« – so wurden Frauen genannt, die sich nicht widerspruchslos in die ihnen seit altersher zugedachte Rolle fügten – ein Kraftfahrzeug lenkten, war der Standardspruch der glotzenden und keifenden Männer: »Frau am Steuer – Ungeheuer.« Politische Partizipation in der Gemeindeverwaltung, eine qualifizierte Berufsausbildung, die über den Besuch der »Knödelakademie« (Hauswirtschaftsschule) hinausreichte, war nur in Ausnahmefällen erwünscht. Frauen stickten und strickten, Männer diskutierten und interpretierten im Wirtshaus den Lauf der Welt.

Zeitgleich mit der »Kopftuchdebatte« öffnete sich das Dorf widerstrebend den Fremden. Die erste Gruppe jugoslawischer Landarbeiter ließ sich nieder, um auf einem Weingut des Dorfes zu arbeiten. Jeder ihrer Schritte durch die engen, gewundenen Gassen wurde mißtrauisch von Dutzenden von Augen, versteckt hinter Gardinen und Geranien, verfolgt. Es gehört zum kleinen Einmaleins bäuerlicher Vorsicht, dem Fremden nicht sofort Tür, Tor und Herz zu öffnen. Schlechte Erinnerungen vergißt man nicht. Und jeder im Dorf kannte das Schicksal, das Hans Mündlein und sein Sohn Klaus erlitten hatten, damals im Dreißigjährigen Krieg, als sie in ihrem Weinberg von schwerbewaffneten kroatischen Söldnern überfallen und malträtiert wurden. Dem Vater durchbohrten sie die Zunge, dem Jungen gelang die Flucht ins Dorf. Ein hoher Preis mußte für seine Rettung gezahlt werden. Dem Torwächter Veit wurde von den nachjagenden Söldnern kurzerhand der Schädel gespalten. Wehrlos waren die Dörfler dem Terror der Kroaten ausgesetzt. Einige Dorfbewohner hatten wieder andere Erinnerungen. Plötzlich waren ihre Jugendjahre, die Berge Jugoslawiens und die »Partisanenjagd«, recht nah.

Die »Jugos«, wie sie genannt wurden, waren zunächst nur wenig mehr geheuer als die Gruppe von »Zigeunern«, die auf ihrer Wanderroute jährlich für ein paar Tage am Flußufer nahe der Dorfgrenze campierte. Die Kinder wurden zur Vorsicht – wg. Entführung – gemahnt, Haustüren entgegen sonstiger Gewohnheit verriegelt, die Wäsche von den Leinen genommen.

Im Laufe der Jahre hat sich auch in Unterfranken vieles verändert. Die Kriegergeneration stirbt aus, pluralistische und hedonistische Lebensstile triumphieren über Blut und Boden, und die einstige Homogenität der Einwohnerschaft hat sich aufgelöst. Einige der früheren jugoslawischen Erntearbeiter sind inzwischen angesehene Bürger, haben sich Ackerland erworben und sind seit Jahren mit Frauen aus dem Dorf verheiratet. Türkische »Gastarbeiter«, die vorübergehend in Sammelunterkünften des Gesindehauses des Schlosses wohnten, zogen weiter, oder sie holten ihre Familien nach, um sich in Mainfranken niederzulassen. Und für einsame Jungbauern aus der Region, die auf dem heimischen Heiratsmarkt nicht fündig werden, ist es nicht mehr ungewöhnlich, sich Ehefrauen von den Philippinen schicken zu lassen.

Der große Aufbruch von 1968 erreichte den Autor mit einem Jahr Verzögerung als Dreizehnjährigen. Es war keine spektakuläre Revolte wie in den bundesdeutschen Metropolen, doch waren die sich vollziehenden Veränderungen für das Landleben nicht weniger tiefgreifend. 1969 war das Jahr, in dem das Dorf mehrheitlich für Willy Brandts Demokratisierungsversprechen votierte.

Die erste Begegnung mit der Türkei fand für den Autor ebenfalls 1969 statt. Ein Schlüsselerlebnis. Zum ersten Mal in seinem Leben verließ er die unterfränkische Region, mit einer Schülergruppe, die in einem VW-Bus über die legendäre E 5 Richtung Istanbul und dann weiter durch Inneranatolien reiste. Neben der prägenden Konfrontation mit der türkischen Gesellschaft und Kultur sowie ersten Kontakten zur armenischen Gemeinde Istanbuls war es vor allem eine Begegnung mit den Morgenlandfahrern, den kiffenden Hippies aus Westeuropa und Nordamerika, die auf ihrem Weg nach Indien und Nepal als Tramper zu Hunderten die Route säumten.

Von nun an waren die engen, ideologischen Fesseln, die die alte Generation der nachwachsenden anlegen wollte, endgültig gesprengt. All die zum Teil offen nationalsozialistisch auftretenden Lehrer, die sich damals noch ungestört und zahlreich an bayerischen Gymnasien tummeln durften, hatten von nun an ein schweres Leben. Mit subversiven Methoden, dem »kleinen roten Schülerbuch« entliehen, ging es in den Kampf. Kein stundenlanges Strafexerzieren mehr im Sportunterricht, keine Unterweisungen in den richtigen Gebrauch von Gasmasken im Religionsunterricht. Einige dieser »Pädagogen« wurden nun systematisch dem Wahnsinn überantwortet.

1977 schließt sich der Autor der »großen Wanderung« versprengter Einzelkämpfer an, die, aus Dithmarschen, dem Bayerischen Wald und der Schwäbischen Alb entflohen, wild entschlossen waren, ihre Geschichte in der Provinz zurückzulassen, um sich in der Freiheit der Mauerstadt eine neue Identität zuzulegen. In den siebziger und achtziger Jahren führten den Autor zahlreiche Studienaufenthalte und -reisen kreuz und quer durch die Türkei. Die anfängliche Begeisterung über das exotisch Fremde, über die Begegnung mit Bildern der eigenen Kindheit und die wie selbstverständlich hingenommene und genossene Gastfreundschaft wurde allmählich durch ein differenziertes Bild der türkischen Gesellschaft abgelöst. Zentrale Erkenntnis: Die Dummheit ist auf der Welt recht gleichmäßig verteilt – und: Sie macht keinen Halt vor Weltanschauungen.

Ein intensiveres Nachdenken über das (widersprüchliche und gestörte) Verhältnis der linksalternativen Szene, in der sich der Autor zu diesem Zeitpunkt noch heimisch fühlte, und den Einwanderern begann vor mehr als zehn Jahren. 1984 arbeitete er als Koordinator für Bauarbeiten in einem ehemals besetzten Haus, das nach der Legalisierung von den Ex-Besetzern in sogenannter Selbsthilfe modernisiert wurde. In der Baukolonne, die das heruntergekommene Mietshaus in Berlin-Moabit in einem reichlich chaotischen Prozeß instandsetzte, arbeitete ein Trupp palästinensischer Bauarbeiter, unter ihnen Überlebende der Massaker in Sabra und Schatila. Die Beschäftigung der Asylsuchenden wurde von den Hausbewohnern einhellig als solidarische und bewußte politische Tat betrachtet. Ebenso unumstritten war das Engagement, als die Flüchtlingsfamilien ihre Sozialhilfe erstmals nur in Form von Warengutscheinen ausgezahlt bekamen. Die Hausbewohner tauschten die Gutscheine gegen Bargeld ein und zwangen Lebensmittelketten, die sich weigerten, die Gutscheine von deutschen Kunden anzunehmen, mit kollektiven Einkaufsaktionen und Kassenblockaden zum Einlenken.

Zu heftigen Auseinandersetzungen, die sich über Wochen hinzogen und die rund vierzig Bewohner des Hauses in zwei unversöhnliche Lager spalteten, kam es, als ein palästinensischer Verputzer schüchtern anfragte, ob er mit seiner achtköpfigen Familie in eine leerstehende Etage des frisch renovierten Hinterhauses einziehen könne. Allen war die Wohnsituation der Familie bekannt: Sie lebte in einer Eineinhalbzimmerwohnung. Alle Bemühungen, eine größere Wohnung zu finden, waren gescheitert. Plötzlich zerbrach der internationalistische Konsens der Anti-AKW-Kämpfer, Startbahn-West-Erprobten, Antiimps, der Frauen- und Friedensbewegten. Die eine Hälfte der von Hausbesetzern in Hausbesitzer Gewandelten befürwortete den Einzug. Die andere protestierte. Eine kinderreiche Familie, dazu noch eine arabische aus dem islamischen Kulturkreis, passe nicht in das Konzept des Hauses. Als weiteres »starkes« Argument wurde angeführt, daß man sich auf der zweihundert Quadratmeter großen begrünten Dachterrasse nicht mehr nackt sonnen und nicht mehr so frei im Hause bewegen könne und die arabischen Freunde und Besucher der Familie das künftige Klima im Haus dominieren würden. Angst vor Überfremdung und wohl auch vor allzu großer interkultureller Nähe machte sich breit. Vorwürfe, die Einzugsgegner würden sich ebenso intolerant verhalten wie jeder Hausbesitzer, der lieber nur an Deutsche vermietet, heizten die Debatte an. Man könne so ein Haus nicht mit jedem x-beliebigen Mietshaus, in dem die Menschen in ihren »Isozellen dahinvegetieren«, vergleichen, wurde gekontert. Schließlich habe man das Haus besetzt, später dann gekauft, um »selbstbestimmte Formen des Zusammenlebens- und wohnens zu realisieren«. Die Frage, homogene (schwäbisch und hessisch dominierte) Ex-Besetzerszene oder heterogenes (mutiethnisches) Spiegelbild des Kiezes, drohte ein um das andere Mal kraft körperlicher Argumente entschieden zu werden. Schlußendlich ist die Familie eingezogen, nachdem der Haushaltsvorstand sein sich über Wochen hinziehendes, demütigendes Bewerbungsverfahren mit stoischer Ruhe und orientalischer Gelassenheit durchgestanden hatte.

Weitere wichtige Denkanstöße waren die herrschenden Tabus und Diskussionsverbote zum Thema Einwanderung. Während seiner Arbeit in einem Stadtteil- und Kulturzentrum setzte sich der Autor in den Jahren 1986 bis 1988 intensiver mit dem Migrationsprozeß in Berlin-Wedding auseinander. Als er unter dem Eindruck der dort gesammelten Erfahrungen in Gesprächen mit Freunden zu bedenken gab, daß das Abwehrverhalten manch alteingesessener Bürger gegenüber Immigranten weniger mit dem bösen rassistischen Gen der Deutschen zu tun haben könnte, als vielmehr mit psychosozialen Prozessen einer stürmischen Veränderung des engeren Wohnumfeldes von einem auf die Mitte Europas zentrierten proletarischen Bezirks in einen Vielvölkerkiez binnen weniger Jahre, gerieten Freundschaften in eine tiefe Krise. Einige erklärten den Autor zum Verräter, als er die These vertrat: Trotz Anfälligkeit für die Rhetorik rechter Populisten wie Franz Schönhuber ist die interkulturelle Kompetenz der proletarisch-deutschstämmigen Bewohner in den innerstädtischen (Einwanderer-)Vierteln der Bundesrepublik größer als in den die Multikultur beschwörenden, aufgeklärten Milieus des umweltbewußten und sich kosmopolitisch gebenden neuen Mittelstandes. In den proletarischen Vierteln, so seine These weiter, würden als erstes die Konturen der veränderten Republik sichtbar, würde am »hemmungslosesten« interkulturell geliebt und natürlich auch gehaßt, nicht in den durchgestylten Wohnungen der »guten, gerechten und politisch bewußten Menschen«.

Andere »Freunde« kündigten den Kontakt gänzlich auf, als der Autor 1989 in dem Beitrag »Blondes Gift für türkische Löwen« die Deutschfeindlichkeit und die antiwestliche Haltung vieler Türken problematisierte, sie nicht als bloße Reaktion auf selbst erlebte Demütigung interpretierte und zu bedenken gab, daß mit einer antideutschtümelnden Sicht auf den Migrationsprozeß keinem der Beteiligten geholfen sei.

Der einschnappenden Reflexe und Rassismusvorwürfe überdrüssig, beschloß er, sich in seiner journalistischen Arbeit anderen, mehr Lustgewinn versprechenden Themen zuzuwenden. Aber am 10. November 1989 wurde er Zeuge eines kleinen Grenzzwischenfalls: »Inmitten der endlosen Trabikarawane, die sich vom Osten in den Westteil Berlins ergießt, kommt ein Westberliner Türke mit seinem VW-Bus aus dem Ostteil der Stadt zurück. Sein Auftauchen irritiert die euphorische Menge, die jeden Wartburg und Trabant mit rhythmischem Klatschen und lautstarkem Gesang begrüßt. Einige Gesichter verfinstern sich, der Gesang bricht ab, das Klatschen verstummt für einen Augenblick. Als Antwort auf den frostigen Empfang ruft er der Menge ein ›Willkommen Arbeitslosigkeit‹ zu. Die Stimmung schlägt um. ›Was will denn der Scheißkanake hier‹, ruft einer. Die ersten Mitglieder des angetrunkenen Empfangskomitees traktieren den VW-Bus mit Fußtritten.«[1] Die bundespublikanische Wirklichkeit hatte den Autor wieder eingeholt. Seit diesem Tag wurden rund 3.000 Sprengstoff- und Brandanschläge auf die Wohnungen und Unterkünfte von Immigranten und Asylsuchenden verübt, Tausende bei körperlichen Attacken verletzt, mehrere Dutzend verbrannt und erschlagen.

Zurück in das unterfränkische Heimatdorf: Nachdem es sich in den siebziger und achtziger Jahren der neuen Bonner Republik geöffnet hatte, die alten Fachwerkbauten eine neue Leichtigkeit und Unbeschwertheit durchwehte, gab es auch hier Ende der achtziger, Anfang der neunziger Jahre Veränderungen. Im Bekannten- und Verwandtenkreis wurde zunächst unsicher und zögerlich, dann aber wieder ausdauernd und bestimmt über das Zuviel des Fremden debattiert und an alte, längst überwunden geglaubte Ressentiments angeknüpft.

In nachdenklichen Minuten fragt sich der Autor, wieviel seine Wahrnehmungen, seine Fragestellungen, seine Problembeschreibungen noch mit den Realitäten dieses Landes zu tun haben. Oder allgemeiner: Gibt es aufgrund der divergierenden regionalen, biographischen und generationsbedingten Hintergründe in dieser Gesellschaft überhaupt noch die Chance, in Fragen der Einwanderungspolitik zu einem gesamtgesellschaflichen Konsens zu kommen, der den dringenden Anforderungen an eine politische und kulturelle Ausgestaltung der Republik als Einwanderungsland gerecht wird? Ungleichzeitigkeiten wachsen. Für die fünfzehnjährige Tochter des Autors zum Beispiel existiert eine andere Republik, mit anderen Problemen und anderen Gefühlslagen. Aufgewachsen in Einwandererviertteln, nach dem Besuch einer Vielvölkerschule und Pubertät in einem interkulturellen Freundeskreis überfällt sie und ihre Clique vor allem im »teutonisch« dominierten Osten und in Mainfranken Unwohlsein. Es ist nicht nur die Angst, Opfer rassistischer Übergriffe zu werden, die sie und ihre Freunde abhält, allzu tief in den Osten vorzudringen. Es ist das körperliche Unbehagen, das undefinierbare Fremdheitsgefühl, das sie bei einem Ausflug nach Magdeburg, Marzahn oder Mecklenburg-Vorpommern befällt. Sie treffen dort auf die Spätfolgen eines Deutschlands, in dem die zwischen 1933 und 1945 gewaltsam herbeigeführte ethnische, weltanschauliche und religiöse Homogenität – trotz, besser: aufgrund von vierzig Jahren DDR-Sozialismus – konserviert wurde. Die gehemmte Körperlichkeit, die spürbare (Selbst-)Disziplin und Verklemmtheit vieler Menschen, hat wenig von der mediteranen Expressivität, die die Einwandererregionen der Republik inzwischen durchzieht und als deren lebendiger Teil sich viele Jugendliche heute sehen.

Oktober 1961. Das deutsch-türkische Abkommen zur Anwerbung von »Gastarbeitern« wird abgeschlossen. Zur gleichen Zeit marschierte der Autor gemeinsam mit den Dorfbewohnern von Sommerhausen im Hof des Schlosses auf, um wie jedes Jahr den Grafen Otto von Rechteren-Limburg-Speckfeld zu ehren.

191

Anmerkungen

Annäherung I

1 Georg Furkel, *Sommerhausen in Wort und Bild. Geschichtliche und kulturgeschichtliche Darlegungen nach Quellen.* Würzburg 1970, S. 104.

2 ebenda.

3 Zum deutsch-türkischen Medizineraustausch siehe die Reportagen »Der Emigrant« (S. 61) und »Privilegien sichern« (S. 141).

4 Bereits 1912 lebten etwa 1.350 Türken in Berlin, die vor allem als spezialisierte Facharbeiter in der Zigarettenindustrie arbeiteten, eine Ausbildung machten oder studierten. Zum Vergleich: 1961 waren es 225.

5 Befragungen türkischer Arbeitsmigranten in der Bundesrepublik in den Jahren 1961 und 1963 zeigen, daß zu Beginn der Arbeitsvermittlung Istanbul, Ankara und Izmir zusammen 80 bzw. 50 Prozent der ins Ausland Vermittelten stellten. In den folgenden Jahren bis zum Anwerbestopp im Jahr 1973 nahm die direkte Anwerbung aus den ländlichen Gebieten laufend zu. Je später der Arbeitsimmigrant in die Bundesrepublik kam, desto geringer die Wahrscheinlichkeit, daß er bereits aus der Türkei großstädtisches Leben gewohnt war.

Alles in allem deuten die Ergebnisse verschiedener Befragungen darauf hin, daß etwa zwei Drittel aller in die Bundesrepublik angeworbenen türkischen Arbeiter auf dem Lande, d. h. in einem Dorf oder einer ländlichen Kleinstadt, geboren wurden und wahrscheinlich auch ihre Jugend dort verbrachten. Rund die Häfte davon – also insgesamt ein Drittel – ließ sich direkt aus der ländlichen Türkei in die Bundesrepublik vermitteln; die andere Hälfte bzw. insgesamt ein Drittel legte vorher in den türkischen Großstädten eine Zwischenstation ein. (Vgl.: Hans-Günter Kleff, *Vom Bauern zum Industriearbeiter. Zur kollektiven Lebensgeschichte der Arbeitsmigraten aus der Türkei.* Mainz 1985, S. 8.)

6 Einige wenige Beispiele dieser Exkursionen in der Türkei und in Deutschland seien an dieser Stelle genannt:

Werner Schiffauer, *Die Darstellung räumlicher und sozialer Grenzen im Gastritual*, in: Arch+, Nr. 46, S. 40–41, 1979;

ders., *Die Gewalt der Ehre. Erklärungen zu einem türkisch-deutschen Sexualkonflikt.* Frankfurt/ Main 1983;

ders., *Die Bauern von Subay. Das Leben in einem türkischen Dorf.* Stuttgart 1987;

Petersen, A., *Ehre und Scham in der Türkei: Zum Verhältnis der Geschlechter in einem sunnitischen Dorf.* Berlin 1985;

Krisztia Kehl, Ingrid Pfluger, *Die Ehre in der türkischen Kultur. Ein Wertesystem im Wandel.* Berlin 1988;

Gudrun Ebert, *Ayşe – Vom Leben einer Türkin in Deutschland*. Berlin 1980;
Paul Geiersbach, *Bruder, muß zusammen Zwiebel und Wasser essen! Eine türkische Familie in Deutschland*. Bonn 1982;
ders., *Wie Mutlu Öztürk schwimmen lernen muß. Ein Lebenslauf*. Bonn 1983.

7 Vgl. dazu Lutz Hoffmann, *Die unvollendete Republik. Zwischen Einwanderungsland und deutschem Nationalstaat*. 2. Auflage, Köln 1992, S. 80ff.

8 ebenda, S. 85.

9 Entwurf für ein Gesetz zur Neuregelung des Ausländerrechts (Bundesministerium des Inneren), 1. Februar 1988, S. 23.

10 Faruk Şen/ Andreas Goldberg, *Türken in Deuschland. Leben zwischen zwei Kulturen*. München 1994.

11 Eine ökonomische Grundlage der »fetten« bundesrepublikanischen Jahre war die hohe Erwerbsquote der Immigrantenbevölkerung. 1967 waren noch 80 Prozent der türkischen Wohnbevölkerung erwerbstätig, 1970 waren es etwa 70 Prozent, 1978 etwa 44 Prozent und 1980 nur noch 40 Prozent. Im gleichen Zeitraum schwankte die Erwerbsquote der deutschen Wohnbevölkerung zwischen 42 und 44 Prozent. (Vgl. Ertekin Özcan, *Die türkische Minderheit*, in: Cornelia Schmalz-Jacobsen / Georg Hansen (Hrsg.), *Ethnische Minderheiten in der Bundesrepublik*. München 1995. Hans-Günter Kleff, a. a. O., S. 312.)

12 Lutz Hoffmann, a. a. O., S. 13.

13 Vgl. dazu u. a.: Gültekin Emre, *300 Jahre Türken an der Spree. Ein vergessenes Kapitel Berliner Kulturgeschichte*. Berlin 1983.

14 Kemal Kurt, *Scheingedichte*. Express Edition, Berlin 1986, S. 27.

15 Ausführlicher wird dieses Thema behandelt in dem Aufsatz: Eberhard Seidel-Pielen, *Vom Judenhaß zum Türkenproblem. Politischer Umgang mit Rechts*. In: Richard Faber/Hajo Funke/Gerhard Schoenberner (Hg.), *Rechtsextremismus. Ideologie und Gewalt*. Berlin 1995, S. 70 – 86.

16 H. Stirn (Hg.): *Ausländische Arbeiter im Betrieb. Ergebnisse der Betriebserfahrung*. Frechen/Köln 1964, S. 47.

17 Ertekin Özcan, *Türkische Immigrantenorganisationen in der Bundesrepublik Deutschland*. Berlin 1989, S. 52f.

18 Das Parlament: Nr. 20/21, 21./28. Mai 1983, S. 13.

19 Vgl. Seidel-Pielen/ Farin, *Rechtsruck. Rassismus im neuen Deutschland*, Berlin 1992, S. 33.

20 Lutz Hoffmann, a. a. O., S. 33.

21 ebenda, S. 39.

22 Zafer Şenocak, *War Hitler Araber?* Berlin 1994, S. 80.

23 Meyers Großes Taschenlexikon, Band 22. Mannheim 1990, S. 281.

24 Taner Akçam, *Wir Türken und die Armenier. Plädoyer für die Auseinandersetzung mit dem Massenmord*, in: Tessa Hofmann (Hg.), *Armenier und Armenien – Heimat und Exil*. Reinbek bei Hamburg 1994, S. 42f.

25 Metin Gür, *Türkisch-islamische Vereinigungen in der Bundesrepublik Deutschland*. Frankfurt/Main 1993.

26 Zafer Şenocak, *Der Verdrängungskünstler. Die Türkei zwischen Terror und Demokratie*, in: derselbe, *War Hitler Araber? Irreführungen an den Rand Europas*. Berlin 1994, S. 83.

27 Ein knapper Überblick über jüngere literarische Entwicklungen der Türkei findet sich in: Deniz Göktürk, Zafer, Şenocak (Hrsg.), *Jedem Wort gehört ein Himmel. Türkei literarisch*. Berlin 1991.

Ein Einblick über den Standort und die Perspektiven einer westlich orientierten türkischen Kultur findet sich in: Zafer Şenocak (Hrsg.), *Der gebrochene Blick nach Westen. Positionen und Perspektiven türkischer Kultur*. Berlin 1994.

Empfehlenswert auch: Kemal Kurt, *Was ist die Mehrzahl von Heimat? Bilder eines türkisch-deutschen Doppellebens*, Reinbek bei Hamburg 1995.

Annäherung II

1 Jürgen Gottschlich, *taz* , 28. April 1995.

2 ebenda.

3 Taner Akçam, *Wir Türken und die Armenier. Plädoyer für die Auseinandersezung mit dem Massenmord*, in: Tessa Hofmann (Hg.): *Armenier und Armenien – Heimat und Exil*. Reinbek bei Hamburg 1994, S.42.

4 Taner Akçam war bis zu seiner Verhaftung 1976 Redakteur der Jugendzeitschrift »Revolutionäre Jugend«. 1977 gelingt ihm die Flucht aus dem Gefängnis. Er reist illegal in die Bundesrepublik Deutschland ein und wird verhaftet. Nach drei Monaten Entlassung und Anerkennung als politischer Flüchtling. Seit 1988 ist er wissenschaftlicher Mitarbeiter am Hamburger Institut für Sozialforschung.

5 Jürgen Gottschlich, *taz* , 28. April 1995.

Literatur Geschichtserfahrung I

Armenisch-Apostolische Kirchengemeinde zu Berlin – Armenische Kolonie zu Berlin (Hrsg.), *Armenische Frage – Türkisch behandelt. Dokumentation einer antiarmenischen Hetzkampagne in Berlin-West*. Bremen 1988.

Edgar Hilsenrath, *Das Märchen vom letzten Gedanken*. München 1989.

Tessa Hofmann (Hg.), *Armenier und Armenien – Heimat und Exil*. Reinbek bei Hamburg 1994.

Yves Ternon, *Tabu Armenien. Geschichte eines Völkermordes*. Frankfurt/M. 1988.

Heinrich Vierbücher, *Armenien 1915. Was die kaiserliche Regierung den deutschen Untertanen verschwiegen hat. Die Abschlachtung eines Kulturvolkes durch die Türken*. Erstveröffentlichung Hamburg 1930. Reprinted 1987, Bremen.

Armin T. Wegner, *Die Verbrechen der Stunde – die Verbrechen der Ewigkeit*. Buntbuch Verlag Hamburg (keine Angabe zum Erscheinungsjahr).

Franz Werfel, *Die vierzig Tage des Musa Dagh*. Frankfurt/M. 1979.

Literatur Geschichtserfahrung II

Yavus Fehmi, *Ernst Reuter in der Türkei.* 1970 vom Presse- und Informationsamt des Landes Berlin herausgegeben.

Fritz Neumark, *Zuflucht am Bosporus. Deutsche Gelehrte, Politiker und Künstler in der Emigration 1933 - 1953.* Frankfurt/M. 1980.

Horst Widmann, *Exil und Bildungshilfe, Die deutschsprachige akademische Emigration in der Türkei nach 1933.* Frankfurt/M. 1973.

Annäherung IV

Ein Bandenchef wird Erzieher

1 Hedavet Demir/Mustafa Demir/Eberhard Landwehr, *Zusammenarbeit mit ausländischen Kollegen in einer Bürgerinitiative,* in: Blätter der Wohlfahrtspflege, S. 84.

2 Eberhard Landwehr, *Ausländische Mitarbeiter in der Kinder- und Jugendarbeit. Grundvoraussetzungen für eine erfolgversprechende sozialpädagogische Arbeit,* in: Blätter der Wohlfahrtspflege, August 1979, S. 20.

3 Berliner Sonderprojekte (Hg.), *Ein Platz an der Sonne. Bilder und Berichte von Eltern, Kindern und Betreuern, Basis Unterricht 12.* Berlin 1978, S. 129.

4 Drucksache der Bezirksverordnetenversammlung Wedding, Nr. 755, S. 2, 1978.

5 Die Knastarbeit: Seit 1980 betreut die Bürgerinitiative »Putte« straffällig gewordene Ausländer in der Jugendstrafanstalt Plötzensee. Zitty 25/1981.

»Wir haben eine Menge Schiß vor den Türken«

1 Christiane Börühan/ Christoph Happel, *It might be a movie - isn't it? Ein multikulturelles Videoprojekt,* in: deutsche jugend. Zeitschrift für die Jugendarbeit 5/1994. Weinheim 1994.

2 Das Interview im Vorfeld des Videoprojekts führte der Autor. Das zweite Interview, im Anschluß an das Videoprojekt ein knappes Jahr später, führte Christiane Börühan.

Annäherung V

Rassistische Klassenjustiz?

1 Deborah Féher, telegraph 12/1994.

2 ebenda.

3 ebenda.

4 Wiglaf Droste, *Papa, Adolf hat gesagt... Fa & Anifa & Türken & Deutsche & notorisch gute Menschen,* in: Mein Kampf, dein Kampf. Hamburg 1991.

5 Eine eingehende Analyse des »Fall Mete Ekşi« findet sich in: Eberhard Seidel-Pielen/Klaus Farin, *Die Scharfmacher. Schauplatz Innere Sicherheit.* Hamburg 1994, S. 82ff.

6 Faruk Şen/Andreas Goldberg, *Türken in Deutschland, Leben zwischen zwei Kulturen,* München 1994. S. 138.

1 Die Zahlen und Angaben zur Mediennutzung sind entnommen: Ertekin Özcan, *Die türkische Minderheit*, in: Cornelia Schmalz-Jacobsen/Georg Hansen, *Ethnische Minderheiten in der Bundesrepublik Deutschland*. Ein Lexikon. München 1995, S. 526ff; Faruk, Şen/ Andreas Goldberg, *Türken in Deutschland. Leben zwischen zwei Kulturen*. München 1994, S. 118ff.

2 Rüdiger Hartmann, in: *die tageszeitung*, 15. Juni 1995.

3 Faruk Şen/ Andreas Goldberg, a.a.O., S. 120.

4 Ertekin Özcan, a. a. O., S. 527.

5 Vera Gaserow, in: *die tageszeitung*, 9. Mai 1995.

6 ebenda.

Annäherung VI

1 Klaus Farin/Eberhad Seidel-Pielen: *Rechtsruck. Rassismus im neuen Deutschland*. Berlin 1992, S. 7f.

Veröffentlichungsnachweis

»Befehl zum Völkermord« – Als Grundlage diente die Erstveröffentlichung in: Der Tagesspiegel, 22. April 1990. (Grundlegend überarbeitete, erweiterte und aktualisierte Fassung)

»Wir treiben sie ins Meer!« – Erstveröffentlichung unter dem Titel »Ihr seid unsere Helden im Ausland« in: Der Tagesspiegel, 17. März 1991. (Überarbeitete Fassung)

»... ich schließ mir ein Muli kurz und hau ab!« – Erstveröffentlichung in: Der Tagesspiegel, 20. August 1989. (Überarbeitete Fassung)

»Hier gelte ich nun als Almancı.« – Erstveröffentlichung in: Deutsche Volkszeitung/Die Tat, 20. Oktober 1989. (Überarbeitete Fassung)

»Hoffnung auf ein besseres Leben.« – Erstveröffentlichung in: Der Tagesspiegel, 12. November 1989.

»Ich spüre die Mauer heute tiefer.« – Erstveröffentlichung in: die tageszeitung, 16. Mai 1995.

»Babylonische Verwirrungen« – Erstveröffentlichung unter dem Titel »Barbarische Zustände« in: tip – BerlinMagazin, Nr. 14/94, Juli 1994. (Überarbeitete Fassung)

»Privilegien sichern.« – Erstveröffentlichung in: tip – BerlinMagazin, Nr. 20/94, September 1994. (Erweiterte, überarbeitete und aktualisierte Fassung)

»Wahrnehmungsstörungen: Rassistische Klassenjustiz?« – Als Ausgangsmaterial für diesen Artikel dienten die Veröffentlichungen »Gemeinsame Sache« in: tip – BerlinMagazin, Nr. 13/1994, Juni 1994, und »Spiel mir das Lied vom Tod.« in: die tageszeitung, 21. Oktober 1994.

»Grenzgänger zwischen den Fronten.« – Erstveröffentlichung unter dem Titel »Überfall mit Folgen« in: Wochenpost, 16. März 1995. (Erweiterte und aktualisierte Fassung)

»Keine falsche Rücksicht mehr!« – Erstveröffentlichung in: *die tageszeitung*, 29. Mai 1995.

Danksagung

Meinem BeraterInnenstab danke ich an dieser Stelle für Anregungen, Diskussionsbereitschaft, Tips, Informationen, Zusammenarbeit, Kritik, Streit, Unterstützung und fruchtbare Feindschaft über all die Jahre:

Ahmet Algan, Gerd Ammann, Ajax (Jürgen Rudolph), Yalcın Baykul, Cüneyt Bıcakcıoglu, Margarete Bilgic, Gerhard Bleil, Hayatı Boyacıoğlu, Andrea Böhm, Martin Breuninger, Rolf Brockschmidt, Cahide, Halıl Can, Safter Cınar, Claudia Dantschke, Emine Demirbüken, Enver, Manfred Deutz, Gabriele Dietz, Abu Fadi, Margitta Fahr, Klaus Farin, Fuat (Er und Olcay wissen, warum!), Gökhan, Angela Göktürk, Ulrike Haupt, Peter Höh, Elisabeth Oloff, Sanem Kleff, Kenan Kolat, Kemal Kurt, Hazan Kuzu, Eberhard Landwehr, Anette Lascho, Fraidoon Naziri, Ertekin Özcan, Mira Pielen, Petra Pielen, Gottfried Plagemann, Barbara John, Carola Rönneburg, Jahja Schülzke, Andrea Seibl, Zafer Şenocak, Murat Şengül, Mesut Turan, Selver Wesenack, Hatay Yatkın, Ayşe Yesilay, Ali Yıldırım, Metin Yılmaz, Raif Yolcu, Filiz Yüreklik, Şafak Yüreklik sowie allen, die ich hier vergessen habe, und den Gesprächspartnern und -partnerinnen, denen der Leser in diesem Buch begegnet.

Der Autor

Eberhard Seidel-Pielen, Jahrgang 1955, ist Publizist und lebt in Berlin. Zahlreiche Zeitungs-, Buch- und Rundfunkbeiträge, 1992 Journalistenpreis der IG-Medien.
Veröffentlichungen (gemeinsam mit Klaus Farin) u. a.:
- *Krieg in den Städten. Jugendgangs in Deutschland.* Berlin 1991
- *Rechtsruck. Rassismus im neuen Deutschland.* Berlin 1992
- *Skinheads.* München 1993
- *Die Scharfmacher: Schauplatz Innere Sicherheit.* Hamburg 1994

Die Anschrift des Autors
Presstige-Journalistenbüro, Fidicinstraße 3, 10965 Berlin.
Tel.: 030/6 94 29 34, Fax: 030/6 91 30 16

Copyright © 1995
by ELEFANTEN PRESS Verlag GmbH, Berlin
Alle Rechte vorbehalten
Umschlaggestaltung Holtfreter, Blank & Reschke
unter Verwendung eines Fotos von Paul Glaser
Satz und Gestaltung Agentur Siegemund
Gesetzt aus der ITC Garamond Book
Druck und Bindung Offizin Andersen Nexö, Leipzig
Printed in Germany
ISBN 3-88520-571-8